Adrienne Howley

Der nackte Buddha

Buddhismus einfach erklärt

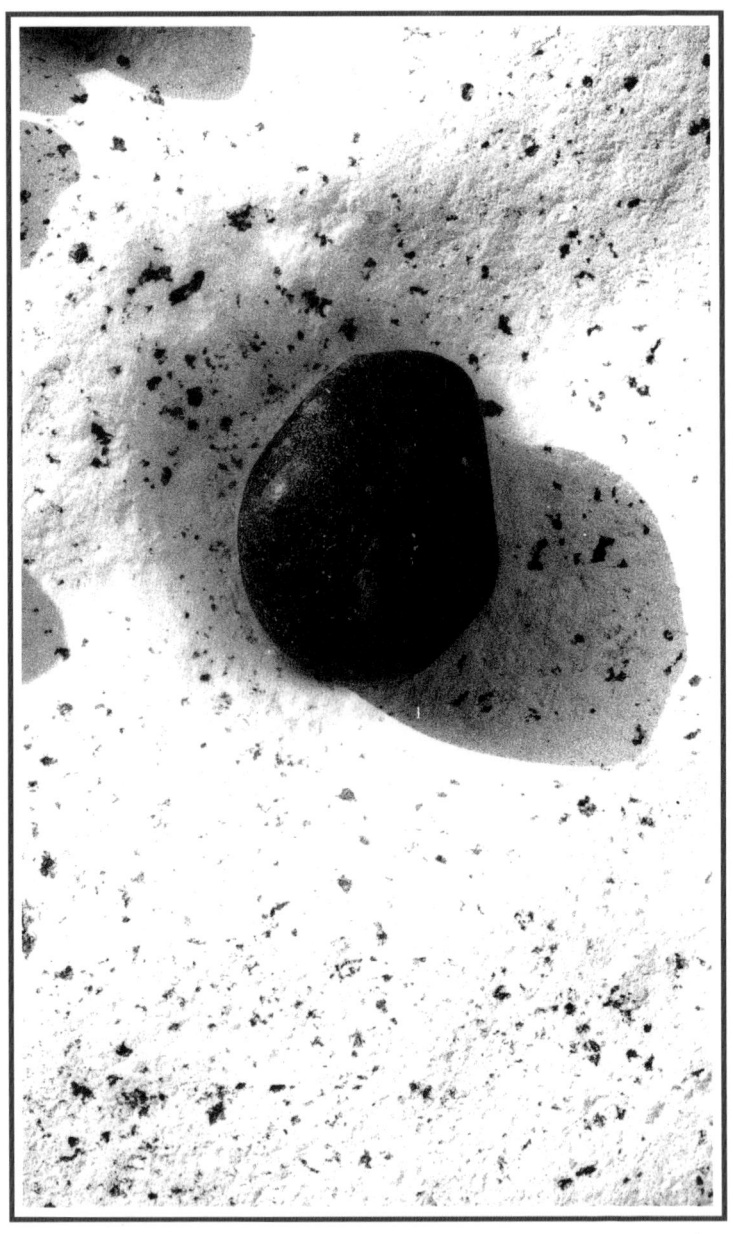

Adrienne Howley

Der nackte Buddha

Buddhismus einfach erklärt

BEUST VERLAG

Die Deutsche Bibliothek – Cip-Einheitsaufnahme

Howley, Adrienne:
Der nackte Buddha: Buddhismus einfach erklärt /
Adrienne Howley – [Übers. aus dem Engl.: Natascha Afanassjew]. –
München : Beust, 2000.
(Tobe)
Einheitssacht.: The naked Buddha <dt.>
ISBN 3-89530-033-0

1. Auflage August 2000

FOTOGRAFIE: Florentine Schwabbauer, Volker Darlath, München
ÜBERSETZUNG: Natascha Afanassjew für GAIA Text, München
LEKTORAT: Jürgen Bolz für GAIA Text, München
LAYOUTDESIGN, SATZ UND PRODUKTION: Gerhard Stoppe
GAIA Text, München
UMSCHLAGDESIGN: Markus Härle für GAIA Text, München
DRUCK: Freiburger Graphische Betriebe, Freiburg

ISBN 3-89530-033-0

Printed in Germany

O Bhikkhus, ich sage Euch:
Die Absicht (die vorsätzliche Handlung)
ist Karma.

Anguttara Nikaya VI

Inhalt

Inhalt

Danksagung

Leider kann ich nicht all den Wissenschaftlern und Philosophen namentlich danken, deren Arbeiten zu meinem jetzigen Wissensstand beigetragen haben, und auch nicht all den liebenswürdigen Lehrern, die mit mir persönlich gesprochen haben. Was in diesem Buch steht, lässt sich vielleicht am besten als ein Destillat ihrer Lehren beschreiben, die durch meine eigenen Erfahrungen und – im Fall von Irrtümern – auch durch mein fehlendes Verständnis gefiltert wurden.

Mein aufrichtiger Dank gilt jenen Laien und Mönchen des Sangha, die meine Freunde blieben – trotz meiner oft unorthodox erscheinenden Ansichten und meiner Neigung, in Dingen etwas Amüsantes zu entdecken, die für viele unumstößliche, geheiligte Wahrheiten darstellen.

Ich danke meinen Söhnen dafür, dass sie mich so akzeptieren, wie ich bin, und für den Titel dieses Buchs. Als ich ihren Vorschlag das erste Mal hörte, habe ich gelacht, doch ich erkannte sehr bald, dass »Der nackte Buddha« genau das wiedergibt, was ich beschreiben wollte.

Allergrößten Dank schulde ich meiner Cousine Norma und ihrer Tochter Andrea, ohne deren Computerwissen weder mein Manuskript noch mein zum Teil maschinengeschriebener Text lesbar gewesen wären. Ebenso danke ich Deb, von der ich sogar einen Apple Macintosh bekam in der Hoffnung, ich würde lernen damit umzugehen und die Schreibarbeit selbst erledigen – ich lernte es nicht.

Vorwort

Wir alle zeigen der Welt viele Gesichter, spielen verschiedene Rollen und reagieren damit auf unterschiedliche Situationen, unterschiedliche Menschen und unsere je eigene Befindlichkeit. Als ich mit der Arbeit an diesem Buch begann, hätte ich das in meiner Rolle als Krankenschwester, als ältere Gemeindepflegerin oder gar als begeisterte Seglerin tun können. Doch keine dieser Rollen hätte mich in die angemessene Stimmung für jene Arbeit versetzen können, die ich meinen Lesern nun vorlegen möchte.

Vielmehr schrieb ich dieses Buch als geweihte *bhikkhuni* (meist mit »buddhistischer Nonne« übersetzt) oder, wie man in Japan sagt, als *ama hoshi* (Nonnen-Priesterin).

Anlass für die folgenden Seiten waren die vielen falschen Auffassungen vom Buddhismus, denen man in den westlichen Ländern noch immer begegnet, verbunden mit dem Wunsch nach Aufklärung, die durch den Zustrom buddhistischer Gemeinschaften aus verschiedenen Ländern in unsere Gesellschaft notwendig geworden ist.

Der Titel dieses Buchs weist auf meinen Versuch hin, den Buddhismus von stereotypen Vorstellungen zu befreien und all den kulturbedingten Putz, hinter dem die ursprüngliche Idee inzwischen kaum noch sichtbar ist, voll Erfurcht und Respekt zur Seite zu legen. In vielen Tempeln wurden die schlichten Buddha-Statuen von Gläubigen in wertvollen Brokat gewickelt und mit Juwelen – falschen und echten – geschmückt. Manche Statuen überzieht man zuvor sogar mit Blattgold oder wenigstens mit Goldfarbe und hebt das Haar und die Gesichtszüge hervor. All dies geschieht mit liebevoller Sorgfalt, oft in der Hoffnung, dafür »belohnt« zu werden, doch Außenstehende mögen darin eher eine Form der Götzenverehrung statt Ehrfurcht vor dem Lehrer sehen. Diese frommen Opfergaben sind wie stille Gebete zum Dank für die Lehren des Buddha.

In allen Religionen gibt es unter den Anhängern stets auch fromme Gläubige; es ist eine Art individuelles psychologisches »Make-up«. Wir alle suchen und erhoffen uns, was wir am dringendsten brauchen. Jenen Gläubigen ist es ein dringendes Bedürfnis, ihre Frömmigkeit zu zeigen, darum bringen sie der Statue, dem Sinnbild ihrer Verehrung, Opfer dar. Da ich nicht zu diesem Typus zähle, bin ich bestrebt, den Buddha unter diesen hinzugefügten Goldschichten freizulegen und so weit wie möglich zu seinen tatsächlichen Gedanken und Lehren vorzudringen. Mein Weg ist nicht besser – nur anders.

Ich habe es mir in diesem Buch zum Ziel gesetzt, zur Toleranz gegenüber fremden Religionen, Völkern und Kulturen aufzurufen. Dies gelingt nur durch ein besseres Verständnis, und dazu möchte ich durch Erklärungen religiöser und philosophischer Auffassungen beitragen, die auf persönlichen Studien und Erfahrungen beruhen. Ich hoffe, auf diese Weise mit diesem Buch jenen »religiösen« Streitigkeiten und Verfolgungen entgegenzuwirken, denen wir heute in so vielen Teilen unserer Welt begegnen. Darüber hinaus ist der Buddhismus natürlich auch ein höchst interessantes und aktuelles Thema.

Was mir am Buddhismus besonders bemerkenswert erscheint, ist die Tatsache, dass der Buddha vierzig Jahre lang lehrte, um seine Anhänger schließlich aufzufordern, keinem seiner Worte Glauben zu schenken, bis sie es nicht selbst überprüft hätten. Hier sprach kein Guru, der sofortigen und bedingungslosen Gehorsam einforderte, wie so viele, die sich heute selbst zu Lehrern des Buddhismus aufschwingen. Der Buddha lehrte keine Tagträume und keinen Seelenfrieden. Er lehrte weder die Suche nach dem »Selbst« noch die Abwendung einer unheilvollen Reinkarnation. Er lehrte, neben anderem, geistige Wachsamkeit, unaufhörliches Hinterfragen und Scharfsichtigkeit.

Obwohl ich eine Nonne bin, gebe ich nicht vor, religiös zu sein, und mag damit jene enttäuschen, die nach dem Geheimnisvollen und Magischen und nach Botschaften aus dem Jenseits suchen. Meine eigenen Überlegungen gründen sich auf das früheste Material über den Buddha, das ich finden konnte – ursprünglich »ausgegraben« wurde es jedoch von Gelehrten, die hierfür qualifizierter und befähigter waren, als ich es bin.

Ich unterschreibe dieses Vorwort mit drei verschiedenen Namen, die zu drei verschiedenen Gesichtern und drei verschiedenen Rollen gehören und doch nur zu einer einzigen Person.

Adrienne Howley
Ehrenwerte Tenzin Galdan
Ehrenwerte Thich Nu Tri Anh

Lorn, New South Wales, Australien

Der historische Buddha

Wer war er?
Wann und wo lebte und starb er?
Warum und auf welche Weise wurde er
zum Lehrer, und was lehrte er?

Wer war dieser Mensch, auf den sich so viele als den Buddha, Lord Buddha oder Buddha Sakyamuni beziehen? Was tat oder sagte er, das zu seinen Lebzeiten eine solch bedeutsame Wirkung auf sein eigenes Volk hatte und in fast allen Teilen der damals bekannten Welt gehört wurde? Wann und wo lebte dieser Mensch? Wohin reiste er? Wo verbreiteten seine Anhänger seine Lehren? Warum hielt er es für notwendig, in einem Land eine neue Lehre zu verkünden, das bereits eine starke, funktionierende religiöse Struktur, den Brahmanismus, besaß? Warum setzten sich gerade seine Lehren zu einer Zeit durch, als so viele andere Menschen ebenfalls tiefgründige Betrachtungen über das Leben anstellten?

Historische Aufzeichnungen, moderne Erkenntnisse über alte Sitten und Gebräuche und sogar die Archäologie liefern uns genügend Informationen, um ein einfaches, unkompliziertes Bild vom Leben des Buddha nachzuzeichnen. Volkssagen und überhöhte religiöse Legenden verdecken dieses Bild in hohem Maße mit unglaubwürdigem Beiwerk – das Schicksal aller, denen öffentliche Aufmerksamkeit geschenkt wird.

Der historische Buddha hieß mit Vornamen Siddharta, sein Familienname lautete Gautama. Er war der Thronerbe seines Vaters Suddhodana, des gewählten Königs der Sakyas, einer reichen Sippe, deren Adelsrepublik zum Teil im heutigen West-Nepal lag. Siddharta wurde um 543 v. Chr. geboren – nach der Überlieferung zur Zeit des Vollmonds in unserem Kalendermonat Mai. Seine Mutter, Königin Maya, starb sieben Tage nach der Geburt. Mayas Schwester Mahapajapati, die Zweitgemahlin Suddhodanas und vielleicht bereits die Mutter von Siddhartas stets eifersüchtigem Cousin (oder Halbbruder) Davida, nahm den Neugeborenen in Pflege.

Obwohl Siddharta als Kind all die Annehmlichkeiten genoss, die ihm sein Vater und die Sakyas nur zuteil werden lassen konnten, wuchs er zu einem recht ernsthaften jungen Mann heran. Er erhielt die bestmögliche religiöse und weltliche Ausbildung und wurde als der zukünftige politische und militärische Führer seiner Sippe erzogen.

Im sechsten Jahrhundert v. Chr. war die Bevölkerung Indiens je nach Hautfarbe in Kasten unterteilt, nachdem wiederholt hellhäutige und blauäugige Völker aus dem Nordwesten eingefallen waren. Die Invasoren drängten die einheimische Bevölkerung immer weiter nach Süden, und diese wiederum vertrieb die dortigen Einwohner. Eindringlinge und Eroberte mischten sich, und es entstanden unterschiedliche Hauttönungen, die, wie überall auf der Welt, soziale Abgrenzungen zur Folge hatten. Später war bereits mit der Geburt vorbestimmt, zu welcher Kaste die Menschen gehörten, und gliederte sich das Kastensystem nach folgenden Rangstufen:

Brahmanen: Priester, die die wichtigste indische Religion mit dem Schöpfergott Brahma lehren. Die Brahmanen waren die einzigen Vermittler zwischen den zahllosen Göttern und Göttinnen und den Menschen. Niemand außer ihnen durfte Opfer darbringen und die daraus entstehenden Omen deuten. Zum Brahmanen konnte man nicht aufsteigen, sondern musste in diese Kaste hineingeboren werden. Brahmanen waren Brahmanen – ob gute, schlechte oder gleichgültige. Sie räumten sich selbst höchste gesellschaftliche Bedeutung ein und wurden durch Gaben der Bevölkerung reich, die die Priester bezahlte, damit sie all die notwendigen Zeremonien durchführten, um die Götter versöhnlich zu stimmen, und all die Rituale bei Verlobungen, Hochzeiten und Todesfällen vollzogen und, schließlich, damit sie aus den Sternen die Zukunft lasen.
Ksatriyas: die Kaste der Krieger und Herrscher, deren Aufgabe es war, die Bevölkerung und das Land zu schützen. Viele hielten die *ksatriyas* sogar für wichter als die Brahmanen. Zu dieser Gruppe gehörten die Führer, Häuptlinge und Könige der verschiedenen Regionen – *rajas* und *maharajas*, militärische und politische Führer.

Vaisyas: die Kaste der Kaufleute und gelernten Arbeiter. Diese Gruppe umfasste Händler, Geschäftsleute und all jene, deren Karawanen Neuigkeiten und Klatsch ihrer Region im eigenen Land und in den Ländern ihrer Handelspartner verbreiteten. Auch Bauern, Handwerker, Künstler und so weiter gehörten dieser Kaste an.

Sudras: zumeist ungelernte Arbeiter. Die Sudras waren zierliche, dunkelhäutige Menschen und möglicherweise die ursprünglichen Einwohner Indiens. Im Lauf der Jahrhunderte wurden sie von Ariern und anderen Eindringlingen zunehmend unterdrückt. Später nannte man sie die »Unberührbaren« und ließ sie unangenehmste Arbeiten verrichten. Im sechsten Jahrhundert v.Chr. war dies jedoch noch nicht der Fall.

Sklaven: in der Regel Fremde und Kriegsgefangene. Ihre Lebensumstände bestimmten allein ihre Besitzer, die sie wie Freunde oder auch wie Leibeigene behandeln konnten.

Mitglieder einer Kaste heirateten nicht in eine andere Kaste ein oder nur sehr selten, was sowohl den eigenen Vorlieben als auch dem Brauch entsprach. Brahmanen heirateten ausschließlich Brahmanen, da alle anderen nach ihrem Verständnis einer niedrigeren Kaste entstammten.

Obwohl die Priester einen großen Einfluss auf die Ansichten der Menschen hatten, gab es doch immer wieder einige, die die Fragen nach dem Warum und dem Wie des Lebens tiefer ergründen wollten, als es durch die bestehende Religion geschah, deren Lehren sie nicht mehr respektierten und als Aberglauben betrachteten. Diese Menschen wurden Wanderasketen, die über lange Zeiträume hinweg in den Wäldern lebten, von Gläubigen Nahrung erhielten oder sich von Kräutern und Früchten ernährten. Nur während des Monsuns suchten sie eine Unterkunft auf, die mehr Schutz bot als der Schatten eines Baumes.

Das Familienleben war in Indien von solcher Bedeutung, dass Männer (und Frauen) nur dann Eremiten oder wandernde, nach Weisheit suchende Bettelmönche werden konnten, nachdem sie ihre Pflichten in der Familie erfüllt hatten. Erben mussten gezeugt und geboren werden, Ehefrauen und Eltern, falls nötig, versorgt sein, und man benötigte das Einverständnis der Familie. Viele entzogen sich aber auch einfach ihrer Verantwortung. So wie es auch heute noch in Indien Brauch ist, wurden die Ehen bereits in jungen Jahren geschlossen. Mit 16 Jahren oder sogar früher galt ein Junge – in jeder erdenklichen physischen Hinsicht – als heiratsfähig. Siddharta Gautama, ein Ksatriya, bildete keine Ausnahme. Mit 16 Jahren wurde er mit seiner Cousine, der Tochter eines benachbarten Sippenführers, verheiratet. Sie hieß Yasodarah, und wie es für eine Frau ihres Standes üblich war, brachte sie eine große Mitgift, unter anderem viele Dienerinnen, in die Ehe ein.

Siddharta führte das Leben eines gesunden und wohlhabenden jungen Mannes in einer liebenden und nachsichtigen Familie. Es ist möglich, dass ihm Yasodarah Töchter geboren hat und seine Konkubinen Söhne zur Welt brachten, doch Töchter wurden von der Geschichtsschreibung nicht erwähnt, es sei denn, sie erlangten persönlichen Ruhm. Der erstgeborene Sohn der ersten Frau war der Erbe. Die Überlieferungen stimmen darin überein, dass Siddharta fast 29 Jahre alt war, als Yasodarah einen Sohn zur Welt brachte, aber möglicherweise geschah dies auch schon früher. Die Geschichte, wonach Siddharta seinen Erben verließ und damit seiner weltlichen Macht abschwor, mag eher Legende denn wahre Begebenheit sein. Der Sakya-Prinz hatte jedenfalls seine Pflicht erfüllt. Das Kind erhielt den Namen Rahula und sollte später einer der Schüler seines Vaters und ein Mönch des *sangha* werden.

Traditionelle Überlieferungen behaupten, dass der Buddha während seiner Kindheit gegen alle bedrückenden Erfahrungen wie Alter, Krankheit und Tod abgeschirmt wurde. Sein Vater wollte ihn auf diese Weise vor dem ersten Teil einer Prophezeiung bewahren, die zu seiner Geburt ausgesprochen worden war. Danach würde das Kind entweder ein bedeutender spiritueller Lehrer oder ein großer Krieger und weltlicher Führer werden. Der Vater hoffte natürlich, dass sein Erstgeborener seinem Vorbild folgen würde, und diesem Wunsch entsprechend wurde er ausgebildet. Siddharta wurde alles geboten, was er sich nur wünschen konnte. Bei einem Staatsbesuch außerhalb des königlichen Bezirks versäumten es seine Begleiter jedoch, den Befehlen des Königs in vollem Umfang zu folgen, und Siddharta sollte schließlich all das erblicken, was sein Vater vor ihm hatte verheimlichen wollen. Als man ihm erklärte, dass dies das ganz gewöhnliche Schicksal der Menschen war, keimte in ihm der Wunsch, den Grund für das Leiden und, falls möglich, einen Ausweg zu finden. Mit 29 Jahren hatte er sich entschlossen, seine Suche zu beginnen.

In den folgenden sechs Jahren suchte Siddharta Gautama als wandernder Bettelmönch bei den Lehren und Praktiken der führenden *samaneras* (Philosophen oder heilige Männer) jener Tage nach Erkenntnis. Manche lehrten, dass man sich selbst verwöhnen müsse, um durch übermäßiges Essen, Trinken und sexuelle Praktiken Verachtung für die Bedürfnisse des eigenen Körpers zu entwickeln; einige aßen nur eine einzige Pflanze oder Frucht; etliche betrieben Selbstgeisselung oder ließen sich von anderen körperlich peinigen; viele ergingen sich in allen möglichen Arten von Yogaübungen und fielen in tiefe Trancezustände, andere nahmen an bedeutsamen philosophischen Diskussionen teil. Doch durch keine dieser Praktiken fand Siddharta die ersehnten Antworten.

Schließlich versuchte er es zu jener Zeit mit langem und extremem Fasten. Sein Körper sollte dadurch so ausgezehrt und schwach werden, dass Siddharta eines Morgens beim Baden in einem Strom beinahe ertrunken wäre. Er nahm etwas zubereitetes Essen an und wurde dafür von den fünf Asketen verurteilt, die ihn begleiteten. Daraufhin überdachte er seine Erfahrungen der vergangenen Jahre und stellte fest, dass keine ihm die erhoffte Weisheit gebracht hatte.

Als er wieder gesund wurde, schwor er, so lange unter einem Pippalbaum (*Ficus religiosa*) zu sitzen und zu meditieren, bis er zu jener Weisheit gelangte oder starb. Der Baum, der später als Bodhi-Baum bekannt wurde, stand in Bodh Gaya in Indien. Von dem ursprünglichen Baum wurde ein Schößling abgenommen, und seit damals wird, bevor ein Bodhi-Baum stirbt, stets ein neuer Schößling an dieselbe Stelle gepflanzt (die Schößlinge werden auch in andere buddhistische Länder ausgeführt). Dieser Ort wurde nach Kusingara, wo der Buddha starb, der von buddhistischen Pilgern am meisten verehrte Ort.

Siddharta saß im Gras, im so genannten Lotussitz, die Hände im Schoß, die rechte Hand auf der linken, und begann seine folgenschwere Suche. Mehrere Tage lang machte er kaum Fortschritte und kämpfte mit der Versuchung aufzugeben. Da er fastete, hatte er sogar Halluzinationen. Doch dann, als er eines frühen Morgens keine Kraft mehr besaß, erkannte er plötzlich ganz klar, wonach er gesucht hatte. Es handelte sich nicht um ein »Wunder«, sondern um das Ergebnis seiner eigenen Bemühungen. Er war zum Buddha geworden, was wörtlich »der Erwachte« bedeutet.

An dieser Stelle scheint es angemessen, auf die großen Unterschiede zwischen dem Buddha und den zentralen Gestalten anderer Religionen hinzuweisen: Buddha war nicht der Abkömmling eines Gottes und hat dies auch niemals geäußert; er erhielt keine Botschaften und Anweisungen aus mysteriösen Quellen, weder von Engeln noch von Dämonen; er behauptete niemals, sein Weg sei der einzig richtige, sondern lud jene, die es wünschten, ein, seinen Weg zu erproben. Der Buddhismus setzt nicht auf Proselyten, er will die Menschen nicht bekehren. Der *dharma* – die Lehren des Buddha, oft auch das »Gesetz« genannt – wird an Einzelne oder Gruppen weitergegeben, die darum bitten. Der Lehrer sucht nicht nach seinen Schülern.

Der Buddha war sich nicht sicher, ob die Mehrzahl der Menschen seine Botschaft annehmen oder verstehen würde, aber nach einiger Überlegung erkannte er, dass das, was er erfahren hatte, vielen empfindsamen Menschen eine große Hilfe sein konnte. Er beschloss, seine Erfahrungen zu teilen, denn er empfand Erbarmen mit dem Leiden, das aus Unwissenheit entstand. Seine erste Predigt hielt er vor den fünf Asketen, die ihn dafür verspottet hatten, dass er das lange Fasten abgebrochen hatte. Er berichtete ihnen von seiner Erleuchtung, erklärte, wie er plötzlich das Leiden verstanden hatte – den Grund für das Leiden und den Ausweg aus dem Leiden. Da sie selbst lange und mit großer Aufrichtigkeit nach der Erkenntnis gesucht hatten, verstanden sie sofort, dass er wahrhaft ein Buddha, ein Erleuchteter war, und wurden seine ersten Schüler.

Von diesem Zeitpunkt an sollte Siddharta Gautama, nun der Buddha, beständig lehren, bis er, ein wenig älter als 80 Jahre, starb. Manche Menschen folgten ihm, hörten fast ihr gesamtes Leben lang seine Lehren und haben sie doch niemals ganz begriffen, während andere, die die Lehren von dem Buddha oder einem seiner Schüler nur einmal vernahmen, die Bedeutung sofort verstanden und auf diese Weise ebenfalls erleuchtet wurden. Sie werden *arahats* (in Sanskrit) oder *arahants* (in Pali) genannt. Der Buddha nahm sich aller an, die zu ihm kamen, ob Könige, Brahmanen, Wanderasketen, Verwalter oder Sudras. Auch der Frauen nahm er sich an.

Wie sah er aus?

In alten Aufzeichnungen heißt es, der Buddha habe blaue Augen gehabt. Das ist durchaus möglich, da er in einer Region geboren wurde, in der blaue Augen nicht ungewöhnlich sind. Eine andere Quelle, von der gesagt wird, sie sei die Antwort des Buddha auf die Frage eines Brahmanen, behauptet, dass er 1,80 m groß war. In wiederum anderen Urtexten ist davon die Rede, er habe einen heiteren Gesichtsausdruck voll Mitgefühl gehabt und habe oft gelächelt. Es gibt sogar einige Aufzeichnungen darüber, dass er gewisse Schüler gerügt haben soll. Er war also kein sanfter oder gar willensschwacher Lehrer. Diese Berichte stammen aus *Die Reden des Buddha: Längere Sammlung (Digha-nikaya)*.

Neben diesen relativ glaubwürdigen Beschreibungen des Buddha gibt es auch andere – etwa die Geschichte von seinem Haar, bei dem jede Locke in die stets gleiche Richtung fiel, gewisse Beschreibungen seiner Genitalien, Berichte von Gewebe zwischen seinen Fingern und von Abdrücken des Lebensrades (Rad der Geburten) auf seinen Fußsohlen. Hierbei handelt es sich um legendäre, vor-buddhistische Glaubensvorstellungen, die diese Zeichen als Merkmale eines überlegenen Mannes deuteten. Diese Berichte flossen in späterer Zeit durch brahmanische Anhänger unvermittelt in die buddhistischen Lehren ein und sind angeblich darauf zurückzuführen, dass der Buddha den Fragen, die ihm ein Brahmane stellte, zustimmte.

Ein spezielles Merkmal des überlegenen Mannes kann allerdings leicht gedeutet werden: seine verlängerten Ohrläppchen. Wiederum handelt es sich um einen vor-buddhistischen Aberglauben, dem man auch in anderen Regionen der Welt begegnet. Erklären lässt er sich dadurch, dass die Wohlhabenden in manchen Kulturen schwere Ohrringe trugen, und je wertvoller (und schwerer) die Ornamente waren,

21

desto mehr dehnten sie die Ohrläppchen. Möglicherweise trug der Buddha vor seiner Wanderschaft reich verzierte Ohrringe, doch weisen Aufzeichnungen darauf hin, dass er dies auf seiner Suche nach Erleuchtung nicht mehr tat und seinen Schülern, waren sie einmal Mönche oder Nonnen geworden, von dieser Gewohnheit sogar abriet.

Vom Prinzen zum Bettelmönch: Warum?

Warum ließ der Buddha, der jung und gesund war und dank seiner gesellschaftlichen Position beste Zukunftsaussichten besaß, ein Leben hinter sich zurück, das ihm alle nur erdenklichen Annehmlichkeiten bot? Die Antwort findet sich zum Teil in seinem Charakter, denn er war Zeit seines Lebens ein sehr nachdenklicher Mensch. Auch der Brauch, dass viele ihr Heim verließen, um Wanderasketen zu werden, trägt zur Erklärung bei. Doch den Ausschlag gab vielleicht sein Bewusstsein dafür, dass es im Leben keine dauerhafte Zufriedenheit gibt und dass daraus das Leiden empfindsamer Menschen hervorgeht, die den Grund für ihr Leiden nicht kennen. Würde er die Gründe für dieses Leiden und einen Ausweg aus diesem Leiden finden, so könnte er sein Wissen mit jenen teilen, die ihm zuhörten. Vielleicht hatte bereits ein anderer diese Erkenntnis gewonnen! Aus diesem Grund verbrachte der Buddha über sechs Jahre damit, die Weisheit jener zu suchen, die in seinem Land als die weisesten Männer der Zeit galten. Sie alle besaßen eine Vorstellung davon, wie man dieses Wissen erlangen konnte, doch gelungen war es bisher noch niemandem. Erleuchtung hatte nichts mit Engelsboten oder göttlichen Stimmen zu tun. Erleuchtung war etwas, das man für sich selbst entdecken musste – und das gilt auch heute noch.

Die wichtigsten Lehren

Was sind die Hauptlehren des Buddhismus? Sehr kurz gefasst bezeichnet man sie gewöhnlich als Leiden (*dukha*), Unbeständigkeit (*Aanicca*) und Nicht-Selbst (*anatta*). Leiden. Unbeständigkeit. Leere.

Die wichtigsten Inhalte, auf die sich die buddhistische Lehre stützt, sind die Vier Edlen Wahrheiten und der Achtfache Pfad. An dieser Stelle wird die Unzulänglichkeit von Worten als Mittel der Erklärung offensichtlich. Immer wieder werden ganze Bände über die einzelnen Aussagen des Buddha geschrieben, so wie sein Sangha (der buddhistische Orden der Mönche und Nonnen) sie überliefert, d.h. bald nach seinem Tod aufgeschrieben, hat. (Manche davon wurden möglicherweise schon zu seinen Lebzeiten aufgezeichnet und sind verloren gegangen.) All diese Aussagen dienen als notwendige und hilfreiche Wegweiser. Doch wie das menschliche Verständnis und die Ausdrucksweise variieren, so variieren auch jene Aussagen, und darum ermunterte der Buddha seine Anhänger auch nicht zu schriftlichen Aufzeichnungen, sondern hielt die mündliche Überlieferung für verlässlicher. Haben die Suchenden erst einmal das Wesen der Philosophie erkannt, sind diese Aufzeichnungen nicht länger von Nutzen, denn die Reise wird nun zu einer inneren Reise der persönlichen Erfahrung.

Im Folgenden möchte ich die Vier Edlen Wahrheiten und den Achtfachen Pfad nicht einfach nur auflisten, sondern einige erklärende Worte hinzufügen – Worte, die auf den Überlegungen klügerer Köpfe als dem meinen beruhen.

Die Vier Edlen Wahrheiten

1. Es gibt Dukha. Der Begriff wird mit »Leiden« nur unzureichend wiedergegeben und bedeutet im Grunde auch

»das Fehlen einer dauerhaften Zufriedenheit«. Diese Wahrheit beinhaltet außerdem die Vorstellung von der Unbeständigkeit aller damit verbundenen Erscheinungen.

2. Der Grund für Dukha liegt in der Gier oder dem »Durst« – dem Verlangen.

3. Es gibt einen Ausweg aus Dukha, aus dem Leiden.

4. Dieser Ausweg aus dem Leiden ist der Achtfache Pfad.

Dukha schließt all das Elend ein, dem Körper und Geist ausgesetzt sind – das Elend, das durch das Verlangen nach jenen Dingen entsteht, von denen wir glauben, sie würden uns glücklich machen und vom Leiden befreien. Alles Leben ist vom ersten Moment an bestrebt, sich wohl und sicher zu fühlen. Wenn wir gefunden haben, was uns glücklich zu machen scheint, halten wir daran fest und begehren mehr davon. Wir verstehen die Unbeständigkeit nicht. Rein gar nichts bleibt so, wie es ist, nicht einmal für einen Augenblick. Diese Tatsache können wir im Grunde nicht akzeptieren und setzen sie mit Leiden gleich. Obwohl uns die Unbeständigkeit »glücklicher« Ereignisse wie eine Tragödie erscheint, sehen wir nicht, dass diese Unbeständigkeit auch das »Elend« beendet.

Alle Lehren Buddhas bieten unterschiedliche Bedeutungsschichten – je nachdem, wie weit der Schüler gehen möchte oder wie viel er zu verstehen in der Lage ist. Meine Ausführungen beziehen sich, wie ich eingangs schon angemerkt habe, auf einen grundsätzlichen, bodenständigen und ganz und gar nicht mystischen Buddhismus. Jene, die nach einem tieferen Verständnis suchen, werden es auch finden. Dies ist nur der Versuch, Außenstehenden zu zeigen, worauf der Glaube von weltweit über 500 Millionen Menschen besteht.

Gläubige Buddhisten, ob Laienanhänger oder Mitglieder des Buddhistischen Ordens (Sangha), versuchen unter anderem dadurch ein glücklicheres Leben zu führen, dass sie die Anleitungen des »Achtfachen Pfads« befolgen.

Der Achtfache Pfad

Damit wir diesen Pfad beschreiten können, wird uns Folgendes geraten:

1. Rechte Ansichten oder rechtes Verständnis, frei von Aberglauben;
2. rechte, hohe Ziele, die einer intelligenten und ernsthaften Person würdig sind;
3. rechtes Reden, freundlich, offen und wahrhaftig;
4. rechtes Handeln in allen Bereichen des Lebens;
5. rechte Lebensweise, die keinem lebendigen Wesen Leid zufügt;
6. rechte Ausdauer bei allen anderen sieben Anleitungen;
7. rechte Achtsamkeit, ein stets wacher, achtsamer Geist;
8. rechte Besinnung, ernsthafte Gedanken über die tiefen Geheimnisse des Lebens.

Es gibt viele Übersetzungen des »Achtfachen Pfads« und die Wortwahl einiger weicht leicht von der hier genannten Liste ab, doch der Gehalt ist für alle Buddhisten der gleiche.

Karma, Reinkarnation, Wiedergeburt

Bestimmte Wörter und Formulierungen werden in Verbindung mit der buddhistischen Religion zwar sehr oft verwendet, aber nur sehr selten verstanden, und zwar nicht nur von »Uninformierten«, sondern auch von jenen, die sie einfach angenommen haben, ohne sie zu hinterfragen, bloß aus Rücksicht auf den Lehrer. Doch diese rücksichtsvolle Akzeptanz steht in absolutem Gegensatz zum Dharma, zur Lehre.

Der Buddha lehrte seine Anhänger, aus Rücksicht auf ihn nicht einmal dem Glauben zu schenken, was er selbst sagte, sondern die Worte für sich persönlich zu prüfen. Wenn wir aufmerksam und mit Respekt für die größere Weisheit anderer deren Lehren anhören, um dann alles, was gelehrt oder von uns studiert wurde, in kleine Stücke zu zergliedern und zu analysieren, wird unsere Schlussfolgerung, das Gelehrte zu akzeptieren oder abzulehnen, der »Wahrheit« so nahe kommen, wie es uns als Individuen nur möglich ist. Daraus folgt, dass irgendeine Wahrheit zu irgendeiner Zeit nicht unsere eigene Wahrheit sein muss – und keine Wahrheit ist je von Dauer. Was zu einer Zeit als absolute Wahrheit angesehen wurde, hat man zu einer anderen vollständig widerlegt.

Die drei Begriffe *karma*, Reinkarnation und Wiedergeburt haben zwar eine unterschiedliche Bedeutung, doch sind sie in der Vorstellung vieler Buddhisten und Andersgläubiger so sehr ineinander verwoben, dass sie in Beziehung zueinander gesetzt werden müssen.

Karma heißt wörtlich »Tat«. Diese Definition, die der Buddha verwendete, bedeutet zuerst einmal Ursache und Wirkung. Wer zum Beispiel sein Geld verschwendet, muss mit den entsprechenden Konsequenzen rechnen, mit Schulden und Armut; wer unvorsichtig mit Gewehren und scharfen Gegenständen umgeht, wird sich und andere verletzen; wer jemanden schwer beleidigt, hat einen Freund verloren oder sich einen Feind geschaffen; fällt in einem Abflussgebiet viel Regen, dann gibt es eine Überschwemmung. Das einfache Prinzip von Ursache und Wirkung.

Karma meint natürlich wesentlich mehr als »tue ich dies, passiert das«, denn meine Taten sind ja niemals allein ausschlaggebend. Alle Erscheinungen, alle Phänomene sind miteinander verbunden. Was an einem Ort geschieht, hat Einfluss auf das Geschehen an einem anderen Ort, wie gering die Wirkung auch sein mag.

Dies bedeutet also Karma. Wenn eine Religion die Reinkarnation des Einzelnen lehrt, so wie es bei vor- und nichtbuddhistischen indischen und asiatischen Religionen der Fall war (und in gewisser Weise bei den meisten Religionen im Verlauf der Geschichte, einschließlich des Christentums), erscheint es den meisten Gläubigen einleuchtend, dass man bei der Reinkarnation für seine Schuld bestraft oder für gute Taten belohnt wird. Dabei wird aus dem Prinzip von Ursache und Wirkung mit einem Mal das von Bestrafung und Belohnung bzw. Himmel oder Hölle. Buddha lehrte nicht das letztere, sondern das natürliche Prinzip von Ursache und Wirkung, das nichts mit einem göttlichen Strafgericht zu tun hat. So traurig es auch klingen mag, ich war in einem früheren Leben höchstwahrscheinlich keine ägyptische Prinzessin oder berühmte Kurtisane aus dem Mittelalter. Auf andere mag dies zutreffen, wenn sie gern daran glauben möchten. Mir fehlen diese Erinnerungen an frühere Leben ganz einfach, aber wie ich schon gesagt habe, bin ich auch eher ein rationaler Typ.

Der Begriff Wiedergeburt wird vor allem von Menschen verwendet, die darunter fälschlicherweise Reinkarnation verstehen. Ein bestimmtes Verständnis von Wiedergeburt verweist auf die Natur und die Jahreszeiten: Was in der einen Jahreszeit »stirbt«, wird in der anderen »wieder geboren«. Der menschliche Körper »stirbt« und wird in den Bäumen, im Gras und in den Blumen wieder geboren. Der »Geist« oder die »Seele« verlässt eine Daseinsstufe und erwacht wieder zu irdischem Leben oder erreicht eine andere Stufe.

Der Buddha hat niemals die Frage diskutiert, ob es nach dem Tod nicht etwas anderes gäbe. Er lehrte den Dharma vom Nicht-Selbst und fragte: Da es kein eigentliches und dauerhaftes Selbst gibt, sondern nur einen sich ständig verändernden körperlichen, gefühlsmäßigen und geistigen Zustand, was wird dann wieder geboren? Wenn er derartige

Fragen stellte, zeigte er oft auf einen Schatten spendenden Baum und empfahl dem Zuhörenden, sich in den Schatten zu setzen und die Frage von verschiedenen Seiten zu betrachten – mit anderen Worten: darüber zu meditieren. Die Ergebnisse meiner Überlegungen mögen mit denen anderer nicht vollständig übereinstimmen, aber wir besitzen ja auch unterschiedliche Erfahrungen. Es ist sinnvoll, sich an dieser Stelle in Erinnerung zu rufen, dass das, was wir als Tod bezeichen, eine vorübergehende Erscheinung ist – kein Ende, sondern Teil eines kontinuierlichen Seins. Es gibt keinen eigentlichen Moment des Todes – keinen Moment, der ein Ende bedeutet.

Metta und Karuna – Mitgefühl und Mitleid

Ein Anhänger der buddhistischen Lebensweise zu werden und den Dharma zu studieren bedeutet mitfühlendes Verständnis zu entwickeln sowie Sanftmut und die Fähigkeit, die Gründe für das Verhalten anderer zu erkennen. Würden wir auf jede Situation mit wahrem Mitgefühl reagieren, wären wir schon beinahe ein Buddha. Ein Leben in wahrhaftigem, allumfassendem Mitleid führt unvermeidlich zur Erleuchtung. Wer sich auf diesem Weg befindet, wird sich bemühen, klar zu erkennen, was getan – oder unterlassen – werden muss, und er wird mit größtem Mitgefühl danach handeln. Wichtig ist dabei die klare Erkenntnis.

Metta und *karuna*, Mitgefühl und Mitleid, bedeuten jedoch nicht, dass wir einen Hitler, einen Kinderschänder oder Vergewaltiger in den Arm nehmen müssen. Gemeint ist ein notwendiges Bewusstsein dafür, dass wir es auch hier mit einem empfindsamen Wesen zu tun haben, das schrecklich unter seiner Unwissenheit zu leiden hat. Tränen darüber zu vergießen wird nichts helfen, und wir müssen auch nicht persönlich mit dem Fall zu tun haben. Doch auch während wir Abstand wahren zu dem »Kriminellen«, erkennen wir an, dass dieser Mensch und alle empfindsamen Wesen Leid erfahren. Unsere guten Taten heben wir dagegen für Situationen auf, in denen sie Gutes bewirken.

Wie wird man Buddhist?

Was muss man tun, um Buddhist zu werden? Gibt es etwa eine Zeremonie wie die Taufe? Zuerst einmal muss man natürlich das Bedürfnis haben, »Zuflucht zu suchen«. Das bedeutet, dass man zumindest eine gewisse Vorstellung davon hat, worauf man sich einlässt (es sei denn, eine Person folgt einfach dem Vorbild der Eltern oder das Bedürfnis entspringt dem kulturellen Hintergrund – beides sind häufige Gründe, Buddhist zu werden). Man geht zu einem Mitglied des Sangha derjenigen buddhistischen Schule oder Gemeinschaft, die man für sich ausgewählt hat, und bittet um die Gewährung von Zuflucht. Man kann von anderen begleitet werden oder der einzige Kandidat sein. Nun werden das Gelübde und die Fünf Buddhistischen Regeln erklärt. Ist man mit all den Erklärungen einverstanden, wird eine Zeremonie vorbereitet. Es ist üblich, durch Opfergaben die Kosten zu tragen, doch kein aufrichtiger Kandidat würde zurückgewiesen, weil er dafür zu arm ist.

Die Zeremonie findet im Tempel statt, dies ist jedoch nicht ausdrücklich vorgeschrieben. Ob die Zeremonie einfach oder sehr festlich ist, hängt von den Konventionen der jeweiligen Kultur ab. Dreimal erklärt man, dass man Zuflucht begehrt bei dem Buddha, dem Dharma und dem Sangha. Anschließend erhält man die Fünf Buddhistischen Regeln, nach denen man als buddhistischer Laienanhänger zu leben versucht.

Die Fünf Buddhistischen Regeln

1. Nicht lügen;
2. nicht stehlen oder nehmen, was nicht angeboten wird;
3. nicht töten;
4. keine ungesetzlichen oder unnatürlichen sexuellen Praktiken;
5. keine Rauschmittel (Drogen, Alkohol u.s.w.), die den Geist trüben und den Menschen dumm machen.

Es gibt drei weitere Regeln, die man in gewissen Abständen für jeweils einen Tag befolgt:

1. Am Tag nur eine Mahlzeit, und zwar vormittags, zu sich nehmen;
2. nicht auf einem erhöhten Bett schlafen (das heißt auf Bequemlichkeit und Luxus verzichten);
3. sexuelle Abstinenz.

Mönche und Nonnen legen zusätzliche Gelübde ab. Wer Buddhist wird, entscheidet selbst, ob er oder sie sich den Lebensgewohnheiten einer bestimmten Gemeinschaft anpassen will – je nachdem, wie bedeutungsvoll diese für den persönlichen Weg zur Erleuchtung erscheinen. Studium und Meditation sind natürlich Grundvoraussetzungen.

Der Buddha riet seinen Anhängern, ihre Freunde sorgsam auszuwählen und die kostbare Zeit nicht in unpassender Gesellschaft zu verschwenden. Es ist sinnlos, die Zeit mit Menschen zu verbringen, die jede Diskussion in einen Streit verwandeln. Indem man ihrer Streitlust Vorschub leistet, begegnet man ihnen wohl kaum mit freundlichem Mitgefühl.

In der Kaste der Brahmanen war der Buddha höchst unbeliebt, denn er lehrte, dass Blutopfer unnötig und grausam sind. Das gemeine Volk gab viel Geld aus, um Geflügel und andere Tiere zu kaufen und die Priester zu bezahlen, damit sie die Tiere schlachteten und die Omen deuteten, denn die Priester allein hatten hierfür die »Vollmacht«. In jener Zeit floss in den Tempeln viel Blut. Indem der Buddha diese Praktiken mit seiner Lehre verurteilte, schien er das hohe Einkommen der Priester in Gefahr zu bringen.

Im Buddhismus gibt es keine »Priester«. Die Mönche und Nonnen halten heutzutage jedoch Rituale ab, zu denen nur sie befähigt sind und die aus nicht-buddhistischer Sicht den Pflichten von Priestern und Priesterinnen so nahe kommen, das sie von ihnen nicht zu unterscheiden sind.

Tod und Sterben

Betrachtet man die buddhistische Auffassung von Tod und Sterben, könnte man behaupten, dass die Tibeter auf diesem Gebiet die »Experten« sind. Hierfür gibt es sowohl kulturelle wie religiöse Gründe. Allgemein gesagt nimmt der Buddhismus an, dass niemand von uns den genauen Zeitpunkt seines Todes kennt, nicht einmal wenn wir gesetzlich zum Tode verurteilt werden oder gar todkrank sind. Die meisten von uns, ob absichtlich oder unbewusst, ignorieren das Thema Tod völlig, obwohl um uns herum ständig Freunde, Verwandte und Fremde sterben. Der Tod scheint etwas Seltsames, aber auch sehr Natürliches zu sein, das »anderen« Menschen widerfährt – bloß nicht uns selbst. Andere verstehen den Tod als den einzigen Ausweg aus Unglück und Leid.

Viele Zeitgenossen fürchten sich in erster Linie nicht vor dem Tod, denn der gesunde Menschenverstand sagt uns, dass wir den Tod nicht aufhalten können, wie sehr wir uns auch »bemühen«. Wir fürchten uns vielmehr vor der Art und Weise, in der wir zu Tode kommen: Werden wir allein und einsam sterben oder in schrecklichen Schmerzen ohne jeden Rest von Würde? Werden wir uns so sehr fürchten, dass die Stunden unseres Todes zu Stunden des Schreckens werden, werden wir voller Furcht sein vor dem, was als nahende Vernichtung des Selbst angesehen wird? Wir fürchten uns nicht vor dem Tod, sondern vor dem Sterben – unabhängig davon, ob wir »auf der anderen Seite« den Himmel erwarten oder nicht.

Nach der buddhistischen Einstellung erlangen wir durch ein friedvolles Leben einen friedvollen Tod, indem wir jeden Tag so verbringen, als wäre er der letzte. Lass den Tag nicht verstreichen, solange noch Feindseligkeiten, Verstimmung, Rachegedanken, ungelöste Gefühlskonflikte, Reue oder Missverständnis herrschen. Verhalte dich so, als wäre Karma im Sinne von Belohnung und Strafe wirklich ein Teil der Erfahrung nach dem Tod, und sei auf den Tod vorbereitet. Auf diese Weise wird der Geist stets gelassen und friedvoll sein, sogar wenn der Tod früher kommt als erwartet.

Mit dieser gelassenen und friedvollen Einstellung gegenüber Tod und Sterben können wir außerdem jenen eine große Hilfe sein, die **jetzt** sterben und die es auch wissen. All dies mag deprimierend klingen, doch wie verhält es sich mit den Buddhisten, die wir persönlich kennen? Sind sie etwa immerzu unglücklich und trübsinnig? Keineswegs. Wer auf den Tod vorbereitet ist, hat sich von der größten Angst der Menschheit befreit und ist in der Lage, **anderen** in der Zeit größter Not eine Hilfe zu sein. Und dann kann man voller Zuversicht das eigene Leben fortführen.

Kein Selbst? Kein Ich?

Jene buddhistische Lehre, die viele Menschen, sogar Mitglieder des Sangha, am meisten verwirrt, ist die Doktrin vom Nicht-Selbst. Diese Doktrin muss so gelehrt werden, dass den jeweiligen Fähigkeiten des Zuhörers, sie zu verstehen, auch entsprochen wird. Es ist nicht empfehlenswert, dabei keine

Unterschiede zu machen, denn dieser Punkt kann auf einen Menschen, der nicht ausgeglichen genug ist, oder auf jemanden, der nicht sorgfältig genug zuhört, eine sehr bedrückende Wirkung haben. Die einfachste Erklärung der Lehre vom Nicht-Selbst ist die folgende: Wir verstehen unsere Existenz aus uns selbst heraus und begreifen sie als dauerhaft. Doch aufgrund der Unbeständigkeit aller miteinander verbundenen Erscheinungen ist dies nicht möglich. Alles ist ständig in Veränderung begriffen, und das betrifft auch jede Zelle in unserem Körper, all unsere Gefühle, unser Verhalten, unsere Meinungen. Dieses »Selbst« ist nicht so, wie wir es zu sehen gewohnt sind – ewig und unveränderlich –, doch das gilt auch für alles andere.

Spricht man mit Menschen, die ein geringes Selbstwertgefühl besitzen, über dieses Thema, glauben viele, damit sei gemeint, sie seien »niemand« oder »nichts«. Das ist jedoch keineswegs gemeint. Vielmehr illustriert die Vorstellung vom Nicht-Selbst jene Illusion, in der wir unser Leben verbringen. Aufgrund unserer beschränkten Wahrnehmung gehen wir davon aus, dass die »Dinge« per se existieren. Ein Beispiel dafür ist die Liebe oder auch der Hass auf den ersten Blick. Das Objekt unserer gefühlsbestimmten Wahrnehmung erscheint uns das eine oder das andere zu sein – begehrenswert oder abstoßend. Das mag der Wahrheit entsprechen oder auch nicht, es mag sich genau entgegengesetzt verhalten, oder vielleicht liegt die Wahrheit auch irgendwo dazwischen, doch wir sind uns ganz sicher, die Situation absolut korrekt einzuschätzen. Doch wenn das, was uns so begehrenswert erscheint, sich plötzlich in etwas Abstoßendes verwandelt, sind wir am Boden zerstört, und später sind wir vielleicht überrascht, wenn das, was wir anfänglich für abstoßend hielten, sich als das Gegenteil erweist. Alles war nur eine Illusion. Dies passiert uns ständig – Tag für Tag folgt Verwirrung auf Verwirrung. So kommt es zu zerbrochenen Freundschaften, entzweiten Familien, Liebestragödien, Unglück und Leid, weil wir in einer gegebenen Situation nicht zunächst so viele Dinge wie möglich bedenken, sondern sofort handeln – ob aus Zuneigung oder aus Ärger. In derartiger Verwirrung zu sterben wäre schrecklich. Darum empfiehlt es sich, unser Handeln so bald wie möglich zu überdenken und den Rest unseres Lebens zu genießen.

Im Buddhismus gibt es kein »du sollst«, stattdessen werden wir eingeladen, die Dinge selbst zu ergründen. Es gibt keine »Sünder« und »Erlöste«, es gibt nur Unwissende und Erleuchtete. Das Problem liegt in der Unwissenheit – dem Nicht-Wissen, was das rechte und was das falsche Verhalten ist. Das rechte Verhalten (ein maßvolles Vorgehen, das sich auf so viele Informationen und Überlegungen wie möglich gründet) führt zu einem friedvollen Geist und zu Glück; das falsche Verhalten bringt Verwirrung und Elend. Buddha wollte allen empfindsamen Wesen dabei helfen, im Hier und Jetzt ihr Glück zu finden.

Wer waren die Anhänger des Buddha?

Das Kastensystem hatte sich bereits vor der Zeit des Buddha entwickelt und wurde vor allem von der Kaste der Brahmanen sehr ernst genommen. In ihren religiösen Texten, den Weden, heißt es: Wenn ein Sudra über die »Schriften« spricht, dann soll seine Zunge gespalten werden, und hört er ihnen auch nur zu, so sollen seine Ohren mit geschmolzenem Blei gefüllt werden. Der Buddha machte jedoch keinerlei Unterschiede zwischen den Menschen, ob sie nun auf der Rangstufung des Kastensystems oder irgendeiner anderen Art der Diskriminierung beruht hätten. Er sprach zu allen, die zu ihm kamen und hören wollten, was er zu sagen hatte.

Nachdem er seine ersten Schüler unterwiesen hatte und sah, dass sie ihn verstanden, sandte er sie fort, damit sie seine Lehren vor anderen wiederholen konnten. Diese mündliche Verbreitung machte ihn zu einem sehr begehrten Lehrer. Regierende Könige (Rajas und Maharajas) suchten ihn auf, um von ihm persönlichen, praktischen und philosophischen Rat zu erhalten. Aufgrund seiner früheren gesellschaftlichen Position war er in den Palästen als auch bei den gebildeten Menschen stets willkommen. Über allgemeinere Themen sprach er für gewöhnlich im Freien, damit sich seine Zuhörerschaft ohne Beschränkungen zusammenfinden konnte.

Nichts in seinen Reden ließ seine Zuhörer jemals in Wut oder Zorn geraten oder führte womöglich zu Tumulten, und so boten ihm politische Führer und Wohlhabende auf ihrem persönlichen Besitz Parks und Haine als Versammlungs- und Zufluchtsorte an. Jene Zufluchtsorte wurden während der Regenzeit aufgesucht, wenn es nahezu unmöglich und oft auch gefährlich war, zu Fuß zu reisen. Bis zum heutigen Tag ziehen sich buddhistische Mönche und Nonnen sowie viele Laienanhänger während der Regenzeit zwischen Mai und August zurück – nach Möglichkeit ohne Unterbrechung. Für die Mitglieder des Sangha, die in Klöstern leben, stellt dies keine Schwierigkeit dar, doch für Mitglieder aus westlichen Ländern, die einer geregelten Arbeit nachgehen, kann sich eine konsequente Einhaltung dieser Regel als ausgesprochen schwierig erweisen; in ihrer Situation können sie nur versuchen, sie so gut wie möglich zu befolgen.

Der Glaube

Der Buddhismus lehrt nicht den blinden Glauben, vielmehr sollen wir unsere Existenz so gut wie möglich verstehen lernen und uns so weit wie möglich von unseren eigenen Konzepten und falschen Vorstellungen befreien. Es ist nicht ratsam, unbedingt an der persönlichen Sicht der »Wahrheit« festzuhalten oder etwa an einer bestimmten Stufe, die man auf dem Weg zur Erleuchtung erreicht hat. Der Buddha erzählte oft Parabeln, die es seinen Zuhörern erleichterten, ihn zu verstehen. So verglich er seine Lehren etwa mit einem Floß, das für das sichere Überqueren stürmischer Gewässer gebaut worden war. Hat man den Strom überquert, ist es sinnlos, sich das Floß auf den Rücken zu packen und auf dem sicheren Land daran festzuhalten. Lieber lässt man es für jene zurück, denen es vielleicht noch von Nutzen sein könnte. Wer den Strom bereits überquert hat (wer also den Dharma vollständig verstanden hat), benötigt das Floß nicht mehr, denn es hat seinen Zweck erfüllt. Diese Parabel hat bis heute nichts von ihrer Klarheit eingebüßt.

Fragen an den Buddha

Der Buddha lehrte über vierzig Jahre lang, und während dieser Zeit wurde er immer wieder von Menschen befragt, die nach Erkenntnis trachteten, aber auch von solchen, die seine Philosophie widerlegen wollten. Er weigerte sich jedoch konsequent, mit den Fragestellern Themen metaphysischer Art zu erörtern. Er stimmte ihnen weder zu, noch widersprach er ihnen, sondern erklärte, dass das Theoretisieren über bestimmte Themen sinnlos ist.

Ein solcher Fragesteller war auch sein Schüler Malinkyaputta. Nachdem dieser erkannt hatte, dass viele seiner wiederholt geäußerten Fragen vom Buddha ohne Erklärung übergangen wurden, verlangte er endlich nach Aufklärung. Zehn Fragen beschäftigten ihn:

1. Ist das Universum ewig? Oder:
2. Ist es nicht ewig?
3. Ist das Universum unendlich? Oder:
4. Ist es nicht unendlich?
5. Ist die »Seele« (*atman* oder Geist) dasselbe wie der Körper? Oder:
6. Sind Seele und Körper zwei unterschiedliche Dinge?
7. Existiert der *tathagata* (eine weitere Bezeichnung für einen erleuchteten Lehrer) nach dem Tod weiter? Oder:
8. Existiert er nach dem Tod nicht weiter?
9. Existiert er nach dem Tod weiter und gleichzeitig doch nicht? Oder:
10. Existiert er nicht und gleichzeitig doch?

Bei seiner Suche nach Klarheit verbrachte Malinkyaputta offensichtlich viel Zeit mit Nachdenken, doch das Wesentliche bedachte er dabei nicht.

Der Buddha fragte seinen Schüler, ob er jemals zu diesem gesagt hätte: »Komm und führe das heilige Leben unter mir, ich werde dir diese Fragen beantworten.« Er fragte auch, ob Malinkyaputta jemals zu ihm gesagt hätte: »Herr, ich will das heilige Leben unter dem Gesegneten führen, und er wird mir meine Fragen beantworten.« Der Buddha sagte, falls jemand es ablehne, das heilige Leben unter ihm zu führen, bis seine Fragen beantwortet wären, so würde diese Person mit den ungeklärten Fragen sterben. Dann erzählte er Malinkyaputta die folgende Parabel:

Stell dir vor, ein Mann wurde von einem vergifteten Pfeil verletzt und zu einem Arzt gebracht. Nun stell dir vor, er will nicht behandelt werden, solange er nicht weiß, wer auf ihn geschossen hat und ob derjenige ein Mitglied dieser oder jener Schicht ist, wie sein Name lautet und wer seine Familie ist, ob er klein oder groß oder von mittlerer Statur ist, ob seine Haut-

farbe schwarz, braun oder golden ist und aus welcher Stadt
oder aus welchem Dorf er kommt. Stell dir vor, der verletzte
Mann sagt, dass er nicht behandelt werden will, solange er
nicht weiß, mit was für einer Art Bogen auf ihn geschossen
wurde, was für eine Sehne und was für ein Pfeil verwendet
wurden, was für eine Feder auf dem Pfeil saß und aus was für
einem Material die Pfeilspitze gefertigt war.

Der Buddha erklärte, dass der Mann sterben würde, ehe er
die gewünschten Antworten erhalten hätte. Dann sagte er zu
Malinkyaputta, welche Antworten man auch auf dessen Fragen haben mochte, es blieben doch immer noch die Probleme von Geburt, Alter, Verfall, Tod, Sorgen, Klagen, Schmerz,
Gram und Kummer – und über die Lösung dieser Probleme
hatte der Buddha sehr wohl gesprochen. Diese Dinge zu erklären, sagte er, dient der Abkehr (von unrechtem Verhalten),
der Unabhängigkeit, der Gelassenheit und der Erkenntnis.
Seine Worte halfen Malinkyaputta offenbar, neue Überlegungen anzustellen, denn es heißt von ihm, dass er den Buddha
um weitere Unterweisungen bat und später erleuchtet wurde.

Der Beginn der mönchischen Bewegung

Im Laufe der Jahre nahm die Zahl der Anhänger des Buddha
schnell zu. Meist handelte es sich um Menschen, die zusammenkamen, um den Buddha zu hören, wann immer er in
ihrer Nähe war. Andere wollten jedoch stets bei ihm sein,
wünschten sich mehr Unterweisungen, als sie in einem gele-
gentlichen Gespräch erhalten konnten. Wiederum andere
folgten ihm, da er bald der bekannteste Lehrer war und auch
sie sich zu seinen Anhängern zählen wollten. Mit der Zeit

verließen ihn die meisten, jedoch nicht alle. Schließlich gab es noch jene, die ihr Leben dem Buddha weihten, um von ihm so viel wie möglich zu lernen. Einschließlich jener ersten fünf Asketen wurden sie zu den ersten Mitgliedern des Sangha. Nicht nur Männer wollten die Worte des Buddha hören. Königinnen, Kurtisanen, wohlhabende Frauen, Hausfrauen und junge unverheiratete Mädchen, sie alle kamen, um jene neue Weisheit zu vernehmen. Sie boten ihm Speisen und Land an und luden den Lehrer und seine wichtigsten Schüler zu sich in ihr Heim ein. Der Buddha unterschied dabei nicht zwischen Männern und Frauen. Zu allen sprach er stets auf die gleiche Art und Weise.

Vor allem in westlichen Ländern und in der feministischen Bewegung herrscht die Meinung, dass der Buddha Frauen diskriminierte, dass er Frauen in gewisser Weise nicht schätzte. Das ist nicht der Fall: Aufzeichnungen berichten darüber, wie er die Intelligenz bestimmter Frauen und deren vollkommenes Verständnis seiner Lehren rühmte. Auf dieses Thema möchte ich in einem späteren Kapitel über buddhistische Klöster noch genauer eingehen.

Keine Gebote

Nach einer weit verbreiteten Ansicht sind Buddhisten strenge Vegetarier. Dem ist nicht so. Der Vegetarismus im buddhistischen Glauben erklärt sich durch die Regel, nicht zu töten. Hinter dieser Regel steht der ursprüngliche Gedanke, dass alles Leben heilig ist und dass es darum grausam und unnötig ist, Tiere für religiöse Opfer zu töten. Man hat kein Erbarmen oder Mitleid mit den geschlachteten Opfertieren.

Regeln sind keine Gebote. Im Buddhismus gibt es kein »du sollst nicht«. Wenn etwas einem Gebot ähnelt, dann ist es die Aufforderung »denke«: Denke über das nach, was du tust, warum du es tust und welche Konsequenzen es vermutlich haben wird. In dieser Hinsicht bemühen sich Buddhisten um rechtes Handeln und die Vermeidung extremen Verhaltens. Sie versuchen dem »Mittleren Weg« zu folgen.

Fleisch oder Gemüse?

Selbstverständlich können die Menschen nicht mehr als ihr Bestes geben. In Ländern, in denen das Klima einen problemlosen Anbau von Obst und Gemüse erlaubt, stellt der Vegetarismus keine Hürde dar. Ist der landwirtschaftliche Anbau von Gemüse jedoch nicht Teil der Kultur, wie etwa in Tibet oder in der Mongolei, ist das Fleisch ein notwendiger Bestandteil der Ernährung. In China und Japan sorgen Fisch und Sojabohnen für ausreichend Proteine. In anderen Kulturen erfüllen Geflügel, Eier und Fisch diese Funktion. Ursprünglich zogen die Mönche und Nonnen mit ihrem Bettelnapf in die Stadt oder das Dorf, wo die Menschen ihnen ein wenig von dem gaben, was sie entbehren konnten. Dies brachte man der Gruppe und aß es gemeinsam als tägliche Mahlzeit kurz vor der Mittagszeit.

Die früheste buddhistische Unterweisung zu dieser Frage, die auf den Buddha selbst zurückgehen soll, besagt, das Angebotene anzunehmen, aber nicht um die Tötung eines Tieres zu bitten. Dies war eine sinnvolle Regelung, denn hätten die »Bettelnden« den Inhalt ihrer Näpfe untersucht und das herausgepickt oder abgelehnt, was ihnen nicht zusagte, hätten die großzügigen Geber sich wenig ermutigt gefühlt, auch weiterhin zu geben, was sie gerade erübrigen konnten.

Wenn das Töten notwendig ist, um sich ernähren, so tun es die Buddhisten mit Mitgefühl. Dem Tier zu danken schärft das Bewusstsein dafür, dass die Kreatur ein leidendes, empfindsames Wesen ist – genauso wie der Buddhist. Im

Buddhismus liegt die Verantwortung für unsere Taten stets bei uns selbst.

In den heutigen Klöstern und bei den Laienanhängern, die nach allen acht Regeln des Tages leben, ist es üblich, die wichtigste Speise vor der Mittagszeit zu sich zu nehmen und, je nach Klosterregel, bis zum Frühstück am nächsten Morgen nur noch zu trinken. Eine genaue Durchsuchung größerer Klöster würde zweifellos so manche kleine »Knabberei« in Schränken oder an ähnlichen Orten zu Tage fördern, am seltensten jedoch in einem Zen-Kloster. Eine allzu strenge Auffassung habe auch ich nicht, und mein eigener Schrank ist selten ganz leer.

Dem Ende nahe

Nachdem er 45 Jahre umher gereist war und gelehrt hatte, war der Weise der Sakyas, wie der Buddha inzwischen genannt wurde, ein sehr alter Mann (verglichen mit der in Indien damals üblichen Lebenserwartung). Schließlich verließen ihn seine Kräfte, und sein treuer Begleiter Ananda tat für die Gesundheit und das Wohlergehen seines Lehrers, was er nur konnte. Der Buddha starb in Kusingara, im Kreise vieler Anhänger und Mitglieder des Sangha. Sein Körper wurde verbrannt und die Asche geteilt, um an verschiedenen Orten des Landes in Schreinen beigesetzt zu werden.

Im späten 19. Jahrhundert fand man bei Piprahwa in Indien eine Urne mit folgender Inschrift:

> Dies ist die Urne mit den Überresten des
> Bhagavat, des Buddha der Sakya-Sippe
> (gestiftet von ehrenwerten Brüdern und Schwestern,
> Ehefrauen und Kindern).
>
> Kogen Mizuno: *Die Anfänge des Buddhismus*

Der Titel »Bhagavat« bedeutet Weiser. »Buddha der Sakya-Sippe« ist der Titel, der zu Lebzeiten des Siddharta Gautama und nach seinem Tod verwendet wurde. Es wird allgemein vermutet, dass die Urne den für die Familie bestimmten Anteil an den sterblichen Überresten darstellt.

Die Bedeutung des Buddhismus hier und jetzt

*Woran glauben Buddhisten
und wie praktizieren sie ihren Glauben?*

Was genau bedeutet eigentlich Buddhismus? Nach allgemeinem Verständnis, und das gilt auch für die meisten seiner Anhänger, handelt es sich beim Buddhismus um eine Religion. Doch da stellt sich gleich die nächste Frage: Was genau versteht man eigentlich unter einer Religion?

Nach dem *Webster's Dictionary* bedeutet Religion »die Verehrung Gottes in Form von Anbetung sowie Gehorsam gegenüber göttlichen Geboten und dem Trachten nach einer bestimmten Lebensweise«. Das *Odham's Dictionary* definiert Religion als »Glaube an eine übernatürliche Macht oder übernatürliche Mächte, an einen Gott oder Götter, vor allem wenn damit Formen der Anbetung durch die Gläubigen verbunden sind; ein ausgeprägtes System philosophischer, theologischer und ethischer Ansichten, Lehren und Theorien, das im Wesentlichen auf dem Glauben an eine Gottheit oder Gottheiten sowie auf deren Anbetung beruht ...«

Geht man von diesen Definitionen aus, ist es nur verständlich, dass der Buddhismus gern als Religion betrachtet wird. Abergläubische Verehrung macht den Buddha zum Objekt der Anbetung. Die Lehren des Buddhismus besagen jedoch keinesfalls, dass der Buddha Gott ist oder sogar ein Gott. Der Buddha lehrte keine Gebote der Verehrung oder Anbetung seiner Person. Er war kein übernatürliches Wesen und hat dies auch niemals von sich behauptet. Der Buddha war ein Mensch, der sich von heutigen Menschen nur in kultureller Hinsicht unterscheidet, und selbst dieser Unterschied ist in der Region, in der er lebte, heute eher gering. Denn die menschliche Natur und der überlieferte Glaube halten mit den Entwicklungen der Technik nicht immer Schritt.

Ist der Buddhismus denn nun eine Religion? Ja und nein. In verschiedenen Kulturkreisen hat die Verehrung der Erinnerung an den Buddha eine »buddhistische« Religion entstehen lassen. Der ursprüngliche Buddhismus ist jedoch keine Religion, sondern eine Philosophie der Moral und Ethik und vieles mehr. Buddhismus ist also keine Religion, es sei denn, dass wir ihn aufgrund unserer Bedürfnisse dazu machen.

Welche Bedeutung für die moderne Gesellschaft können jedoch die philosophisch-moralisch-ethischen Lehren eines Mannes haben, der vor 2500 Jahren geboren wurde? Was kann der Buddhismus uns bieten angesichts der zahllosen unterschiedlichen Religionen, die wir heute kennen? Die modernen Medien überschwemmen uns geradezu mit Vorschlägen zur geistigen wie körperlichen Gesundung, bieten uns diese oder jene professionelle oder »hausgemachte« Therapie an. Warum werden jedoch immer noch Tausende von Menschen unterschiedlichster Rassen und Nationalitäten von der alten Philosophie des Buddhismus angezogen?

Die Antwort ist ganz einfach: Trotz all des – beinah magischen – technischen Fortschritts gibt es immer noch Dukha. Wir alle erleben die Geburt, das Alter, Krankheit und Tod, werden mit unangenehmen Menschen und Situationen konfrontiert, müssen uns von geliebten Menschen trennen, wir erfahren unerfüllte Sehnsüchte, Sorge und Kummer und viele andere Formen seelischen und körperlichen Leids. All dies meint das Wort Dukha. Niemand kann diesen Erfahrungen entkommen. Dukha stellt die Herausforderungen der menschlichen Existenz dar, und wir alle müssen einen Weg finden, damit so gut wie möglich fertig zu werden. Dieses Unterfangen nennt man »das Streben nach Glück«.

Die Nachrichten eines einzigen Tages machen im Grunde schon deutlich, dass die Menschheit bei dem Versuch, das Leiden zu mildern, in den meisten Fällen scheitert. Oft wird eine Ausgangssituation sogar verschlimmert, und es kommen zusätzliche Probleme hinzu. Es gibt Tausende von Berichten über gut gemeinte Bemühungen, die genau das Gegenteil bewirken. Dabei ist uns die gegenseitige Verknüpfung der Ereignisse nicht richtig klar. Ein altes Sprichwort besagt, das Gute, das man einem »schlechten« Menschen tut, kann gleichzeitig Schlechtes für einen »guten« Menschen bedeuten. Wir können es täglich in der Zeitung, im Radio oder im Fernsehen verfolgen. Ich kann mir kaum etwas Schlimmeres vorstellen, als den Tag mit den Nachrichten im Radio zu beginnen. Zuerst regt man sich darüber auf, und dann folgt ein Gefühl der Hoffnungslosigkeit. Das gilt natürlich nicht für alle. Die unverbesserlichen Optimisten unter uns sind immer vergnügt und haben den Kopf voller Träume, wogegen natürlich nichts einzuwenden ist. Stets versuchen sie, eine gegebene Situation so zu beurteilen, als ließen sich die auftretenden Probleme leicht lösen. Oft ist jedoch gerade der größte Optimismus ein Schutz vor Panik und Verzweiflung, vor der Furcht, nachzugeben und emotional überwältigt zu werden.

Die großen Religionen verlieren heute vor allem Anhänger aus den gebildeten Schichten. Viele haben das Vertrauen in den Glauben verloren. Das einzig Traurige an dieser Entwicklung ist, dass nur wenige der Zweifelnden oder »Ungläubigen« einen besseren Ersatz gefunden haben. Es gibt leider kein universelles Heilmittel für das Problem, denn trotz aller Ähnlichkeit und Verbundenheit zwischen uns Menschen bleiben wir dennoch Individuen mit unterschiedlicher Psyche. Ständig werden wir miteinander konfrontiert, und dies kann Freude auslösen, aber auch zu großer Verärgerung führen.

Mit dem sich weltweit verbessernden Bildungsstand unserer Zeit wird die Zahl der Zweifelnden, der Ungläubigen und der nach Erleuchtung Suchenden weiter zunehmen. Wohin können wir uns wenden auf der Suche nach einem Sinn? Was kann uns helfen, das Beste aus unserem Leben zu machen?

Auch nach so vielen Jahren der Entwicklung hat der Buddhismus nichts von seiner Anziehungskraft verloren. Die ursprüngliche Philosophie ist dabei dieselbe geblieben. Aufgrund der Bedürnisse mancher Anhänger hat sich jedoch eine **religiöse** Seite des Buddhismus entwickelt, und gerade dieser Umstand mag für die große Verbreitung des Buddhismus verantwortlich sein.

Die moralisch-ethische Seite des Buddhismus bestimmt sowohl die philosophischen als auch die eher religiösen Aspekte der Lehre: Was für die Anhänger der buddhistischen Religion gilt, hat ebenso für jene Gültigkeit, die in der Philosophie des Buddhismus nach Antworten suchen. Diese moralisch-ethischen Grundsätze sind in den »Fünf Buddhistischen Regeln« enthalten, die allerdings keine Gebote, sondern Ratschläge darstellen. Wie kommt es aber, dass die Lehren des Buddha frei von Geboten sind? Dies ergibt sich ganz einfach aus der Doktrin, dass wir für unser Karma – **das Ergebnis unserer Gedanken, Taten und Worte** – letztendlich selbst verantwortlich sind. Schlechte Laune, Missmut oder Ähnliches – wer sucht den Grund dafür nicht gern bei anderen? Buddhisten können sich auf diese Weise jedoch nicht herausreden. Damit ihnen dies auch stets bewusst ist, bedarf es regelmäßiger analytischer Meditation – einer Art gleich bleibender **Achtsamkeit** gegenüber sich selbst. Einfach ist das natürlich nicht, aber die Mühe lohnt sich.

Für immer mehr Menschen verlieren Moral und Ethik an Bedeutung. Auf der anderen Seite entstehen immer mehr Gesetze, die die Mitglieder einer Gesellschaft dazu zwingen sollen, sich zu ihrem eigenen Wohl und dem der Gesellschaft verantwortungsbewusst zu verhalten. Das Ergebnis sind jedoch noch mehr Straftaten, da es ja immer mehr Gesetze gibt, die gebrochen, und Verbote, die missachtet werden können. Verbote haben schon bei Adam und Eva wenig bewirkt, die trotzdem von den verbotenen Früchten aßen. Dabei gingen sie ein kalkuliertes Risiko ein, und genau das tun die Menschen heute immer noch.

Je stärker wir die »Rechte« des Individuums gegenüber den »Rechten« der Gesellschaft betonen, umso weniger Respekt erweckt das Gesetz beim Individuum und umso weniger Respekt empfindet das Individuum gegenüber der Autorität der Gesellschaft. Steht das Gesetz zwischen dem Individuum und dem, was ihm Freude bereitet, erhalten seine Wünsche dadurch größere Bedeutung. In einer idealen Gesellschaft sollte das Verhältnis zwischen individuellen Wünschen und Gesetzen so ausgewogen sein, dass die Notwendigkeit von Gesetzen schließlich nicht mehr gegeben ist. Es ist aber auch vorstellbar, dass wir alle die Verantwortung für unsere Taten und deren Folgen (Karma) selbst übernehmen statt zu erwarten, dass Freunde, Verwandte oder die (oft zu Recht) verhasste Autorität uns aus den selbst verschuldeten Schwierigkeiten helfen. Die Idealvorstellung einer Gesellschaft bleibt jedoch ein **Ideal**, und persönliche Freiheit bedeutet auch persönliche Verantwortung.

Hier stehen wir nun in all unserer Verwirrung, und das Chaos scheint kein Ende zu nehmen. Was sollen wir tun? Wo sollen wir anfangen? Die Antwort des Buddhisten lautet, gleich **hier** und **jetzt** anzufangen, und zwar mit der Kontrolle über den Geist. Das hat natürlich nichts mit Gehirnwäsche zu tun, die ja die Kontrolle durch äußere Kräfte darstellt. Hier geht es vielmehr um eine Kontrolle von innen.

Beginnen wir mit den **Vier Edlen Wahrheiten.** Alle Hilfe, die wir für den Anfang benötigen, ist in den ersten beiden Edlen Wahrheiten enthalten. Doch dafür müssen wir sie auch richtig verstehen.

Die **Erste Edle Wahrheit**, besser übersetzt mit »Wahrheit der Edlen«, besagt, dass das Leben leidvoll (Dukha) ist. Dies scheint im Grunde ganz offensichtlich zu sein, vor allem je älter man wird, doch den wenigsten Menschen ist das bewusst. Sie sprechen von ihrem ganz persönlichen »Glück« oder »Unglück«, von ihrem »Karma«, ihren Genen oder ihrer Erziehung. Dabei sehen sie jedoch nicht, dass für alle Menschen das Gleiche gilt. Zu akzeptieren, dass wir alle Dukha unterworfen sind, heißt, endlich mit dem Selbstmitleid

Schluss zu machen. Dukha ist nicht allein **mein** Schicksal, sondern das Schicksal **aller**. Niemand kann ihm entkommen. Der gütigste Wohltäter erfährt Dukha. Der reichste Mensch der Welt kann ihm ebenso wenig entgehen wie die Ärmsten der Armen oder etwa ein gesunder Mensch, der in besten Verhältnissen lebt. In der buddhistischen **Religion** sind auch die »Götter« Dukha ausgesetzt. Der erste Schritt auf dem Weg, sich von Dukha zu lösen, bedeutet, sich der Gegebenheit von Dukha bewusst zu werden. Wir sollten uns nicht vor der Wahrheit verstecken und so tun, als ob es sie nicht gäbe. Einen derartigen Zustand kann man erst dann ändern, wenn man ihn auch anerkennt. Einem Alkoholiker kann erst dann geholfen werden, wenn er sein Problem eingesteht. Dasselbe gilt für den Drogenabhängigen oder eine Person, die an Tuberkulose erkrankt ist.

Der zweite Schritt ist der Wunsch, sich vom Leiden zu befreien. Ich spreche hier absichtlich von »Leiden«, denn Dukha bedeutet nicht nur Schlechtes. Vergänglichkeit oder Wandel führen zur Veränderung einer angenehmen Situation. Sie verändern aber auch jene Situationen, denen wir entfliehen möchten. Dies geschieht allerdings nicht nach einem regelmäßigen Muster: Einem Tief folgt nicht unbedingt ein Hoch. Es gibt unzählige Muster, die miteinander verknüpft sind und sich ständig neu entwickeln. Jene Menschen, die Dukha (das wirkliche Leben) nicht wahrnehmen, leben in Unkenntnis (der Realität), Verwirrung und ständiger Enttäuschung. Oft führt dieser Zustand sogar zu einem »Zusammenbruch«. Eigentlich müssten sich doch die meisten intelligenten Menschen aus solch einem Zustand befreien wollen, doch unzählige leben einfach so weiter. Dann gibt es andere, die ihr Leben offenbar so akzeptieren, wie es ist, und sich entsprechend verhalten. Viele von ihnen fragen aber nie nach dem Warum. Sie sehen nur die eigene Situation, und das Leben erscheint ihnen so »ungerecht«. Warum müssen gerade sie

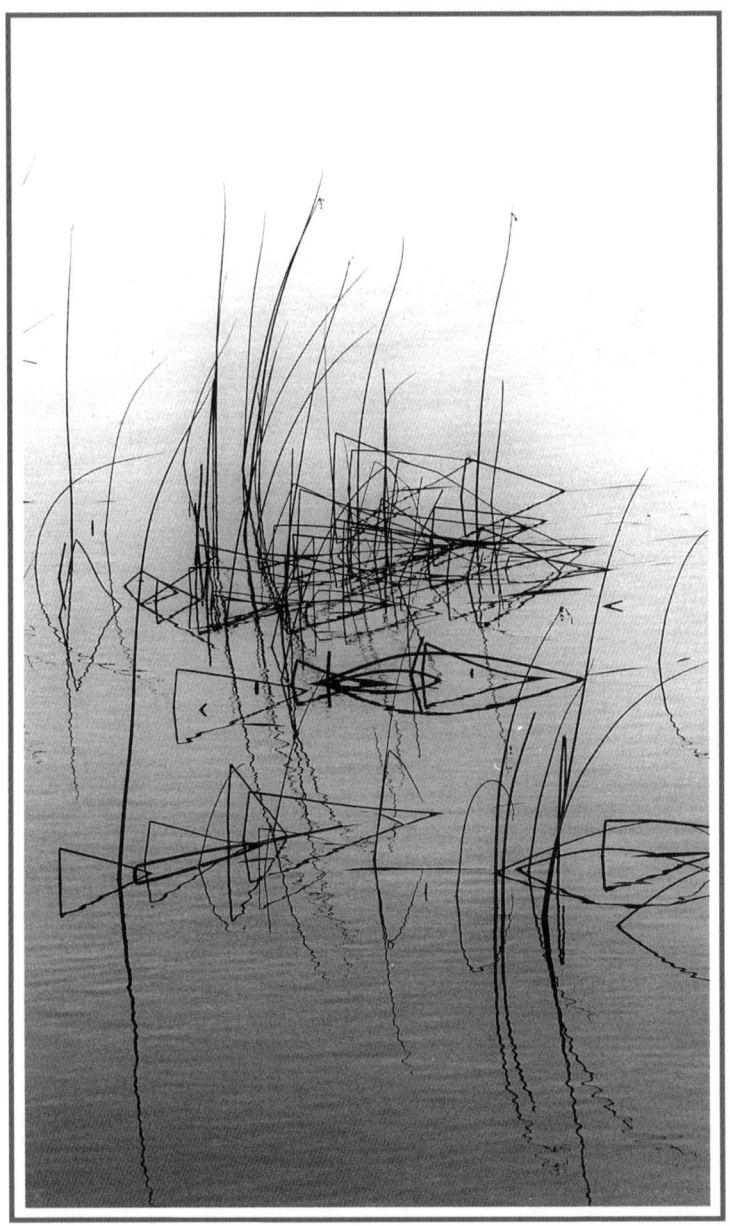

solch ein schweres Schicksal erdulden? Warum haben einige Menschen alles? Warum bloß ist das so? Die **Zweite Edle Wahrheit** besagt, dass Dukha aus der Begierde und dem Festhalten entsteht. Damit ist jedoch nicht der Wunsch nach etwas Erreichbarem oder Notwendigem gemeint. Gemeint ist die Begierde und das Verlangen nach etwas Unerreichbarem, nach etwas, das uns als Individuen unmöglich ist. Wünscht sich jemand mit bescheidenem Einkommen nicht manchmal den Reichtum eines Aga Khan? Und welcher Mann oder welche Frau von unscheinbarem Äußeren hätte nicht gern ein schönes Gesicht? Ganz zu Recht wünschen wir uns das, was wir brauchen. Begierde oder Verlangen nach dem Unerreichbaren führt jedoch zum Leiden. Durch Begierde wäre Aga Khan niemals zu all seinem Gold gelangt. Seine Stellung verdankte er seiner Geburt, und es war sein »Schicksal«, dass sein Gewicht zu besonderen Geburtstagen in Gold aufgewogen wurde. Zweifellos wünschte er sich ganz andere Dinge als Gold.

Dieser Aspekt des Dharma (Lehre des Buddha) wird oft missverstanden und führt zu der Annahme, dass ein Buddhist überhaupt keine Wünsche haben, sondern ununterbrochen sinnierend unter einem Baum sitzen sollte. Mit anderen Worten, es herrscht die Meinung, dass ein Buddhist kein ganz normales Leben führen darf. Das Mitleid des Buddha galt jedoch nicht nur den Asketen (und selbst diese begannen, nachdem sie seine Lehren verstanden hatten, andere zu unterweisen und gaben ihre fruchtlosen asketischen Praktiken auf). Der Buddha lehrte Könige und Kaufleute, Verwalter und Handwerker, und allen gab er Ratschläge, die jeweils zu ihrem Besten waren. Niemals hat er diese Menschen aufgefordert, ihren Besitz wegzugeben und ihr Leben lang nur noch seinen Lehren zu lauschen.

Der Buddha drang gern zu den Wurzeln eines Problems vor. Es war sein Ziel, den Leidenden und auch den Suchenden (nach ihrer Erleuchtung) Lösungswege aufzuzeigen. Bei dem Versuch, unsere eigenen Probleme zu lösen, müssen auch wir bis zum Grund, bis zu den Wurzeln vordringen. Die Wurzeln der Probleme der Gesellschaft liegen in jedem einzelnen Individuum verborgen. Wir alle können etwas zur Lösung beitragen, aber nicht das ganze Problem lösen. Niemand kann allein »die Welt retten«.

Anfangen sollten wir darum bei uns selbst. Wenn wir uns bemühen, unsere eigenen Probleme zu lösen, haben wir bereits zur Lösung der Probleme um uns herum beigetragen. Die meisten von uns suchen gar nicht die vollkommene Erleuchtung, denn der Weg dahin erscheint zu schwierig. Dennoch können wir die Auswirkungen von Dukha mildern. Erscheint uns die Methode der Buddhisten als wirksam, können auch wir sie uns zu Eigen machen. Niemand muss Buddhist werden, um die Lehren des Buddha zum persönlichen Wohl zu nutzen.

Wer hat Schuld?

Es ist zur Gewohnheit geworden, alle möglichen äußeren Einflüsse für unsere Fehler und Unzulänglichkeiten verantwortlich zu machen. Solche Einflüsse können unsere Herkunft und das Verhalten unserer Eltern betreffen, unsere Erziehung, unsere Umgebung oder die Art und Weise, wie sich andere Menschen uns gegenüber verhalten. Sollten sie auch für unsere Schwierigkeiten verantwortlich sein, sie zu verurteilen, ist keine Lösung. Die Frage, wen oder was wir für unsere Situation verantwortlich machen, ist zweitrangig. Es ist viel wichtiger, das Problem so zu erkennen, wie es sich jetzt darstellt, und alle Gründe und Ursachen zu betrachten. Unseren eigenen Anteil sollten wir dabei nicht verleugnen, denn wir tragen sehr wohl eine gewisse Verantwortung für

das, was uns widerfährt. Manche nennen es Karma und suchen die Verantwortung/Schuld in zahllosen früheren Leben,
wobei sie sich mitunter sogar auf extreme metaphysische
Fantasien berufen: Den Grund dafür, dass E. ohne Arme geboren wurde, sehen sie zum Beispiel darin, dass E. in einem
früheren Leben jemand anderem die Arme abgetrennt hat.
Also kein Contergankind? Nein. Aber vielleicht hat E. ihrer
Mutter in einem früheren Leben etwas sehr Schlimmes angetan: Dass die Mutter nun Contergan genommen hat, wird als
Karma jener Situation betrachtet.

Mit den Lehren des Buddhismus hat dies rein gar nichts zu
tun. Der Glaube an das Karma veranlasst manche Menschen
zwar zu einem guten Leben, doch wie viel besser wäre es,
wenn sie verstehen würden, was Karma wirklich bedeutet
und sich dementsprechend verhielten.

Wenn es wahr ist, dass die Menschen nur das glauben, was
sie glauben wollen, dann ist die Welt voll von Menschen, die
es vorziehen zu leiden. Dabei gibt es eine solch einfache Methode, um den Heilungsprozess einzuleiten:

Genieße, was du hast, aber akzeptiere, dass es sich bereits wieder verändert.
Tue keinem lebenden Wesen etwas zu Leide, auch dir selbst
nicht.
Lerne, deinen Geist zu kontrollieren, indem du dich bemühst,
die Dinge so zu sehen, wie sie jetzt gerade sind.

Besteht auch die Gefahr, dass man zu längst Bekehrten predigt, so gibt es doch gleichzeitig die Hoffnung, einige Menschen für neue Ideen und neue Perspektiven gewinnen zu
können. Manche sind in ihrer momentanen Lage vielleicht so
verzweifelt, dass sie ganz bewusst nach einem Ausweg, einer
»Heilmethode«, suchen. Vielleicht ergeht es ihnen ja wie dem
buddhistischen Patriarchen Hui-neng, und sie sind gerade

jetzt in der richtigen Verfassung, die Lehren des Buddha aufgrund zufällig gehörter oder gelesener Worte zu verstehen. Vielleicht stammen die Worte dann ja sogar aus diesem Buch.

Menschen können nicht gezwungen werden, etwas zu glauben, auch nicht durch die ständige Wiederholung einer Doktrin. Dies gilt in besonderem Maße für die buddhistische Philosophie, in der der Glaube auf persönlicher Erfahrung beruht. Auch wenn wir ein erfreuliches oder schreckliches Erlebnis so genau wie möglich beschreiben, werden unsere Zuhörer niemals ganz verstehen oder gar glauben können, was wir ihnen da erzählen, es sei denn, sie haben Gelegenheit, das Erzählte so genau wie möglich selbst zu prüfen. Auch wenn wir sehr ähnliche Erfahrungen gemacht haben, können wir doch niemals wirklich wissen, was eine andere Person fühlt. In einem kleinen Boot bei Sturm auf See zu sein kann brillant beschrieben werden, man kann über das Gefühl sprechen, einen geliebten Menschen nach langer Krankheit zu verlieren oder ein Wunschkind gesund zur Welt zur bringen. Niemand wird jedoch diese Erfahrungen wirklich verstehen können, bis er oder sie die gleiche oder eine sehr ähnliche Situation erlebt hat. Wirkliches Verständnis und **wahrer** Glaube entstehen nur aus persönlicher **Erfahrung**. Buddhismus ist eine **persönliche** Erfahrung.

Begierde

Die Gründe für Dukha (Begierde) sind weder **Defizite** noch **Bedürfnisse**. Mit dem Begriff der Begierde, so wie er hier verwendet wird, ist vielmehr ein ständiger Zustand des **Begehrens** gemeint. Wir wollen die Dinge ganz und gar besitzen, an ihnen festhalten. Wenn wir uns etwas wünschen oder nach etwas verlangen, soll es genauso bleiben, wie es im Moment ist. Die Person, die wir lieben, soll sich niemals verändern.

Der Tod soll uns und unsere Familie verschonen. Allgemeiner ausgedrückt: Wir wollen, dass die guten Zeiten niemals enden. Jene andere buddhistische Lehre, die Lehre von der Vergänglichkeit (Anicca), können wir einfach nicht akzeptieren. Doch alles um uns herum ist ständigen Veränderungen unterworfen. Der Körper, mit dem ich geboren wurde, ist nicht mehr der Körper, den ich heute mit mir herumtrage. Der Fluss, den ich am Morgen durchquere, ist am Abend nicht mehr derselbe – er hat sich bereits in der nächsten Sekunde verändert.

Das Festhalten, die Begierde, das Hoffen auf Beständigkeit sind der Grund für unser Leiden. Indem an Konzepten und Meinungen festgehalten wird, entstehen Gewalt und Leid. Wir sprechen von unseren »Prinzipien«, für die wir töten oder sterben würden, und fühlen uns dadurch im Recht. Oft genug weisen diese »Prinzipien« schwere Fehler auf, doch dies würden wir niemals zugeben. Ein Mensch mit abweichenden Prinzipien wird automatisch zum »Feind«. Bis ans Ende des Lebens halten wir an unseren Prinzipien fest – am liebsten bis ans Lebensende der »anderen«.

Finden wir den idealen Partner, ist unser Leben schön und angenehm. Ändert sich unser Partner (aus vielerlei Gründen), wird unser Leben zur Hölle auf Erden, und wir vergessen ganz, dass auch wir uns verändert haben. Eltern sind überglücklich über ihr Baby. Sie glauben, alles über ihr Kind zu wissen, und leiden sehr, wenn sich das heranwachsende Kind verändert, ihnen widerspricht und froh ist, sie eines Tages zu verlassen.

Wir leben an einem Ort, an dem wir uns stets glücklich und sicher gefühlt haben, und doch werden wir durch wirtschaftliche oder umweltpolitische Veränderungen plötzlich entwurzelt. Durch eine Flut oder ein Feuer verlieren wir vielleicht Dinge, die uns teuer waren, oder wir verlieren sogar einen geliebten Menschen. Nachdem wir alles verloren haben, halten wir vielleicht weiter an unseren Erinnerungen fest, so als wären vergangene Ereignisse immer noch real, und auf diese Weise verlängern wir unser Leiden.

Im Moment des Kummers wird uns nichts vor Freude jubeln lassen, doch wenn wir uns der Vergänglichkeit stets bewusst sind, verringern wir den Schmerz. Wir erkennen, dass wir durch die Begierde und das Festhalten mehr leiden als durch den Verlust selbst.

Oftmals erschweren wir einem geliebten Menschen, der im Sterben liegt, das Abschiednehmen, weil wir uns an ihn klammern. Wir weigern uns, die Vergänglichkeit des Lebens zu akzeptieren, und wir erlauben dem Sterbenden nicht, über seine Gefühle zu sprechen. So schwer es uns auch fällt: Den Tatsachen ins Auge zu sehen und langsam loszulassen, genau dies hat in vielen Fällen das Sterben erleichtert. Wenn unsere eigene Zeit einmal gekommen ist, sollten wir uns nicht verzweifelt gegen das Unausweichliche sträuben. Vernünftiger und würdevoller ist es, loslassen zu können.

Großen Schaden richten Begierde und Festhalten auch dadurch an, dass sie die Beurteilung oder Analyse einer Situation unmöglich machen. Sie lassen uns die Dinge nicht so sehen, wie sie sind (soweit das zumindest mit unserer subjektiven Wahrnehmung möglich ist), und dadurch sind wir nicht in der Lage, angemessen zu handeln. Ruhige Überlegungen und angemessenes Handeln können zur Lösung eines Problems führen. Gibt es jedoch keine Lösung, kann man sich wenigstens mit der momentanen Situation abfinden und sich etwas Besserem zuwenden als Schmerz und Ärger.

Wer sich von der Begierde befreit und nicht länger an den Dingen festhält, ist auch frei von Kummer und Sorge. Und wer sich von Kummer und Sorge befreit hat, kann sich vollständig auf die zu lösende Aufgabe konzentrieren, verharrt nicht länger bei unbedeutenden oder gar nicht vorhandenen Problemen. Nicht das, was uns widerfährt, ist von ausschlaggebender Bedeutung, sondern die Art und Weise, wie wir darauf reagieren: Wenn wir uns an etwas klammern, uns nach etwas sehnen oder uns über unsere so genannte Sicherheit Sorgen machen, können wir nicht angemessen reagieren und das Ergebnis wird nicht unseren Erwartungen entsprechen. Der alte Spruch, dass man erst einmal »tief durchatmen« soll ehe man handelt, ist ein nützlicher Ratschlag. Der religiöse Buddhist tut genau dasselbe, indem er einige Mantras aufsagt, vor allem die Mantras einer bevorzugten Gottheit.

Buddhismus und Kultur

Der Buddhismus ist ausgesprochen vielschichtig. Es gibt beinahe so viele »Schichten« wie »Gläubige« und ganz gewiss ebenso viele kulturelle Ausprägungen, auf die die ursprünglichen Lehren des Buddhismus übertragen wurden. Viele Menschen, die sich selbst für Buddhisten halten, wären mit vielen Aussagen dieses Buchs nicht einverstanden. Der »durchschnittliche« religiöse Buddhist ist sehr damit beschäftigt, auf Reichtum und Wohlstand zu hoffen – sowohl für dieses als auch für ein besseres nächstes Leben und ein übernächstes und immer so weiter. Die meisten von uns machen es genauso. Ob ein Leben oder viele, unsere Begierde bleibt dieselbe.

Dort wo der Buddhismus auf Kulturen übertragen wird, in denen man die Anbetung von Gottheiten (die Anbetung von übernatürlichen Wesen) bereits praktiziert, ergeben sich durchaus Vorteile für die Gläubigen. Denn für ihre emotionalen Bedürfnisse existiert bereits eine geeignete Gottheit. Für jene, die an Götter glauben, ist es eine anerkannte Tatsache, dass einige von ihnen gütig und hilfsbereit, andere wiederum zornig und boshaft sind. Die gütigen Götter werden verehrt und angebetet, während man die zornigen Göttern durch rituelle Handlungen beschwichtigen muss. Für westliche Beobachter hat die Verehrung der Vorfahren mitunter so viel Ähnlichkeit mit der Götterverehrung, dass kein Unterschied mehr darin gesehen wird. In Asien glauben viele Menschen fest daran, dass die Geister ihrer Vorfahren immer noch unter ihnen sind und, je nach Charakter, guten wie schlechten Einfluss auf ihr Leben nehmen können. Es gibt wunderschöne Zeremonien, die von Mönchen und Nonnen in einem Tempel zusammen mit einem Mitglied oder einem Repräsentanten der Familie durchgeführt werden, um den Verstorbenen Speisen und Getränke zu opfern. Diese Zeremonien führt eine Generation nach der anderen weiter aus. Sie wecken in den Familienmitgliedern ein Bewusstsein dafür, dass all ihre Taten von den Verstorbenen aufmerksam beobachtet werden. Wird die Familienehre befleckt, sorgen die Vorfahren dafür, dass die Missetäter, ja sogar die gesamte Familie, dafür bestraft werden. So verstehen diese Menschen Karma (im Sinn von Belohnung und Strafe).

Religiöser Buddhismus

Der religiöse Buddhist glaubt an Himmel und Hölle, und die Vorstellung dieser »Reiche« ist an den jeweiligen Glauben gebunden, der vor dem Buddhismus in einer Kultur vorherrschte. Die religiösen Lehren des Buddhismus in Tibet sprechen zum Beispiel von drei heißen und drei kalten Höllen: Gemeint sind damit Geisteszustände, doch oft werden sie von den Anhängern als »real« verstanden. Es soll mehrere himmlische Reiche geben (die Aufenthaltsorte der Götter), die herrlich, jedoch nicht von Dauer sind. Die Reiche der Hölle sind stets so Furcht einflößend, wie die jeweilige Kultur sie sich nur vorstellen kann. Aber auch sie sind nicht von Dauer. Es gibt weder **ewig währende** Herrlichkeit noch **ewig währende** Höllenqual. Wo befinden sich jedoch diese Himmel und Höllen? Dazu möchte ich von einer Begebenheit erzählen, deren Zeuge ich vor einigen Jahren im Chenrezig Institute in Eudlo im australischen Bundesstaat Queensland wurde. Geshè Nahwang Darghy, ein *guru* (Lehrer), war zu Besuch. Geshè-la ist ein ziemlich bekannter Lehrer des tibetischen Buddhismus, ein Mann von großer Weisheit und Mitgefühl und ein herausragender Gelehrter des Mahayana-Buddhismus. Bei seinem Besuch lehrte er aus einem vorliegenden Text, und zu seinen Zuhörern gehörten sowohl Mönche und Nonnen als auch Einwohner des Ortes und auswärtige Besucher. Finden derartige Unterweisungen in westlichen Ländern statt, liest der Lehrer den Text des Holzschnitts (Originalübersetzungen aus China und Indien aus der Zeit, in der der Buddhismus dort eingeführt wurde) und ein Dolmetscher übermittelt das Gesagte. Geshè hatte den Text über die himmlischen Reiche gelesen und fuhr nun mit den Reichen der Hölle fort. Die meisten Menschen entsetzen sich über diese Texte (und hören nicht zu, wenn ihnen erklärt wird, dass es sich ganz einfach um Reiche des Geistes handelt). Viele scheinen die Texte jedoch auch zu genießen – gerade so wie Kinder, die fasziniert einem grausamen Märchen lauschen. Einem niederländischen Ehepaar mittleren Alters erging es allerdings nicht so. Es saß kerzengerade auf seinen Stühlen, die es an die hinterste Wand geschoben hatten.

Nach der Lesung folgte die Fragestunde, und wie gewöhnlich gaben die Fragen darüber Aufschluss, wie groß der jeweilige Grad des Verständnisses war. Die Niederländerin stand auf und stellte mit Bestimmtheit ihre Frage: »Könnte der Geshè uns freundlicherweise die genaue geographische Position dieser Reiche der Hölle mitteilen?«

Geshè-la lachte leise, als der Dolmetscher ihm die Frage übersetzte. Dann gab er seine Antwort, und die Übersetzung lautete:»Geshè-la bittet, Sie zu fragen: Wo ist Ihr Geist?« Als sie dies hörten, standen die Frau und ihr Mann auf, marschierten aus dem *gompa* (Tempel) und schlugen die Türen hinter sich zu. Diese beiden Leute hatten ein Stück Weisheit erhalten, das sich bei einer gewissen Prüfung und Meditation als sehr kostbar erwiesen hätte. Stattdessen glaubten sie jedoch, man hätte sie beleidigt. Himmel und Hölle befinden sich mit Sicherheit in unserem Geist: Wir befinden uns fast jeden Tag unseres Lebens im Himmel oder in der Hölle. Ebenso wie die Wiedergeburt erleben wir den Himmel und die Hölle in diesem Leben. Sollte es noch einen anderen Ort dafür geben, werden wir das schon herausfinden – oder auch nicht.

Sollte der Glaube an zukünftige Himmel oder Höllen alles sein, was bestimmte, beinahe unbelehrbare Gemüter bewegt? Dann kann man die Lehren, die solchen Menschen die Wirkungen ihrer Taten bewusster machen, als äußerst lohnend betrachten. Unter gewissen Umständen, wenn die Zuhörer zum Beispiel Analphabeten sind, mag ein derartiger Glaube durchaus mehr bewirken als von Menschen gemachte Gesetze und Verbote.

Die Zehn Fesseln

Der Buddhismus lehrt, dass es zehn Fesseln gibt, die uns daran hindern, zur Erleuchtung zu gelangen, zehn Fesseln, die uns in einem Kreislauf von ungeschicktem Verhalten gefangen halten. Sie lauten:

1. Der Glaube an ein von Natur aus dauerhaft existierendes »Selbst«;
2. der Zweifel an den hier genannten Fesseln;
3. der Glaube an die »läuternde Wirkung« von religiösen Regeln und Riten;

4. sinnliches Begehren;
5. böser Wille;
6. Begierde nach materiellem Reichtum;
7. Begierde nach immateriellem Reichtum;
8. Eitelkeit/Dünkel;
9. Unrast;
10. Unwissenheit.

In der buddhistischen Literatur, gleich, ob es sich um populärwissenschaftliche Schriften oder Lehrtexte handelt, gibt es viele solcher Listen. Sie prägen sich leichter ins Gedächtnis ein als komplexe Prosatexte, und auch heute noch können sich viele Menschen auf diese Weise Familienstammbäume, geschichtliche Ereignisse oder Mythen und Legenden merken, ohne sich irgendetwas aufschreiben zu müssen.

Eine weitere Liste wird »Die sieben Juwelen des Erleuchteten» genannt:

1. Uneingeschränktes Vertrauen in die Dreifache Zuflucht (Buddha, Dharma, Sangha);
2. Reinheit der Tugendhaftigkeit/Sittlichkeit;
3. Großzügigkeit;
4. Erwerb des richtigen Wissens;
5. Fleiß;
6. Selbstbeschränkung im Hinblick auf unser soziales Umfeld und unsere Umwelt;
7. verantwortungsvolles Verhalten.

Zu einer frühen Stufe der Ausbildung buddhistischer Mönche und Nonnen hat stets das Auswendiglernen umfangreicher Texte gehört. Diese Methode benötigte man vor allem für die Analphabeten, aber sie war auch am besten dazu geeignet, die Lehrtexte ohne Fehler weiterzugeben. Wenn eine Gruppe oder auch ein Einzelner vor einer Gruppe einen

Text rezitiert, fallen Fehler und Irrtümer sofort auf und werden korrigiert. Beim Kopieren von Texten kann es jedoch zu Fehlern kommen, die dann von einer Kopie auf die nächste übertragen werden. Möglicherweise werden geschriebene Worte, je nach Auffassungen und Ansichten des Übersetzers, auch falsch übermittelt oder missverständlich interpretiert.

Manche dieser Listen gehen auf den ursprünglichen Buddhismus zurück, andere sind das Ergebnis späterer philosophischer Betrachtungen über die Lehren des Buddha aus verschiedenen Perspektiven. Es ist immer wieder interessant, verschiedene Kommentare von verschiedenen »Autoritäten« zu ein und demselben Text zu lesen und dabei die unterschiedlichen Perspektiven der einzelnen Gelehrten sowie deren Schlussfolgerungen wahrzunehmen. Das kann natürlich zu Verwirrung führen, aber nur, wenn man nicht darauf vorbereitet ist, selbst zu analysieren und letztendlich zu eigenen Schlussfolgerungen zu gelangen (an denen man aber nicht unbedingt als den einzig möglichen festhalten sollte).

Dass eine Religion auch immer wieder die kummervolle Seite des Lebens betont, mag vielen unnötig und bedrückend erscheinen, ganz besonders jenen Menschen, die gesund und wohlgenährt, geschätzt und strebsam sind oder vor denen eine glänzende Zukunft liegt, ja sogar jenen, die nur halb so viel Glück im Leben haben. Doch gerade diese Menschen sind sich der Vergänglichkeit oft am wenigsten bewusst, und darum trifft es sie am härtesten, wenn sich ihre Lebensumstände ändern. Menschen, die weniger besitzen, wissen sehr wohl, dass das Leben sie nicht auf Rosen bettet. Aber auch dieses Wissen führt uns nicht unweigerlich zur Weisheit, sondern kann großes Verlangen und Begierde in uns wecken.

Allumfassendes Mitleid

Die Menschen werden nicht als gleichberechtigte Wesen geboren, sieht man einmal davon ab, dass wir alle nackt auf diese Welt kommen, dass wir alle Dukha unterworfen und dass wir alle Brüder und Schwestern sind. Sich dieser allgemein gültigen Bedingungen bewusst zu werden ist mit Sicherheit der erste Schritt zu einem allumfassenden Mitleid.

Allumfassendes Mitleid bedeutet jedoch nicht, mit unwissenden (gemeint ist die Unkenntnis eines angemessenen Verhaltens) oder unangenehmen Menschen in persönlichen Kontakt treten zu müssen. Es ist nicht notwendig, sich um jedes hungrige, verlassene wilde Tier zu kümmern oder jedem Weberknecht und jeder Spinne »Unterschlupf« in unserem Haus zu gewähren. Wir müssen auch keine Tränen über einen verhassten Nachbarn vergießen und ihm die Fehler seines Verhaltens aufzeigen, um ihn zu retten. Allumfassendes Mitleid bedeutet, sich zu jeder Zeit bewusst zu sein, dass alle empfindsamen Wesen Dukha unterworfen sind. Gäbe es nicht die Dritte Edle Wahrheit, wir müssten wohl jemanden erfinden, der für unser Leiden verantwortlich ist, einen Gott oder Dämon erschaffen und dann unter größten Mühen das Produkt unserer Schöpfung zu besänftigen suchen.

Die Dritte Edle Wahrheit besagt schlicht und einfach, dass es einen Ausweg aus Dukha gibt. Dieser Ausweg findet sich jedoch nicht in Zeremonien, Ritualen oder der Zuflucht zum Aberglauben. Die Überwindung von Dukha beginnt in dem Moment, in dem man sich der realen Gegebenheiten des Lebens wirklich bewusst wird. Dieses neue Bewusstsein mag zu Anfang vielleicht nur einen Moment lang aufflackern und gleich wieder verschwinden. Doch wer es erst einmal erfahren hat, wird es wieder erleben. Keinen Ausweg aus dem Leiden zu finden würde zu überwältigender Hoffnungslosigkeit führen und schwerste Depressionen auslösen.

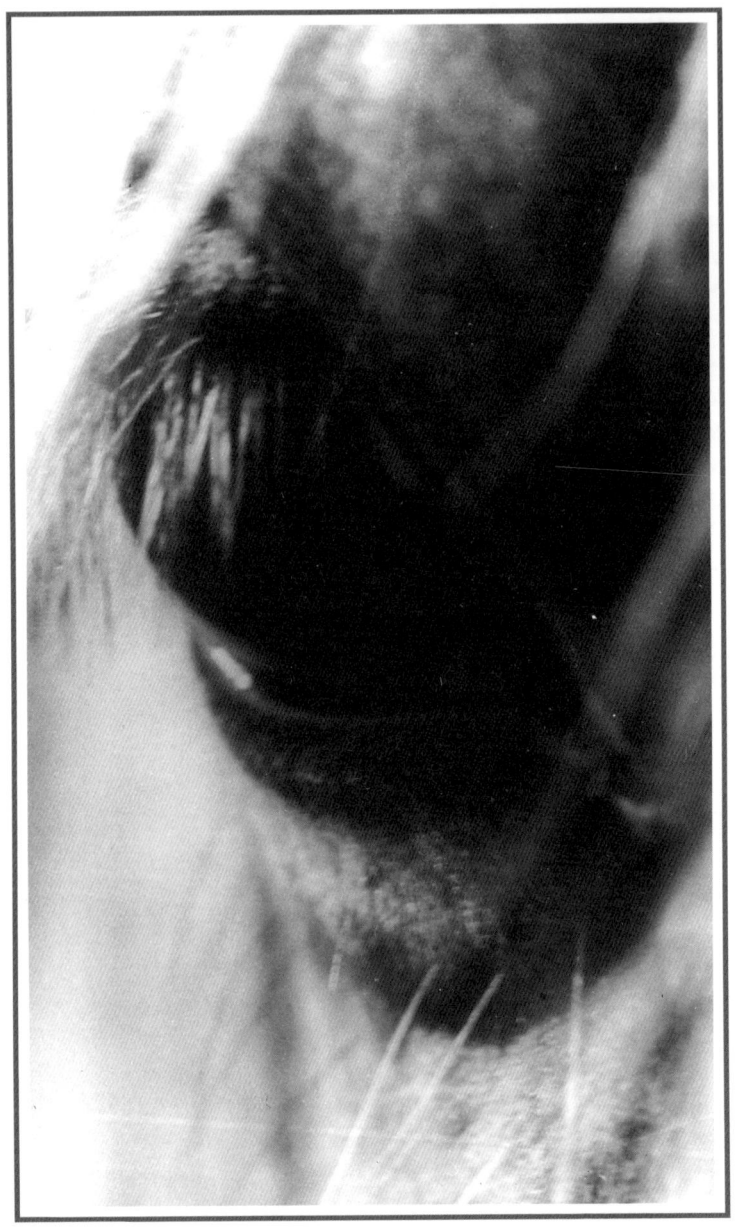

Für religiös motivierte Buddhisten ist es unbedingt erforderlich, einen Ausweg aus dem kontinuierlichen Kreislauf von Geburt und Tod zu finden, da sie sonst niemals ihrem Karma entkommen werden. Würden sie die Existenz von Dukha absichtlich ignorieren, nachdem sie sich dessen sehr wohl bewusst geworden sind, wäre ein achtloses, manisches Verhalten und schließlich eine schreckliche Wiedergeburt im nächsten Leben die Folge. Solche religiös motivierten Buddhisten wissen jedoch, dass es auch nicht besser ist, die Unausweichlichkeit von Dukha niemals zu erkennen. Dies würde nämlich bedeuten, dass sie stets von neuem wieder geboren werden müssten, und zwar am besten als Männer (ein vor-buddhistischer Glaube), bis sie Dukha schließlich doch erkennen würden und nun auch die Möglichkeit hätten, richtig zu handeln.

Für nicht religiöse Buddhisten ist ein derartiges Verhalten insofern von Vorteil, als es die schmerzvollen Erfahrungen von Dukha mildert. Wir können Dukha nicht ignorieren, doch auf das Karma (i. e. das natürliche Prinzip von Ursache und Wirkung) einwirken, indem wir den »Achtfachen Pfad« so gut wie möglich befolgen.

Der »Achtfache Pfad« besteht nicht aus Regeln, Regulierungen oder Geboten. Vielmehr werden Richtlinien aufgezeigt, die uns ganz individuell ein leidensfreies Leben ermöglichen sollen. Es war das Hauptanliegen der Lehren des Buddha, empfindsamen Wesen, also uns allen, zu helfen, ein glücklicheres Leben zu führen. Dies erreichen wir jedoch nicht durch Regeln oder indem wir uns aufopfern und auf Hilfe »von oben« hoffen, sondern wir erreichen es durch ein größeres Verständnis.

Sünde

Im Buddhismus gibt es keine Vorstellung von »Sünde«, die dem biblischen Konzept entsprechen würde. Es gibt ein Bewusstsein für Unkenntnis und Unwissenheit, für die Unfähigkeit, richtiges und falsches Verhalten erkennen zu können. Angemessenes, richtiges Verhalten bedeutet, den Richtlinien des »Achtfachen Pfads« zu folgen und nach den »Fünf Buddhistischen Regeln« zu leben. Wer jedoch anderen oder seiner Umgebung Schaden zufügt und das Prinzip von Karma missachtet (die komplexe Frage von Ursache und Wirkung), handelt falsch und unangemessen. Da es keine Gebote gibt, nach denen man sich richten muss, ist die Verantwortung für das gewählte Verhalten eine höchst persönliche Angelegenheit. Wir entscheiden, ob bewusst oder unbewusst, in welche Richtung uns unser Weg führen soll – oder wie der Buddha es formulierte: Wir gehen dahin, wohin unser Geist geht. Beschäftigt sich unser Geist mit vorschnellen Urteilen, falschen Konzepten sowie fehlerhaften und kompromisslosen Ansichten, wird es bald zu Konflikten mit anderen Menschen kommen. Es folgen unangemessene Reaktionen, die Situation verschärft sich, und vielleicht kommt es auf diese Weise zu lebenslangen Feindschaften.

Die andere Wange

Von Buddhisten, ob sie nun religiös motiviert sind oder nicht, wird nicht erwartet, dass sie sich wie sanfte »Engel« verhalten oder gar duldsam und still, wenn sie von streitlustigen Menschen zu Unrecht angegriffen werden. Verhalten sie sich in solch einer Situation zurückhaltend und ruhig, liegt das allein daran, dass ein deartiges Verhalten unter den Umständen angemessen erscheint. Hierbei geht es jedoch nicht um »Frieden um jeden Preis«, sondern um den Wunsch, **niemandem** Leid zuzufügen. Manchmal muss man hart sein, ja vielleicht sogar wütend auftreten, wenn dies als die geeignete Handlungsweise erscheint – je nach Situation und Person, mit der man es zu tun hat.

Wichtig ist stets der Beweggrund, der zu einem bestimmten Handeln veranlasst. Wütendes Verhalten entsteht weder aus Ärger noch aus Hass – diese Gefühle hat man inzwischen überwunden –, sondern aus Mitleid. Die Person, die uns gegenübersteht, benötigt vielleicht gerade jetzt eine gewisse Härte und Bestimmtheit von unserer Seite, doch sollten wir ihr aus Mitleid so begegnen. Buddhisten wollen anderen Menschen weder körperlich noch seelisch schaden.

Einer Religion, die in ihrer langen Geschichte niemals in Religionskriege verwickelt war, die den Glauben anderer stets toleriert hat und allen Kreaturen das gleiche Recht auf Leben zuerkennt, sollte man doch im Grunde mit gleicher Toleranz begegnen. Es gibt keinerlei Grund zu befürchten, dass die buddhistische Religion irgendwo auf der Welt »die Macht an sich reißen« will. Der Buddhismus will die Menschen nicht bekehren. Stattdessen bietet er uns eine »Karte mit Schätzen« an, die wir entgegennehmen oder ablehnen können. Sie zeigt uns mögliche Wege zu dem eigentlichen Schatz, niemals wird jedoch behauptet, dass die Karte selbst der Schatz ist. Ergeben die aufgezeigten Wege jedoch keinen Sinn für uns, so ist das auch in Ordnung.

Der Rat des Buddha für den einzelnen Menschen

In diesem Buch spreche ich auf eine sehr weltliche Weise über die grundlegenden Lehren des Buddhismus. Jede andere Art der Beschreibung würde eine deutlich andere Art der Präsentation erforderlich machen. Ich habe dieses Buch für ganz normale Leute geschrieben, die versuchen, ihr Leben so glücklich und angenehm wie möglich zu gestalten. Ich habe es aber auch für jene geschrieben, die sich aufgrund ihrer Aufgeschlossenheit und geistigen Beweglichkeit mit einer neuen Perspektive beschäftigen wollen: ob aus reinem Interesse oder in der Hoffnung, einen Ausweg aus Dukha, dem von uns allen erfahrenen Leiden, zu finden.

Eine Lehrrede des Buddha, die für uns alle von Nutzen sein könnte, richtete sich an das Volk des Königreichs von Kesaputta. Dieses Volk, das als Kalamer bekannt ist, war verwirrt und voller Zweifel darüber, was es denn nun glauben sollte, da doch jeder Einsiedler, jeder Brahmane und jeder Asket darauf bestand, dass **seine** Wahrheit die **einzige** Wahrheit war. Die Lehrrede des Buddha lautete wie folgt:

Es ist ganz richtig, Kalamer, dass ihr Zweifel habt, dass ihr verwundert seid, denn ihr zweifelt in einer Sache, in der man zu Recht zweifelt. Hört, Kalamer, und lasst euch nicht von Berichten, von Überlieferungen oder durch bloßes Hörensagen verleiten. Lasst euch nicht durch religiöse Texte, durch bloße logische Erklärung oder Beeinflussung, durch äußere Erscheinungen, die Freude an Spekulationen oder den Schein des Möglichen verleiten – oder gar durch den Gedanken: »Er ist aber doch unser Lehrer.« Nein, ihr Kalamer, erst wenn ihr selbst erkannt habt, dass gewisse Dinge nützlich und gut sind, dann nehmt sie an und lebt danach. *Anguttara Nikaya Sutra*

Der Buddha verlangte sogar von dem Sangha, ihn zu prüfen. Auf diese Weise sollten sich seine Schüler Sicherheit über ihren Lehrer verschaffen und keine Zweifel an seinen Unterweisungen hegen. Gehört der Zweifel doch zu den fünf Hindernissen, die den Weg zur Erleuchtung versperren, wenn er nicht als Mittel zur Erkenntnissuche eingesetzt wird. Leider besitzen wir Menschen ein erstaunliches Geschick in der Selbsttäuschung. Meist müssen wir uns nicht einmal selbst belügen, um sicher zu sein, dass das, was wir uns wünschen,»nützlich und gut« ist. Sogar in jenen Staaten, in denen unter der obszönen Bezeichnung»ethnische Säuberung« Völkermord begangen wird, glauben so manche Bürger, das, was sie tun, sei»nützlich und gut« und zum Besten der Menschheit.

Der Buddhismus, philosophischer wie religiöser Ausrichtung, kann uns nur dann von Nutzen sein, wenn wir lernen, mit uns selbst ganz ehrlich zu sein. Lernen wir dies nicht, spielen wir nur eine Rolle: Wir passen uns den kulturellen Gebräuchen an oder versuchen, uns einer anderen Kultur anzunähern, rasieren uns sogar den Kopf und tragen ein traditionsreiches Gewand und glauben, dass das allein schon ausreicht, uns Erleuchtung zu bescheren.

Sich selbst gegenüber ehrlich zu sein, ist nicht so einfach wie es klingt. Mitunter können Scham und Bedauern bei manchen Menschen solche Seelenqualen auslösen, dass es einfacher ist, in dieser offenen Wunde zu stochern, als nach den Gründen für das Leid zu fragen und die eigene Verantwortung zu akzeptieren und das Ganze schließlich **loszulassen**. Praktizierter Buddhismus ist, sofern er richtig verstanden wird, eine wunderbare Therapie für den verstörten Geist, und genau das hatte unter anderem auch der Buddha»im Sinn«.

Was hält uns davon ab, der Wahrheit über unsere Vergangenheit oder über unsere Beweggründe, unsere Pläne und

Absichten, ins Gesicht zu sehen? Warum ist für manche die Selbstanalyse nahezu unmöglich und gelingt nicht einmal im Moment des Todes? Liegt es vielleicht daran, dass die Selbstanalyse die Vorstellung von unserem Selbst zerstören könnte – die Person, als die wir selbst und hoffentlich auch die anderen uns sehen? Die Vorstellung von unserem »Selbst« ist unser wertvollster Besitz. Sie zu verlieren ist mehr, als eine labile Psyche verkraften kann. Das Resultat kann zum Beispiel ein »Nervenzusammenbruch« sein. Darum ist es auch nicht ratsam, besonders labilen Menschen diesen Aspekt der Lehre zu predigen.

Nach der buddhistischen Lehre gibt es kein »Selbst«, so wie wir es gewöhnlich wahrnehmen: keine aus sich heraus, unveränderlich und ewig existierende Person, Persönlichkeit, Seele oder welchen Namen wir auch dafür bevorzugen. Das Schlüsselwort, das von den Metaphysikern oft überhört wird, lautet in diesem Fall »aus sich heraus«. Unsere Vorstellung vom »Selbst« entspricht einem in sich geschlossenen, zu nichts und niemandem in Beziehung stehenden Wesen, das sich nicht verändert – einem dauerhaften »Ich«, das in der sterblichen Hülle des Körpers wohnt.

Jemand sagt: »Ich bin H. Schmidt.« Wir fragen vielleicht: »Wer ist H. Schmitd?« Die betreffende Person wird dann in der Regel auf ihre Brust deuten: »Ich bin H. Schmitd.« Nun können wir damit beginnen, einige absurd erscheinende Fragen zu stellen:

»Ist diese Brust, auf die du zeigst, H. Schmidt?«
»Nein.»
»Ist deine Hand dann etwa H. Schmidt?«
»Nein.»
»Sind deine Beine etwa H. Schmidt?«
»Nein.»
»Ist dein Mund, der mir antwortet, H. Schmidt?«

Auf diese Weise könnten wir so lange fortfahren, bis wir H. Schmidt mit Worten in seine einzelnen Körperteile zerlegt und ihm bzw. ihr das Mark aus den Knochen gesogen hätten. Ein Zen-Meister hätte der Person, die vor ihm steht, vermutlich einen kräftigen Schlag mit seinem Stock versetzt und ihr gesagt, sie solle erst wiederkommen, wenn sie H. Schmidt gefunden hätte.

Die Antwort lautet jedoch ganz einfach, dass »H. Schmidt« nur eine Bezeichnung ist für diesen speziellen, sich ständig verändernden und mit allem und jedem in Beziehung stehenden »Haufen« Energie. Dieses Fragespiel kann für jedes beliebige Objekt, dem wir einen Namen gegeben haben, fortgesetzt werden. Nichts existiert aus sich selbst heraus, abgesehen von atomaren Teilchen, die ständig ihre Form und Position verändern. Der Buddhismus spricht hier von der **Leere**, die der Buddha bereits vor über 2500 Jahren lehrte. (Um diese Philosophie verstehen zu können, wird die Unterweisung durch einen Lehrer empfohlen.)

Von welchem Nutzen kann dieses eher esoterische Wissen für das einzelne Individuum sein? Wenn wir die Dinge als isoliert und unveränderlich betrachten, können uns grobe Fehler bei der Beurteilung unterlaufen. Wir glauben dann vielleicht, dass Berge, die aus der Ferne blau wirken, tatsächlich blau sind. Wir nehmen an, dass die Person, die unseren Gruß nicht erwidert hat, uns verachtet. Aus Diskussionen lassen wir Streitigkeiten, ja sogar Kriege entstehen, denn wir halten jene, deren Vorstellungen von unseren abweichen, für unsere Feinde. Wir scheinen nicht fähig zu sein, die Menschen so zu akzeptieren, wie sie sind, ohne sie gleich mit einem Etikett zu versehen. Wir können ihnen nicht einfach so viel Respekt und Freiraum zugestehen, wie wir uns für uns selbst erhoffen. Für uns sind die Dinge entweder gut oder schlecht, richtig oder falsch, angenehm oder unangenehm und immer so weiter.

Wir **alle** erleben Dukha. Doch solange wir nicht darüber informiert werden, können wir nicht wissen, welche speziellen Erfahrungen eine andere Person durchlebt. Wir neigen zu Schlussfolgerungen, die auf dem beruhen, was wir für »Tatsachen« halten. Dabei handelt es sich jedoch nur um unsere Konzepte und Wahrnehmungen, zu denen wir mit unseren eigenen, beschränkten Mitteln gelangt sind.

Wir müssen nicht mit allen einer Meinung sein. Eine Ausnahme bildet dabei das allumfassende **Mitgefühl**, das uns immer wieder fragen lässt: »Geht mich das etwas an?« Um uns richtig und angemessen verhalten zu können und durch unser Handeln gleichzeitig niemandem zu schaden, müssen wir die Dinge so klar wie möglich sehen können.

Immer wieder können wir heute beobachten, wie gute Absichten genau das Gegenteil bewirken. Mit dem dringenden Wunsch, Menschen in Not zu helfen, schicken wir ihnen die benötigten Hilfsgüter. Doch manchmal erreichen diese gar nicht ihr Ziel, sondern verderben oder werden gestohlen, und die Einzigen, die davon profitieren (zumindest zeitweilig), sind jene, die nun sogar noch mehr Leiden auslösen.

Sollten sich die früheren »Opfer« dank unserer Hilfe jedoch von ihren Feinden befreien können, werden sie vielleicht zu den neuen »Unterdrückern« und die früheren »Unterdrücker« zu ihren »Opfern«. Unser »Mitgefühl« ist also möglicherweise nicht nur verschwendet, sondern kann sogar zu Rache und Vergeltung führen. Natürlich lohnt es sich, wenigstens zu versuchen, einen Ausweg aus dieser Lage zu finden. Doch wo soll man beginnen? Im Buddhismus ist gerade dies die einfachste Frage von allen. Schon seit Tausenden von Jahren schlagen die Versuche fehl, die Leiden unserer Existenz in politischer, sozialer und religiöser Hinsicht zu überwinden. Natürlich hat es so manche Verbesserungen gegeben, aber wie schnell werden diese wieder zunichte gemacht durch Kriege, Hungersnöte und Naturkatastrophen, die wir mitverschuldet haben aufgrund kurzsichtiger Politik, Gier, Hass und Unkenntnis.

Die Antwort auf diese wichtigste Frage von allen lautet: Nach Auffassung des Buddhismus müssen wir mit der Betrachtung der Dinge, so wie sie wirklich sind, genau dort beginnen, wo wir gerade sind. Wir alle müssen mit uns selbst beginnen, es geht um jedes einzelne Individuum der vielen Milliarden Menschen auf unserer Erde.

Gier, Hass, Unwissenheit

Hier bietet sich uns genügend Raum, um zu erkennen, dass wir alle in stärkerem oder geringerem Maße unter diesen Gefühlen leiden. Die eigene Gier sowie Hass und Unwissenheit zu kontrollieren gehört zu den grundlegenden Unterweisungen des Buddhismus und wird von allen gläubigen Buddhisten in Angriff genommen. Empfehlenswert ist dabei stets jene Methode, die uns am besten geeignet erscheint.

Gier

Der Begriff der Gier bezieht sich in diesem speziellen Fall auf die Begierde und das Festhalten. Dazu gehören auch Habgier, Neid und Eifersucht. Gemeint ist die irrationale Begierde, das Verlangen nach Dingen, die die Leidenden niemals erreichen können: Ihnen fehlen die entsprechenden Fähigkeiten, sie können den geeigneten Moment dafür nicht erkennen, das Ersehnte »gehört« jemand anderem oder ist ihnen einfach nicht zugänglich. Gier bedeutet Leiden und somit einen Aspekt von Dukha. Auch wenn sich die Gier für kurze Zeit befriedigen lässt, kann sie doch nicht zu dauerhafter Befriedigung führen. Übermäßiger Genuss führt anderseits wiederum zu Abneigung. Wir lernen jedoch nur langsam dazu. Sobald wir in einer Hinsicht befriedigt wurden, suchen wir uns einfach ein neues »Objekt unserer Begierde«. »Große Leidenschaften« enden meist in einer Tragödie. Tristan und Isolde, Aida, Othello sind nur einige Bespiele dafür. Vielleicht besteht die wahre Tragödie aber darin, mit anzusehen, wie das leidenschaftliche Verlangen nach dreißig oder vierzig Jahren dahinschwindet und durch immer wiederkehrende Beziehungskriege ersetzt wird – wie wir es oftmals im Bekannten- und Freundeskreis erleben. Die leidenschaftliche Liebe mancher Menschen mag aber auch bis zum Tod andauern. Doch sich an das zu klammern, »was einst war«, bedeutet Dukha: Sind wir auf Veränderungen nicht vorbereitet, können schrecklicher Verlust und Leid die Folge sein.

Gier kann man beinahe als natürlichen Zustand bezeichnen, ein natürliches Merkmal allen Lebens. Mit unserer Geburt befinden wir uns in einem Zustand des **Verlangens**, der unser Überleben ermöglicht. Denn ohne unser Verlangen oder Bedürfnis nach Nahrung müssten wir sterben. Zu Beginn unseres Lebens ist Gier ein instinktiver und notwendiger Zustand. Mit der Entwicklung unseres Intellekts nimmt diese Gier jedoch nicht zwangsläufig ab, sondern bleibt so stark ausgeprägt wie zuvor. Wir befinden uns in einem »Dauerzustand« des Verlangens, und immer wieder erregt etwas Neues unsere Aufmerksamkeit: Wir werden von »diesem oder jenem« angezogen, von »ihm« oder »ihr«, und in diesem Augenblick überträgt sich unser Verlangen auf das jeweilige »Objekt«. Dieses Objekt kann belebt (eine Person oder ein Tier) oder unbelebt (Juwelen, Gebäude, eine Landschaft und anderes) sein. Das Problem des Verlangens wird aber noch verstärkt, denn wir erwarten von unserem begehrten Objekt, dass das, was wir für seine »Realität« halten, sich niemals verändert.

Ganz egal, was wir in unserem Leben erreichen – Gesundheit, Liebe, Reichtum, Ruhm –, wir sind niemals damit zufrieden. Auch wenn sich all unsere Wünsche erfüllt haben, wir wollen immer noch mehr oder doch wieder etwas anderes. Jedes auch noch so glückliche Leben ist Dukha – dem Fehlen dauerhafter Befriedigung – unterworfen, es sei denn, wir werden uns der Vergänglichkeit bewusst. Und genau dies soll durch die geistigen Übungen des Buddhismus ermöglicht werden.

Im Buddhismus heißt das Gegenmittel für Gier Großzügigkeit. Zum einen ist Großzügigkeit in materieller Beziehung gemeint, wobei der Nutzen für die jeweilige Person wohlbedacht sein will. Andererseits handelt es sich aber auch um eine Großzügigkeit des Geistes, den ehrlichen Wunsch, allen empfindsamen Wesen zu geben, was sie zur Erlangung von Glück und Wohlbefinden benötigen. Die Bereitschaft zu helfen, wo Hilfe gebraucht wird, bedeutet jedoch nicht, zum fanatischen Wohltäter zu werden und uns im Glauben, dass nur wir die Lösung eines Problems kennen, obwohl wir es im Grunde gar nicht richtig verstehen, in die Angelegenheiten anderer einzumischen. Ohne das richtige Verständnis kann sogar der bloße Versuch, ein »Heilmittel« zu finden, zu weiterem Leid führen.

Gier, Begierde und Verlangen haben viel gemein mit dem Festhalten an einer Situation. Das Festhalten ist wiederum ein Teil der Gier. Die Gier sagt: »Was mein ist, ist mein, und was dein ist, ist auch mein.« Das Festhalten fügt hinzu: »Ich werde es nicht zurückgeben, und ich will noch mehr davon.« Je mehr wir uns an die »Dinge« klammern (an Vorstellungen, Meinungen, materiellen Besitz, verklärte Erinnerungen und ganz gewiss an emotionale Bindungen), sie festzuhalten versuchen, desto mehr werden wir auch leiden, wenn wir Veränderungen bemerken. Etwas aus unserem »Besitz« zu verlieren oder zu erfahren, dass wir mit unseren Meinungen und Konzepten einem Irrtum erlegen sind, kann sehr schmerzvoll sein. Stets hängt dieser Schmerz jedoch davon ab, wie sehr wir an unseren Meinungen, an unserem »Besitz« festhalten. Dieses Festhalten bezeichnet der Buddhist als »Anhaften«, als »nicht loslassen«.

Hass

Der Hass ist ein weiterer Grund für das Leiden, denn er zerstört den Geist. Hass bedeutet ein Höchstmaß an Abneigung. Es gibt eine buddhistische Übung, die uns dabei hilft, den Hass zu überwinden. Zuerst einmal müssen wir die Gründe für unseren Hass genau erforschen. Manchmal hassen wir an einer anderen Person gerade das, was wir an uns selbst entdecken oder was wir zu entdecken befürchten. Manchmal hassen wir auch einfach nur, weil wir etwas nicht verstehen oder etwas falsch einschätzen. Manchmal wiederum hassen wir, weil unsere Überzeugungen in Frage gestellt werden und uns bewusst ist, dass wir sie nicht aufrechterhalten können. Wir lassen ein Gefühl der Erniedrigung zu, um dann voll Hass auf Rache zu sinnen. All dies hat eine zerstörerische Wirkung auf unseren Charakter, wir können diese Wirkung jedoch überwinden.

Eine Methode, den Hass zu überwinden, basiert auf einer Übung des Geistes, das Selbst durch das Andere zu ersetzen. Sie beruht auf dem Glauben an die Wiedergeburt und besagt, dass wir alle nach zahllosen Leben und noch viel mehr Wiedergeburten schon einmal einen anderen Stand und sogar ein anderes Geschlecht hatten. Unser heutiger Feind war zu einer früheren Zeit unsere liebende Mutter, unser Vater oder Bruder oder unsere Schwester, Ehemann oder Ehefrau, Kind oder Geliebter. Die Person, die wir heute lieben, gehörte früher vielleicht zu unseren Feinden, und jemand, der uns heute völlig gleichgültig ist, war einmal eine oder alle der oben genannten Personen.

Zu dieser Übung gehört auch die stille Meditation: Wir stellen uns vor, dass eine geliebte Person zur Rechten, eine verhasste zur Linken und eine uns gleichgültige Person vor uns sitzt. Nun beginnen wir, die einzelnen Personen untereinander und auch gegen uns selbst auszutauschen, bis uns die Sinnlosigkeit unseres Hasses deutlich wird. Wenn wir der verhassten Person das nächste Mal begegnen, erkennen wir die Hinfälligkeit unseres Hasses und die Zuneigung, die wir in früheren Leben füreinander empfunden haben. So wird die große Abneigung gegen die Person schwinden. War eine Kränkung verantwortlich für unseren Hass, haben wir ihn nun durch Mitleid für die Person, die uns damals kränkte, überwunden. Wir erkennen jetzt, dass wir beide Dukha unterworfen sind.

Wie bereits erwähnt, stellt Haß ein **Übermaß** an Abneigung dar. Ehe wir den Zustand der Erleuchtung erreichen, ist ein gesundes Maß an natürlicher Abneigung durchaus nützlich, damit wir uns nicht verderblichen Genüssen hingeben. Die Erleuchtung ist jedoch ein Zustand jenseits von Abneigung und Nicht-Abneigung.

Unwissenheit

Im Buddhismus wird der Begriff der Unwissenheit im Sinne von Unkenntnis des Dharma, Unkenntnis der Dinge, wie sie in diesem Augenblick wirklich sind, und Unkenntnis des richtigen Wissens verwendet. Diese Unkenntnis ist der Grund für die verhängnisvollen Fehler, die wir begehen. Unkenntnis bedeutet ganz einfach **nicht wissen**. Damit wird jedoch nicht unsere Intelligenz oder Ausbildung in Frage gestellt, es geht vielmehr darum, sich der Illusion unserer Existenz nicht bewusst zu sein. Man kann es sich so vorstellen, als wären wir in ein Land gereist, dessen Gesetze uns ebenso unbekannt sind wie die Sprache und sogar die Geografie. In einem solchen Fall können auch unsere besten Absichten höchst verhängnisvolle Konsequenzen haben. Der Buddhismus betont, wie wichtig die Willenskraft oder die Beweggründe sind. Eine bestimmte Handlungsweise setzt voraus, dass wir uns ständig unserer Beweggründe bewusst sind. Sind unsere Beweggründe die richtigen, gilt das gewöhnlich auch für das Ergebnis unser Handlungen. In diesem Zusammenhang müssen wir uns auch solcher Situationen bewusst sein, deren verhängnisvolle Folgen mit der Begründung, dass etwas »gut gemeint« war, entschuldigt werden. »Gut gemeint« hat selten gute Auswirkungen. Ist jemand großzügig, weil er auf Belohnung hofft, oder freundlich, weil er sich davon einen guten Ruf verspricht, sind die Beweggründe fragwürdig. Geben sollte man nur um des Gebens willen, und Freundlichkeit sollte keine Dankbarkeit erwarten oder nach Anerkennung für den Wohltäter verlangen.

Körper, Sprache und Geist

Großen Wert legt der Buddhismus auch auf ein Bewusstsein für die »Handlungen« unseres Körper, unserer Sprache und unseres Geistes. Wir sprechen heutzutage viel von »Körpersprache« und glauben, dass wir diese Sprache bei anderen Menschen deuten können. Dabei achten wir jedoch nicht genug darauf, was unser eigener Körper tut. Wir können mit unserem Körper großen Schaden anrichten oder aber ihn mit Bedacht einsetzen. Unsere Sprache stellt das beste Mittel der Verständigung dar, doch wiederum können wir anderen damit auch Leid zufügen. Mit unserer Sprache können wir verleumden, beleidigen, Andeutungen machen oder erniedrigen. Wir könnten aber auch freundliche Worte finden, stets die Wahrheit aussprechen und auf Klatsch und Tratsch verzichten. Der Geist »steuert« den Körper. Der Buddha erinnerte seine Anhänger daran, dass der Geist den Weg bestimmt, den der Körper beschreitet. Die Gelüste des Geistes führen zu Taten, ob es sich dabei nun um den Wunsch handelt, den Körper einer Person oder das Eigentum einer anderen zu besitzen. Grausame Gedanken sind die Auslöser grausamer Taten, falsche Überlegungen führen zu falschen, unangemessenen Reaktionen. Wer bewusst mit dem eigenen Körper, der Sprache und dem Geist umgeht, lenkt den Geist dadurch in die richtigen Bahnen und vermeidet böse, lüsterne oder zerstörerische Gedanken.

Wut

Wut sollte man besser überwinden statt kontrollieren. Sie lässt sich gut mit Druck vergleichen, und kontrollierter Druck benötigt ein Ventil. Das Ventil, das bei Wut zum Einsatz kommt, besteht oft in Gewalt (sowohl verbaler als auch physischer Gewalt), doch kann diese Gewalt ebenso viele Schwierigkeiten mit sich bringen wie die ursprüngliche Wut. Um Wut zu beseitigen, können wir uns der analytischen Meditation bedienen. Nachdem wir uns vorbereitet haben, bringen wir uns die Wut zu Bewusstsein und untersuchen ohne Emotion die **wahren** Gründe dafür. In den meisten Fällen handelt es sich bei dem Grund um ein angegriffenes Ego. Die Person, auf die wir wütend sind, hat in irgendeiner Form eine von uns hoch bewertete Ansicht oder ein wertvolles Selbstkonzept angegriffen. Ein häufiger, weniger egoistischer Grund für Wut ist auch Empörung über Ungerechtigkeit gegen uns selbst oder andere. Diese Empörung kann ein hervorragender Auslöser für angemessenes Handeln sein. Wut beeinträchtigt jedoch nur die Urteilskraft und führt zu unangemessenen und wenig hilfreichen Reaktionen.

Für wen lehrte der Buddha?

Der Buddhismus ist nicht nur für jene gedacht, die heroische Askese praktizieren, ebenso wenig wie ausschließlich für Eremiten, Gelehrte und Philosophen, Mönche und Nonnen. Die Klöster waren ein Ergebnis der Entwicklung des Buddhismus; an den Wunsch des Buddha, den Dharma zu verbreiten, waren sie allerdings nicht geknüpft. Buddha sprach zu ganz normalen Leuten, von denen einige aus persönlichem Antrieb später Mönche und Nonnen wurden. Der Dharma war jedoch für alle da. Von niemandem wurde erwartet, den Lebensstil zu ändern, es sei denn, dieser Lebensstil fügte anderen Schaden zu, wie etwa Diebstahl oder die Arbeit mit Waffen oder Giften.

Fragten Könige und Herrscher den Buddha um Rat, riet er ihnen, gerecht zu regieren und für das Wohlbefinden seiner Untertanen zu sorgen. Er wies darauf hin, dass Armut ein Grund für Raub ist und die Arbeiter darum gerechte Löhne erhalten sollten. Auch die Vorratskammern sollten gut gefüllt sein, damit man für Notzeiten wie Dürren, Überschwemmungen und andere Naturkatastrophen gerüstet war. Auch im Hinblick auf die möglichen Folgen kriegerischer Auseinandersetzungen mit Nachbarstaaten gab er Ratschläge. Geschäftsleute baten den Buddha ebenfalls um Hilfe. Diesen sagte er, sie sollten ihre Angestellten und Diener stets freundlich und gerecht behandeln. Den Angestellten und Dienern riet er wiederum, ehrlich und fleißig zu sein. Ein weiterer Rat an die Geschäftsleute lautete, ihre Einnahmen in vier Teile zu teilen. Einen Teil sollten sie für ihr Geschäft verwenden, einen weiteren Teil für ihre eigenen Bedürfnisse und die ihrer Familie, einen dritten für wohltätige Zwecke, und den vierten Teil sollten sie für zukünftige Bedürfnisse beiseite legen.

Soziales Verhalten

Der Buddha riet den einzelnen Menschen zu sechs Handlungsweisen eines sozialen Verhaltens.

1. **Eltern sind ihren Kindern heilig:** In guten buddhistischen Familien ehren die Kinder ihre Eltern alltäglich, indem sie ihnen Liebe und Respekt zollen und sie auch bei körperlichen Arbeiten unterstützen. Die Eltern sollten ihre Kinder vor schlechten Erfahrungen (schlechter Gesellschaft u.s.w.) bewahren und sie mit nützlichen Aufgaben betrauen. Sie sollten ihnen eine gute Ausbildung ermöglichen, dafür sorgen, dass sie in eine gute Familie einheiraten und ihnen zur gegebenen Zeit den Familienbesitz übergeben.

2. **Das Verhältnis zwischen Lehrer und Schüler:** Schüler sollten sich ihren Lehrern gegenüber respektvoll und gehorsam zeigen, sich um ihre Bedürfnisse kümmern und gewissenhaft lernen. Die Lehrer sollten ihre Schüler angemessen unterrichten und auch ihren Charakter formen. Sie sollten die Schüler Freunden vorstellen und sich darum bemühen, dass sie nach Ende der Ausbildung abgesichert sind oder eine Anstellung erhalten.

3. **Die Beziehung von Mann und Frau:** Die Liebe zwischen Ehepartnern gilt als heilig. Mann und Frau sollten einander treu sein und sich mit Respekt und Zuneigung begegnen. Der Ehemann sollte das Wohlergehen und die Stellung seiner Frau sichern und sie mit Geschenken wie Kleidung und Schmuck erfreuen (dies zeigt bereits, wie hoch der Buddha die Frauen schätzte). Die Ehefrau sollte sich um den Haushalt kümmern sowie Gäste, Besucher, Freunde, Verwandte und Angestellte unterhalten. Sie sollte das Einkommen der Familie schützen und bei allem, was sie tut, tatkräftig und klug vorgehen.

4. **Das Verhältnis zwischen Freunden, Verwandten und Nachbarn** sollte freundlich sein. Sie sollten einander gütig begegnen und liebenswürdig voneinander sprechen, für das gegenseitige Wohlergehen sorgen und sich wie Gleichgestellte behandeln. Sie sollten nicht miteinander streiten, sondern sich helfen und einander in schwierigen Situationen nicht im Stich lassen.

5. **Das Verhältnis zwischen Arbeitgeber und Angestellten:** Der Arbeitgeber hat gegenüber seinen Angestellten mehrere Verpflichtungen: Die Arbeit sollte je nach Fähigkeiten und Kräften vergeben werden; die medizinische Versorgung sollte durch gelegentliche Sondervergütungen gewährleistet sein. Die Angestellten sollten fleißig und gehorsam sein und ihren Arbeitgeber nicht betrügen. Sie sollten ihre Arbeit gewissenhaft verrichten.

6. **Das Verhältnis zwischen Brahmanen, Einsiedlern und Laienanhängern:** Die Laien sollten sich mit Liebe und Respekt um die materiellen Bedürfnisse der Geistlichen kümmern. Angehörige des Priesterstands sollten wiederum ihr Wissen und ihr Verständnis mit liebendem Herzen dem Laienstand vermitteln, und sie sollten die Laien auf den rechten Weg führen, fernab von schlechten Taten. (Im antiken Indien waren die Geistlichen zugleich Lehrer.)

Riten, Rituale und Zeremonien

Für Buddhisten besteht keine Notwendigkeit zur Teilnahme an Riten und Ritualen, doch besitzt jedes Land bestimmte zeremonielle Formen für religiöse Ereignisse. Anhänger des Mahayana- und Vajrayana-Buddhismus sowie anderer Mahayana-Gemeinschaften kennen viele Rituale und Riten. Einige davon sind exotisch, alle jedoch sehr wohltuend und von besonderer Bedeutung für die Teilnehmer.

In der buddhistischen Religion gibt es nichts, das Angehörige anderer Religionen beunruhigen sollte. Der Buddhismus will die Menschen nicht bekehren. Ganz im Gegenteil: Ein Buddhist wird erst dann von seinem Glauben erzählen, wenn er danach gefragt wird. Auch ich selbst hätte nicht zu Papier und Stift gegriffen, wenn man mich nicht darum gebeten hätte. Wurde diese Bitte jedoch erst einmal ausgesprochen, erhält der Fragende unabhängig von seinem Kenntnisstand eine Fülle von Informationen.

Verborgene Geheimnisse

In gewissen Werken des Mahayana-Buddhismus ist von »Geheimnissen« oder »verborgenem« Wissen die Rede. Das bedeutet jedoch nur, dass bestimmte Sachverhalte so lange unbekannt oder »geheim« bleiben, bis sie von den Eingeweihten erklärt worden sind. Wir müssen zum Vergleich nur an technische Texte denken, die für uns ohne Erklärung ebenfalls schwer zu verstehen sind. Was uns betrifft, wären auch sie ein »Geheimnis«. Weitere Beispiele sind etwa der Verbrennungsmotor oder auch ein Computer – sie sind für uns ebenfalls »Geheimnisse«, bis man uns erklärt, wie sie funktionieren. In vielerlei Hinsicht stellt auch das Wissen der Erwachsenen für Kinder ein Geheimnis dar, denn ihnen fehlt noch die Erfahrung und die Fähigkeit zu verstehen. Sind wir erst einmal bereit und fähig, diese Dinge zu verstehen, muss man sie uns erklären. Bis zu diesem Zeitpunkt bleibt das betreffende Wissen aber verborgen und ein »Geheimnis«. Niemand wird uns jedoch daran hindern, diese »Geheimnisse« zu erfahren, wenn wir wirklich darüber Bescheid wissen wollen, und genau zu diesem Zweck gibt es Lehrer.

So manche »geheime« Information wurde niemals aufgeschrieben, nicht einmal in unserer modernen Zeit. Sie wird vielmehr mündlich überliefert, und zwar vom Lehrer auf den Schüler. Der Schüler gibt sie wiederum an andere Schüler weiter. Bei dieser Art der Überlieferung bleibt die Information für all jene Menschen geheim, die nicht zu den Schülern gehören. Die Information ist aber keinesfalls ein persönliches Geheimnis. Damit meine ich, dass die Informationen, die ein buddhistischer Lehrer an seine Schüler weitergibt, nicht dessen persönliche Meinung darstellen, sondern die Lehren derjenigen buddhistischen Gemeinschaft, der dieser Lehrer angehört. Im Buddhismus gibt es keine »Geheimnisse«: Möchten wir Informationen erhalten, wird nichts vor uns »verborgen«.

Das *Dhammapada*, ein alter Text des Buddhismus, besteht aus über 400 sehr kurzen Einzeltexten. Die meisten davon werden von Buddhisten wie Nicht-Buddhisten auch ohne Erklärung leicht verstanden, jedoch mit einer Einschränkung: Es ist ratsam, die neueste Übersetzung des Originals zu verwenden. Vers 50 des *Dhammapada* kann allen, die sich zu einem »Neuanfang« entschlossen haben, als hervorragender Ratschlag dienen. Die ersten Übersetzer dieses Texts waren nun aber Theosophen und nicht Buddhisten, und ihre Übersetzungen entsprachen ihrem persönlichen Verständnis.

Niemand sollte die Fehler anderer zu erkunden suchen,
die Taten und die Versäumnisse anderer prüfen.
Lieber sollten wir bedenken, was wir selbst
getan oder unterlassen haben. (Vers 50)
Oder:
Hass wird in dieser Welt niemals durch Hass gemildert;
gemildert wird Hass durch Liebe.
Dies ist ein unumstößliches Gesetz. (Vers 5)   *Dhammapada*

Der Buddhismus ist keineswegs so erhaben und ausgeklügelt, als dass ihn ganz normale Menschen nicht verstehen oder praktizieren könnten. Die buddhistischen Lehren sind ja gerade für normale Menschen gedacht und mögen ihnen vielleicht dazu verhelfen, **außergewöhnlich** zu werden. Der Buddhismus ist keine esoterische Doktrin, die von uns verlangt, uns in eine Höhle, in die Wüste oder ins Kloster zurückzuziehen. Solche eine isolierte Existenz wäre ganz allein unsere Entscheidung, für die wir unsere ganz persönlichen Gründe haben. (Im Kapitel über das Klosterleben werde ich noch darauf zu sprechen kommen.)

Mit seinen Lehren hatte der Buddha das Wohlergehen und das Glück aller Menschen im Sinn. Mönche und Nonnen sind nicht notwendigerweise die **besten** Buddhisten. Die **besten** Buddhisten – Mönche, Nonnen oder Laien – sind jene, die sich um das **richtige** Verständnis der Dinge bemühen, die versuchen, ihre eigenen Konzepte, ihre Auffassung von der Existenz und die Gründe für ihre Reaktionen zu analysieren. Sie sind bestrebt, sich stets dessen bewusst zu sein, was um sie herum und in ihnen selbst geschieht. Für sie ist es selbstverständlich, niemandem Schaden zuzufügen. Von Buddhisten wird nicht erwartet, einem Gott oder einem übernatürlichen Wesen nachzueifern. Wer das Ziel der Erleuchtung aufrichtig anstrebt, wird es auch in diesem Leben erreichen. Daran zu glauben, dass uns noch viele Leben zur Verfügung stehen, um zur Erleuchtung zu gelangen, ist eine willkommene Entschuldigung, es nicht hier und jetzt zu versuchen.

Endgültige und herkömmliche Wahrheit

Für Buddhisten gibt es (ebenso wie für Physiker) zwei Formen von Wahrheit. Sie werden als herkömmliche (oder auch »verhüllte«) und als elementare Wahrheit (auch »Wahrheit im höchsten Sinne«) bezeichnet. Solch eine Behauptung kann Menschen aus einem westlichen Kulturkreis große Schwierigkeiten bereiten, sind wir doch an die Vorstellung gewöhnt, dass es eine Wahrheit gibt. Wir sind eben nicht alle studierte Physiker.

Die Erklärung, was es mit diesen beiden Wahrheiten auf sich hat, ist im Grunde höchst einfach und lässt sich auf verschiedene Arten sehr verständlich ausdrücken. Dabei sollte man aber bedenken, dass es sich um ein wichtiges Thema handelt und dass für ein tiefes Verständnis Analyse, Konzentration und Meditation nötig sind.

Die buddhistische Theorie von der Leere – dem Fehlen eines inhärenten, eines grundsätzlichen Seins in allen komplexen Erscheinungen, ähnlich der Relativitätstheorie – stellt eine Vorstellung von der Existenz dar, wie sie heute von Physikern erklärt wird. Wenn wir einen Gegenstand ganz genau untersuchen, bis zu seinen Photonen, Neutronen und sogar noch weiter vorstoßen, entdecken wir eine große »Leere«. Der untersuchte Gegenstand entspricht auf einmal nicht mehr unserer herkömmlichen, »verhüllten« Wahrnehmung. Nach der buddhistischen Philosophie lässt sich das ganz einfach ausdrücken: Die endgültige Wahrheit lautet, dass alles eine Illusion, dass alles vergänglich ist.

Die zweite oder herkömmliche Wahrheit ist jene Wahrheit, die unser Zusammenleben in dieser Welt ermöglicht, indem wir die Wahrnehmung unserer fünf Sinne als Realität akzeptieren. Physiker, die durch ihre Experimente und Theorien mit der »endgültigen Wahrheit« konfrontiert wurden, fahren nach ihrer täglichen Arbeit dennoch in ihrem »realen« Auto zu ihrem »realen« Zuhause, und dies bereitet ihnen keinerlei Schwierigkeiten. Sie verwenden »reale« Instrumente für ihre Untersuchungen, schreiben »reale« Berichte an einem »realen« Schreibtisch, obwohl sie doch **wissen**, dass all diese Dinge »unwirklich« sind. Trotzdem sind sie in der Lage, diese

Gegenstände, die nur nach **konventionellem** Verständnis existieren, zu verwenden. Die Buddhisten versuchen, mit diesen beiden Formen von Wahrheit stets so aufmerksam wie möglich umzugehen. Vielleicht glauben jetzt manche, dass ein normales Leben unmöglich wäre, wenn wir uns der endgültigen Wahrheit ganz bewusst würden, und dass dies zu vielfältigen physischen und psychischen Probleme führen würde. Denken wir jedoch ein wenig darüber nach, werden wir feststellen, dass uns die Erkenntnis der endgültigen Wahrheit sogar helfen kann, Situationen und Ereignisse besser zu verstehen und besser darauf zu reagieren.

Nicht alle Buddhisten haben das Bedürfnis oder die Fähigkeit, sich mit der Philosophie, auf der ihre Religion basiert, zu beschäftigen. Daher neigen sie zu einem eklektischen Verhalten, das heißt sie wählen (bewusst oder unbewusst) nur bestimmte, ihnen zusagende Aspekte der buddhistischen Lehre aus. So beten sie zum Beispiel, halten sich an strenge Rituale, glauben an die historischen Überlieferungen und die Volkssagen, die ihnen am besten gefallen oder die sie für glaubwürdig halten. In die von ihnen gewählte Lebensweise werden auf diese Art bestimmte Bereiche der Religion aufgenommen. Daran ist nichts auszusetzen, entspricht dies doch einer Lebensweise, die die meisten von uns gewählt haben. Allerdings besteht die Gefahr, dass wir anfangen, alles zu akzeptieren, ohne es selbst zu prüfen, wie es der Buddha doch immer wieder riet. Wenn es um geistige Anstrengung geht, sind wir Menschen leider oft viel zu bequem.

Wer wünscht sich das Nirvana?

Nicht alle Buddhisten bemühen sich aktiv um das Ziel der Erleuchtung. Viele sind mit der buddhistischen Religion und dem Glauben an das, was man ihnen erzählt, bereits zufrieden. Es haben auch nicht alle Buddhisten die Sutren gelesen oder die philosophischen Abhandlungen studiert, die von den Anhängern der buddhistischen Lebensweise im Lauf der Jahrhunderte geschrieben wurden. Viele Buddhisten bestimmter ethnischer Gruppen können nicht lesen, und manche besitzen auch keine Übersetzung des Dharma in ihrer eigenen Sprache. Anderen stehen zwar Übersetzungen zur Verfügung, doch fehlt ihnen wiederum der Wunsch, die Dinge erforschen zu wollen. Diesen Menschen genügt ihr Glaube, um ein gutes Leben zu führen und weder sich noch anderen Leid zuzufügen. Dies allein ist jedoch schon eine beachtliche Leistung.

Auf der anderen Seite gibt es aber auch jene metaphysischen Philosophen, deren tiefgründige Überlegungen und Fragestellungen ihnen möglicherweise einen Weg zur Erleuchtung aufzeigen. Doch unabhängig davon können ihre Werke vielen eine große Hilfe sein, solange nichts ohne eigene Prüfung übernommen wird. Auch in diesem Zusammenhang kann es nicht oft genug gesagt werden: Der Buddhismus ist eine »Angelegenheit« der persönlichen Erfahrung.

Im *Sabba Sutta Samyutta Nikaya* erklärt der Buddha:

> Mönche [damit sind hier sowohl Mönche als auch Nonnen und Schüler gemeint – also der Sangha, aber nicht einfach Sangha oder Ordensmitglieder], ich möchte euch »alles« lehren. Hört, was ich sage. Was, Mönche, bedeutet »alles«? Auge und körperliche Form, Ohr und Geräusch, Nase und Geruch, Zunge und Geschmack, Körper und fühlbare Dinge, Geist und Gedanken. Dies bezeichnen wir als »alles«. Mönche, derjenige, der sagt: »Ich lehne dieses »alles« ab und verkünde dafür ein anderes«, der hat sicherlich eine (eigene) Theorie. Doch auf Befragung könnte er keine Antwort geben und müsste sich außerdem Beschimpfungen gefallen lassen. Warum? Weil seine Theorie nicht im Bereich unserer Erfahrungen (*avisaya*) liegen würde.

Dieses Zitat macht die »Bodenständigkeit« der Lehren des Buddha deutlich. Was er anzubieten hatte, war keine Vertröstung menschlichen Seins auf ein »zukünftiges Leben«. Stets zeigte er seinen Zuhörern, wie sie mit beiden Beinen auf dem Boden stehen können, führte ihnen seine »Du-kannst-es«-Lösung vor Augen, die sich auf die menschlichen Fähigkeiten gründete und nicht auf der Gnade eines übernatürlichen Wesens beruhte. Die Lehren des Buddha hatten nichts mit hochtrabenden, abstrakten Theorien zu tun, sondern beschäftigten sich mit menschlichen Erfahrungen im Hier und Jetzt und berücksichtigten stets die individuellen Fähigkeiten.

Der oben zitierte Text mag der über 2500 Jahre alten Lehre einen sehr weltlichen und schablonenhaften Charakter geben. Doch sollten wir nie vergessen, dass all die Worte, die je über den Buddhismus geschrieben wurden, all die Reden, all die esoterischen Weihen, ja sogar die höchsten Weihen niemals das ausdrücken können, was eine persönliche Erfahrung vermag. Wir können uns ein Leben lang Erleuchtung erhoffen, doch dies wird nur unsere Begierde verstärken, der wir ein weiteres Verlangen hinzufügen. Nur durch unsere persönliche Erfahrung werden wir die Dinge klar sehen und verstehen und dadurch wiederum unsere Schwierigkeiten meistern können. Viele dieser Schwierigkeiten und Probleme erschaffen wir uns selbst, weil wir nicht erkennen, was gerade in diesem Moment wesentlich ist.

Der Buddha lehrte, dass die Erkenntnis der wahren Beschaffenheit der Dinge den einzigen Weg der Emanzipation, der Befreiung, darstellt. All die philosophischen und religiösen Lehren und Unterweisungen des Buddhismus sind nicht mehr als Wegweiser oder Landkarten, die wir leider allzu oft mit dem eigentlichen Ziel oder dem gesuchten Schatz verwechseln.

3
Buddhismus in unterschiedlichen Kulturen

*Theravada-, Mahayana-
und Zen-Buddhismus*

Eine westliche Bhikkhuni

Das Räucherwerk wurde mit Wachs zu festen kleinen Kegeln geformt. Jeweils sechs davon wurden quer in einer Reihe auf die frisch rasierten Köpfe der sechs Frauen gesetzt, die mit überkreuzten Beinen auf dem Boden saßen. Anschließend wurde eine brennende Wachskerze an jeden einzelnen Räucherkegel gehalten. Als die Kegel glimmten, stahlen sich ein paar stumme Tränen unter den gesenkten Lidern einer der Frauen hervor, einige der anderen pressten ihre Lippen fest zusammen. Die Zuschauer hielten beinahe den Atem an, während sie auf ein Zeichen von Schwäche warteten oder vielleicht sogar darauf hofften. Auf einem der Köpfe zerfiel ein Kegel und winzige glimmende Teilchen fielen auf das graue Gewand der Frau. Sie bewegte sich nicht. Ein neuer Kegel wurde geformt, auf ihren Kopf gesetzt und entzündet. Da diese Frau die Älteste in der Gruppe war, wurde sie von jenen, die die Prüfung überwachten, aufmerksam und voller Mitleid beobachtet.

Nach etwa fünfzehn oder zwanzig Minuten waren die Räucherkegel erloschen und die verbrannten Stellen auf den Häuptern der Frauen erhielten einen antiseptischen Verband. Die Frauen standen nun auf und verbeugten sich tief vor den Priestern und vor jenen, die sie in aller Stille unterstützt hatten. Nun zog man ihnen gelbe Gewänder über, und die Anzahl der »Stücke«, aus denen die einzelnen Gewänder zusammengesetzt waren, wies darauf hin, dass diese Frauen *bhikkhuni* waren.

Was hatte da gerade stattgefunden? Wer waren diese Frauen? Wer waren diejenigen, die die Prüfung überwacht hatten? Wer war da geprüft worden? Von wem? Und zu welchem Zweck?

Die Frauen in den grauen Gewändern waren Laien, Vietnamesinnen. Diejenigen, die man geprüft hatte, waren ordinierte buddhistische Nonnen. Die sechs Nonnen hatten am Tag zuvor die höchsten Weihen empfangen und stammten aus verschiedenen Ländern: aus Europa, den Niederlanden, Frankreich, Spanien und Vietnam (zwei Frauen). Ich war diejenige, auf deren Kopf der Räucherkegel zerfallen war.

An der beschriebenen Zeremonie hatten wir freiwillig teilgenommen – sowohl aus Respekt gegenüber der Tradition als auch aus persönlicher Überzeugung. Außerdem war diese Zeremonie der letzte und der einzige für die Öffentlichkeit bestimmte Teil der Ordination gewesen, deren Ritual sich über drei Tage hingezogen hatte. Dabei werden die *Bodhisattva*-Gelübde abgelegt, die eine feierliche Weihe des Mahayana-Buddhismus darstellen und hier nach asiatischer Tradition durchgeführt wurden. Die Geweihten geloben, all ihre Bemühungen darauf zu konzentrieren, jedem empfindsamen Wesen auf dem Weg zur Erleuchtung hilfreich zur Seite zu stehen. Indem wir die glimmenden Räucherkegel auf unseren Köpfen ertrugen, haben wir unsere Verpflichtung gegenüber dem Leiden bewiesen sowie unsere Bereitschaft, zur Erfüllung unserer Gelübde alles Erdenkliche zu tun.

Hat es weh getan? Gewiss hat es das. Und was die Frage betrifft, wer denn nun eigentlich wen geprüft hat, so lautet die Antwort, dass jede von uns sich selbst geprüft hat, und zwar aus einem inneren Bedürfnis heraus. Die »Prüfenden« waren ältere Mönche und Nonnen, die an den Zeremonien des vorangegangenen Tages teilgenommen hatten. Alles hatte in einer Atmosphäre der Liebe und Unterstützung stattgefunden, zu keiner Zeit war dabei auf irgendjemand Druck ausgeübt worden.

Nicht alle buddhistischen Gemeinschaften führen heute dieses Ritual durch. Seit meiner Weihe sind inzwischen fünf Jahre vergangen (ich war zwölf Jahre lang Novizin), mein Haar ist wieder lang, und ich trage es in einem Knoten. Meine Narben würden wahrscheinlich nur von einem Friseur bemerkt werden (sollte ich mich jemals zu einem Besuch bei einem Friseur entschließen) oder bei einem Aufenthalt in einem Kloster. Bedeutung haben diese Narben allein für mich selbst. Manche Mönche und Nonnen nehmen an dieser Zeremonie mehr als einmal teil, fügen den alten Narben neue hinzu. Warum sie das tun, wissen nur sie allein. Und ich kann wiederum nur für mich selbst sprechen: Ich bin eine Verpflichtung eingegangen, die keiner Auffrischung bedarf. Ich benötige keine Erinnerungshilfen an die Gelübde, die ich in einem vietnamesischen Tempel in der Nähe von Limoges in Frankreich vor dem Patriarchen, dem Dekan Dr. Thich Huyen-Vi, und den notwendigen Zeugen abgelegt habe.

Buddha in neuen Gewändern

Die religiöse Seite des Buddhismus entwickelte sich aus einer moralischen und sozial-psychologischen Philosophie. Sie entspringt dem Bedürfnis einfacher Leute, zu verstehen, was da in einer religiös orientierten Umgebung gelehrt wurde. Damals – wie auch heute noch – zögerten die Mönche und Lehrer aus verständlichen Gründen, den alten Glauben aufzugeben, denn sie wollten auf das Gute daran nicht verzichten. Die Toleranz der ursprünglichen buddhistischen Lehren (in Bezug auf die Bedürfnisse und den Glauben der unterschiedlichsten Menschen und Kulturen) ließ die buddhistische Philosophie im Lauf der Jahrhunderte zu einem vielschichtigen, mit früheren Glaubensrichtungen verwobenen Gebilde werden. Mit anderen Worten: Auf den Buddha wurden so viele verschiedene Bedürfnisse, so viele Arten von Frömmigkeit projiziert, dass die ursprüngliche Figur mitunter kaum noch zu erkennen ist.

Aufgrund dieser Verbreitung der Lehren des Buddha Sakyamuni (des Weisen aus dem Sakya-Stamm) existiert heute eine Reihe so genannter buddhistischer Schulen. Manche von ihnen haben nur noch wenig gemein mit den heute als gesichert geltenden ursprünglichen Lehren. Waren diese ursprünglichen Lehren doch nur Ausdruck der Bemühungen, die fundamentalen Prinzipien unserer Existenz zu verstehen. Der heutige Buddhismus besitzt also eine vielgestaltige Form, und um ihn Nicht-Buddhisten oder sogar Pseudo-Buddhisten, ob Laien oder Ordinierten, verständlich zu machen, muss man relativ weit ausholen. Das ist der Anspruch dieses Buchs, das von einem Thema handelt, das gleichzeitig so einfach und doch so vielfältig ist.

Der Versuch, die buddhistische Religion zu beschreiben, kann bei den Interessierten für viel Verwirrung sorgen. Ähnlich verblüfft wäre vielleicht ein protestantischer Christ über so manche Aspekte der römisch-katholischen Lehre oder über das Inventar einer katholischen Kirche oder Kathedrale. Denn etwas von der Toleranz des Buddhismus hat sich auch der Katholizismus zu Eigen gemacht, um bestimmte Auffassungen aus Religionen und Glaubensrichtungen, die für andere Völker wichtig sind, in die eigenen Riten und Rituale aufzunehmen. Das Bild eines »reinen, unverfälschten« Buddhismus zu präsentieren, das ist inzwischen sehr schwierig geworden.

Sehr vereinfacht betrachtet gibt es heute drei wichtige Schulen der buddhistischen Religion, die auch in vielen westlichen Ländern vertreten sind. Diese drei Schulen sind der Mahayana-, der Theravada- und der Zen-Buddhismus. Alle drei Richtungen teilen sich in weitere Gemeinschaften auf, die auf verschiedenen Auslegungen des Buddhismus durch frühere wie heutige Lehrer beruhen. Diese Auffächerung des Glaubens begann vor über 2500 Jahren, und während einige Richtungen bereits sehr lange existieren, sind andere noch relativ jung.

Theravada-Buddhismus

Der Theravada ist allgemein als südliche Schule des Buddhismus bekannt und erreichte in der Regierungszeit des indischen Königs Asoka im dritten Jahrhundert v. Chr. das damalige Ceylon. Der gebildete Buddhist Mogaliputta-tissa wurde von Asoka gedrängt, einen Weg zu ersinnen, um häretisches Gedankengut zu widerlegen, das damals in verschiedene Schulen der buddhistischen Philosophie Eingang gefunden hatte. Möglich geworden war diese Entwicklung durch die Aufnahme vieler Menschen in die einflussreichen Klosteruniversitäten. Viele der Neuzugänge waren Brahmanen; sie waren keine echten Anhänger der buddhistischen Philosophie, sondern innerhalb der neuen Staatsreligion oft nur an ihrem eigenen Vorteil interessiert.

Die Schriften der südlichen Schule, deren Anhänger *theravadin* heißen, wurden in der mittelindischen Sprache Pali aufgezeichnet, während die Texte der nördlichen Schule in Sanskrit verfasst sind. Die ersten Übersetzungen buddhistischer Texte, die den Westen erreichten, stammten aus dem Pali-Kanon des Theravada.

Mahayana-Buddhismus

Der Mahayana-Buddhismus ist heutzutage die verbreitetste Schule der buddhistischen Religion, dessen Anhängerschaft sich über China, die Mongolei, Tibet, Vietnam, Japan und nun auch bis Europa erstreckt. Der Reiz des Mahayana-Buddhismus beruht vor allem auf dem Glauben an das Ideal des Bodhisattva. Der Bodhisattva ist das, was Christen und vielleicht auch Muslime als Heiligen bezeichnen würden: derjenige, der dank seines vorbildlichen Lebens an der Himmelspforte steht und so lange darauf verzichtet einzutreten, bis auch das letzte Wesen im Universum mit seiner Hilfe die Himmelspforte passiert hat. Nach diesem Verständnis wird der Buddha Sakyamuni neben vielen anderen selbst zum Bodhisattva. Doch bleibt er der höchste Bodhisattva.

Zen-Buddhismus

Der Zen-Buddhismus hat sich von Indien über China nach Japan und heute schließlich bis in die USA und Europa ausgebreitet und gilt als ein sehr »direkter« Weg zur Erleuchtung. Er ist auch Teil der Mahayana-Tradition. Dem Zen-Buddhismus ist eine offensichtliche Einfachheit zu Eigen, die Menschen mit einem Sinn für Ordnung und Disziplin anspricht. Oft wird der Zen als Methode der »plötzlichen« Erleuchtung verstanden. Das ist jedoch nicht korrekt. Plötzliche Erleuchtung kann nur erreichen, wer viel Weisheit und reiche Kenntnisse gewonnen hat. Wer keine Vorstellung von der eigenen Zielsetzung besitzt, kann das, was er oder sie schließlich erreicht, auch nicht schätzen. In Wahrheit bedeutet die plötzliche Erleuchtung einen qualitativen Wandel, dem jedoch ein großes Maß an Übungen vorausgegangen ist. Dieses Erleuchtungserlebnis, *satori* genannt, ähnelt der Freude, die wir bei der plötzlichen Lösung eines Problems empfinden, nachdem wir uns zuvor schreckliche Sorgen gemacht und die unangenehmen Gedanken dann einfach beiseite geschoben haben. Plötzlich kennen wir die Lösung! Satori, das Ende mentaler Anspannung, ist nicht von Dauer, doch es erlaubt uns einen Vorgeschmack auf den Gleichmut, den wir durch die wahre Erleuchtung erreichen werden.

Chinesischer oder vietnamesischer Chua

An dieser Stelle möchte ich einen Blick in einen Mahayana-Tempel oder auch *chua* werfen. Dafür müssen wir uns zuerst einmal die Schuhe ausziehen, so wie wir es auch in einem Theravada- oder Zen-Tempel oder in einer Moschee machen würden. Gewöhnlich ist der Fußboden bedeckt, entweder mit Matten oder Teppichen. Wir befinden uns in einer Art Kirche und sollten uns genauso verhalten wie an jedem anderen geweihten Ort.

Das wichtigste Element in diesem Tempel ist möglicherweise ein dreiteiliger Altar mit nahezu identischen Statuen des sitzenden »Buddha« mit asiatischen Zügen. Unterschiede weisen die Statuen nur in der Stellung der Hände auf, die jeweils eine symbolische Bedeutung haben. Diese Statuen sollen nicht die tatsächlichen Züge des Buddha Sakyamuni wiedergeben. Sie sind vielmehr Symbole für Gelassenheit und Nicht-Anhaften und sollen die Gedanken der Besucher auf buddhistische Werte und moralische Prinzipien wie auch auf das Leben des Buddha Sakyamuni lenken. Ein ästhetisches Empfinden nach westlichen Maßstäben soll mit den Statuen nicht angesprochen werden. In der Regel ist das auch nicht Fall – im Gegensatz zu den Statuen in katholischen Kirchen, die oft eine, wenngleich idealisierte, Abbildung wirklicher Menschen darstellen.

Auf den tiefer gelegenen Seitenaltären befinden sich kunstvolle Statuen historischer und legendärer Helden, die zu Beschützern und Bodhisattvas wurden. Hinter diesen Altären können noch weitere, kleinere Altäre stehen, von denen einige bei Zeremonien für Verstorbene verwendet werden. Diese Zeremonien werden von den betroffenen Familien bezahlt und in festgelegten Abständen abgehalten. Darüber hinaus kann es auch noch einen Altar für den Gründer dieser speziellen »Sekte« oder Gemeinschaft geben, der in besonderer Weise verehrt wird. Auch wenn es so erscheinen mag, der Buddhismus ist doch keine streng organisierte Religion, denn es gibt kein »Oberhaupt«, das mit dem Papst der katholischen Kirche oder dem anglikanischen Erzbischof von Canterbury vergleichbar wäre. Jede einzelne Gemeinschaft oder »Sekte« mit eigenem Gründer besitzt vollständige Autonomie. Diese Gründer sind gewöhnlich Meister (Männer wie Frauen), die für ihre Lehren berühmt sind und von ihren Anhängern unterstützt werden. Verschiedene Länder besitzen zwar Patriarchen (Meister, die von Anhängern in einer gewissen Region akzeptiert werden, oder Klosterangehörige einer bestimmten Gemeinschaft), doch gibt es keinen »Patriarch der Patriarchen«.

Kehren wir zurück zum Tempel, wo sich dem Besucher eine reiche Fülle herrlicher Blumen, brennender Kerzen und Räucherwerk sowie schön arrangierte Opfergaben (Früchte und oft auch Geld) darbieten. Diese Opfergaben sind in allen Ausprägungen der buddhistischen Religion Tradition. Speiseopfer werden stets in der Gemeinde geteilt, etwa mit Mönchen und Nonnen oder jenen, die sie am nötigsten brauchen. Da es sich um Gaben für den Buddha handelt, bittet man um sein Einverständnis, daran teilhaben zu dürfen.

In dem Tempel finden wir außerdem Utensilien für die Durchführung der Rituale: Gongs, Trommeln, Glocken, hohle Holzfische, große und kleine Klangschalen aus Metall, Leuchter und oft auch eine Statue mit Heiligenschein und vielen Armen, die den wohltätigen Bodhisattva der Barmherzigkeit darstellt – Chenrezig für die Tibeter, Quan Yin für andere. Zum Entsetzen vieler westlicher Betrachter bestehen die Heiligenscheine der Statuen heute oft aus hellen Neonröhren, deren grelle Farben auf uns geradezu abstoßend wirken. Ganz anders empfinden das jedoch gläubige Buddhisten, für die die Ästhetik in religiösen Dingen keine Rolle spielt. Wichtig ist dagegen die symbolische Bedeutung der Farben, die sich in den verschiedenen Kulturen leicht unterscheidet. Dabei müssen die Farben nach dem Empfinden der Betrachter auch überhaupt nicht zusammenpassen.

Nach chinesischer und vietnamesischer Tradition werden die Rituale vor dem Altar abgehalten, wobei die Zelebrierenden und die teilnehmenden Laien stehen oder knien. Gesungen wird im alten klassischen Chinesisch, das in seinem Verhältnis zur modernen Sprache etwa dem Latein oder Sanskrit entspricht. Trotz der veralteten Sprache wird die **Bedeutung** der Gebete und gesungenen Schriften durch die Wiederholung verstanden. Die Sprache ist traditionell und ritualisiert. Fast alle verwenden die bereitgestellten Gebetbücher, ebenso wie es der katholische Priester und die Gemeinde vor 1968 in der lateinischen Messe taten. Wer über ein exzellentes Gedächtnis verfügt, braucht natürlich kein Buch.

Je nachdem, wie beschäftigt die Mönche und Nonnen sind, werden die Rituale mindestens drei- oder viermal am Tag abgehalten. Steht ein Mönch zur Verfügung, hält er das Ritual ab. In seiner Abwesenheit übernimmt dies eine geweihte Nonne (Bhikkhuni), der die Novizen assistieren.

Dabei gibt es eine feierliche und beeindruckende Form der Meditation, die im Gehen durchgeführt wird und von Gesang begleitet ist. Sie findet während bestimmter Rituale im Tempel, aber auch an anderen Orten statt. Dafür wird ein spezielles gelbes Gewand über das normale graue, braune oder gelbe Gewand gezogen, das man bei allen Ritualen trägt. Die Anzahl der Stoffteile in dem gelben Gewand verweist auf das Ordinationsalter (nicht auf das tatsächliche Alter) der jeweiligen Träger hin. *Bhikkhu* und Bhikkhuni sind die Bezeichnungen für den geweihten Mönch und die geweihte Nonne. Der Begriff »Meister« ist gelehrten, mit dem Buddhismus wohl vertrauten Ordinierten vorbehalten, die vor mindestens zehn Jahren die Weihen empfangen haben und von ihren Schülern oder Anhängern als Meister akzeptiert werden.

Sieht man einmal von dem sehr angenehmen Gesang ab, so mögen die Klänge und Geräusche der Glocken, Gongs und Trommeln (sogar Kesselpauken) für westliche Ohren irritierend klingen. Es handelt sich aber keinesfalls um beliebiges Getöse, sondern dient rituellen Zwecken.

Vor vielen chinesischen und vietnamesischen Chuas findet man eine große weiße Statue von Quan Yin (dessen Mantra »Quante Ambo Tat« lautet), dem Bodhisattva der Barmherzigkeit. Quan Yin ist eine würdevolle, geschlechtslose Figur, die mitleidvoll von ihrem Sockel (in Form einer vielblättrigen Lotusblüte) herabschaut. Mit der rechten Schulter zur Statue gewandt geht man um diese herum, singt »Namo Quante Ambo Tat«, eine Litanei für Mitleid und Barmherzigkeit, und betet das Mantra zu einer Art »Rosenkranz« aus 108 Perlen. Sind die Dinge in letzter Zeit etwas aus dem Gleichgewicht geraten, hat dieses Gebet eine wunderbar beruhigende Wirkung.

Ein tibetischer Gompa

Der tibetische Buddhismus besitzt in Australien wie in Europa eine gläubige Anhängerschaft. Das ursprüngliche Zentrum und den ersten *gompa* (Tempel) in Australien errichtete eine Gruppe »Suchender« in den Bergen hinter Eudlo in Queensland. Ihr Lehrer wurde ein wunderbar charismatischer, weiser und bescheidener Lama (Mönch), den die Gruppe in Nepal gefunden hatten. Dieser Lehrer war der mittlerweile verstorbene Lama Thubten Yeshè. Sein Schüler, Lama Thubten Zopa Rinpoche (die tibetische Bezeichnung für »der Vorherige« – eine Reinkarnation), der einer anderen »Schule« als Lama Yeshè angehört, ist nun der spirituelle Leiter des Zentrums. Und dieses Zentrum, das Chenrezig Institute for Wisdom Culture, wollen wir nun auf seinem 64 Hektar großen Gelände mit Buschland und tropischen Gärten besuchen.

Das Chenrezig Centre, wie es bei seinen Bewohnern und regelmäßigen Besuchern heißt, verfügt über einen ständig anwesenden *geshè* (d.i. ein sehr erfahrener Mönch), dessen Ausbildung als tibetischer Buddhist mit einem Doktorgrad in Theologie und Philosophie verglichen werden kann. Ihm zur Seite steht ein Übersetzer, der entweder ein tibetischer Mönch sein kann oder ein Mönch aus dem Westen, der sowohl die tibetische Sprache hervorragend beherrscht als auch die buddhistische Lehre studiert hat, oder auch ein tibetischer Laie, der nicht unbedingt religiös orientiert sein muss. Eine kleine Gruppe von Nonnen lebt ebenfalls ständig auf dem Gelände. Verwaltet wird das Zentrum von einer Gruppe von Laien, die spezielle Lehrprogramme und Besuchstage für die Öffentlichkeit organisieren. Diese Laien wohnen ebenfalls auf dem Gelände. Außerdem gibt es eine Unterkunft für Besucher. Vor kurzem feierte das Chenrezig Centre (so benannt wegen des barmherzigen Wesens des Buddha) seinen zwanzigsten Geburtstag.

Der Dalai Lama, Seine Heiligkeit Tenzin Gyatso, gilt bei seinem Volk als Reinkarnation von Chenrezig in der Gestalt des Bodhisattva und wird als solcher von allen Gemeinschaften des tibetischen Mahayana-Buddhismus verehrt. Die Reinkarnation wird immer sowohl als Chenrezig wie auch als der wieder geborene Dalai Lama betrachtet. Aus diesem Grund ist der regierende Dalai Lama in den Augen zahlreicher Tibeter und tibetischer Buddhisten stets der wieder geborene Buddha. Der gegenwärtige Dalai Lama hat durch seinen unablässigen Einsatz für den Frieden weltweite Bekanntheit erlangt. Er selbst bezeichnet sich oft nur als einfachen Mönch – und selten gab es wohl eine größere Untertreibung.

Wenn wir auf den Hügel des Chenrezig Centre steigen, kommen wir erst an einer, dann an einer weiteren Gebetsmühle vorbei. Tatsächlich handelt es sich dabei um große Zylinder. Diese werden mit Reliquien und mit Papierstreifen gefüllt, auf denen das Mantra »Om Mani Padme Hum« gedruckt steht. Sehr frei übersetzt bedeutet das »Gelobt seist du Juwel in der Lotusblüte«, wobei das Juwel den Buddha Sakyamuni und heilige Reliquien meint. Wir drehen die Gebetsmühle, die ein Glöckchen ertönen lässt, das die Aufmerksamkeit der Geister auf das dargebrachte Lob und das Gebet lenkt. Nun steigen wir die Stufen zum Gompa hinauf. Der Gompa des Chenrezig Institute war das erste Gebäude dieser Art, das ich kennen lernte, und hier hatte ich auch zum ersten Mal Kontakt mit der tibetischen Kultur. Damals erwartete ich wohl, so etwas wie einen klar gegliederten griechischen Tempel zu erblicken, steingrau, mit weißen Marmorstatuen, schlicht und überschaubar und ohne jegliches schmückende Beiwerk. Dabei vergaß ich völlig, dass die alten griechischen Statuen und Gebäude ursprünglich in den schrecklichsten und grellsten Farben bemalt gewesen waren und dass sie ihre heutige Schlichtheit nur dem Zahn der Zeit verdanken.

Ich war als Katholikin erzogen worden, suchte nun jedoch nach einer »unverfälschten« spirituellen Erfahrung. Als ich damals den Gompa betrat, war mein erster Gedanke: »Oh, nein! Da kann ich auch gleich Katholikin bleiben!« An diesem Ort, da war ich mir sicher, würde ich niemals finden, was ich suchte. Ich fand es dennoch, oder zumindest den Ort, an dem man den berühmten ersten Schritt einer neuen Reise tut, die irgendwohin führt – oder nirgendwohin.

In den Gompa gelangt man durch eine äußere Türöffnung und eine weitere Tür im Innern. Ehe wir eintreten, ziehen wir uns die Schuhe aus. Sobald wir uns im Innern befinden, fällt unser Blick auf den Hauptaltar mit einem einzelnen Messing-Buddha. Vielleicht sollte ich an dieser Stelle noch einmal erwähnen, dass die Buddha-Statuen in keiner der vielen buddhistischen Gemeinschaften eine tatsächliche Ähnlichkeit mit dem Buddha aufweisen sollen. Stets haben sie symbolische Bedeutung: Sie sind Symbole der Gelassenheit, der Weisheit, des Nicht-Anhaftens und des allumfassenden Mitleids. Kein echter Buddhist würde eine Buddha-Statue anbeten. Die Statuen sind keine Götzenbilder. Die Verehrung, die Hingabe und der Respekt gelten der Erinnerung an den Lehrer und sein Dharma (die Lehre).

Im Innern des Gompa fällt uns auf, wie die Menschen sich dreimal auf den Boden werfen, ehe sie weitergehen. Sie legen ihre Handflächen über den Köpfen zusammen, dann vor dem Hals und vor der Brust. Anschließend fallen sie auf die Knie, berühren mit der Stirn den Boden und gehen danach zu ihrem Kissen. Ja, ein Kissen. Nach tibetischer Tradition setzt man sich mit überkreuzten Beinen, nach Möglichkeit im Lotussitz, auf ein Kissen. Dank der Dicke des Kissens fällt es jedoch leicht, den Rücken gerade zu halten. Ist diese Stellung für manche Menschen zu beschwerlich, hält das Chenrezig Institute auch ein paar Stühle bereit. Es gibt gute Gründe für diese Sitzhaltung, ich werde sie später erläutern.

Die meisten Rituale finden am frühen Morgen, am Abend oder in der Nacht statt. Je nach Datum und Mondphase können mehrere Rituale abgehalten werden. Zu anderen Zeiten finden Unterweisungen statt: Der Geshè, ein Mönch oder eine Nonne oder auch ein fortgeschrittener Student aus dem Kreis der Laien liest Kommentare aus den Kommentaren zu den grundlegenden Schriften vor.

Die Weihe nach tibetischer Tradition

Die Tradition der Mönche und Nonnen im tibetischen Buddhismus unterscheidet sich von der chinesischen, vietnamesischen und japanischen Tradition. Die Gründe dafür sind historisch-kulturell bedingt. Tibetische Mönche müssen zusätzlich nach chinesisch-vietnamesischer Tradition ordiniert werden, wenn sie auch in diesem Zweig des Buddhismus tätig sein wollen. Tibetische Nonnen werden außerhalb der tibetischen Tradition sogar nur als Novizinnen betrachtet, bis sie sich auf eigenen Wunsch zur Bhikkhuni weihen lassen. Die meisten verzichten darauf, da sie mit ihrer eigenen Tradition zufrieden sind. Seine Heiligkeit der Dalai Lama hofft darauf, dass tibetische Nonnen in Zukunft diese Weihen erhalten werden. Dies wird möglich, wenn genügend Novizinnen Bhikkhunis geworden sind und damit die notwendige Autorität besitzen, andere zu weihen.

Nicht-Buddhisten fällt in einem Gompa zunächst der unverständliche Gesang (aus gutem Grund meist immer noch in tibetischer Sprache) und mitunter auch die eigenartige »Musik« auf. Wie schon erwähnt, wird bei Ritualen und Unterweisungen, die direkt aus dem Text vorgenommen werden, ein spezielles gelbes Gewand über die tibetischen gelben und rotbraunen Gewänder gezogen. Mit der Weihe sind die Ordinierten gleichgestellt, und darum sind die Gewänder aller Nonnen und männlichen Novizen aus der gleichen Anzahl von Stoffteilen gefertigt, es sei denn, die Nonnen sind außerdem Bhikkhunis.

Wenn der Geshè aus Texten lehrt oder vorliest, sitzt er auf einem hohen »Thron« vor dem Hauptaltar. Für normale Gespräche oder Unterweisungen kann er auch auf einem niedrigeren Sitz Platz nehmen. Mit dem »Thron« soll nicht die »Herrlichkeit« des Vorlesenden angezeigt werden, er ist vielmehr eine Respektbekundung für die Lehren des Buddha, für das Dharma.

Zu beiden Seiten des Hauptaltars befinden sich kleine Altäre mit Miniatur-Statuetten verstorbener Lamas, Dalai Lamas sowie Stupas. Letztere sind Gefäße, die an Urnen erinnern und mit Reliquien gefüllt sind, etwa Asche von Verstorbenen oder Utensilien desjenigen Heiligen oder Weisen, für den das Monument errichtet wurde. Außerdem enthalten sie Räucherwerk und aufgezeichnete Mantras. Die Errichtung von Stupas gilt bei Mahayana-Buddhisten als äußerst »verdienstvoll«.

Im Gompa des Chenrezig Institute steht zur Linken des Altars eine lebensgroße Gipsfigur. Sie stellt einen geschlechtslosen Menschen dar mit vielen Gesichtern und unzähligen ausgestreckten Armen, die wie die Speichen eines Rades angeordnet sind. Auf den einzelnen Handflächen befindet sich jeweils ein Auge, und sechs der Hände halten rituelle Gegenstände. Zwei Hände halten auf Höhe des Herzens ein Juwel, jenes »Wunsch erfüllende« Juwel, das man zum Gruß mit zusammengelegten Handflächen darbietet. Bei diesem Gruß – *namastè* – repräsentieren die nach innen gelegten Daumen das Juwel. Die beschriebene Figur ist der Bodhisattva Chenrezig, die tibetische Version des Quan Yin. Die vielen Hände und Gesichter symbolisieren seine Fähigkeit, gleichzeitig in alle Richtungen schauen zu können, sodass Chenrezig zur selben Zeit Tausenden von Menschen helfen kann. Die Augen auf den Handflächen stehen für seine Scharfsichtigkeit, damit aus gut gemeinten Taten kein Leid entstehen kann. (Hierbei handelt es sich natürlich nur um eine kurze Erklärung für all jene Wohltäter, die mit besten Absichten zu wissen glauben, was für andere das Beste ist.)

Zur linken Seite des Altars steht eine weitere lebensgroße Statue einer wunderschönen jungen Frau, die grün gefärbt ist. Anfänglich ist sie nackt, nur von Juwelen und wenigen Tüchern bedeckt, doch bald kleiden die Gläubigen sie in paillettenbesetzte Gewänder und weitere Juwelen, um ihre Nacktheit zu verbergen. Sie ist die zornige Tara, eine der beiden besonders verehrten Taras. Die einnehmendere weiße Tara ist die Verkörperung der Tränen des mitleidvollen Buddha.

Klingt das alles sehr verwirrend? Nun, es gibt noch andere Statuen, die man nicht sehen darf, ohne vorher die richtige Einführung und Erklärung erhalten zu haben, und dieses Buch bietet leider nicht den angemessenen Rahmen für eingehendere Erläuterungen. Ebenso wie die Inder wussten auch die Tibeter, dass ein Bild oder eine symbolische Skulptur den Eingeweihten mehr sagen kann als tausend Worte. Viele dieser Bilder, von denen manche auf westliche Betrachter sehr beunruhigend wirken, lassen sich auf die alte tibetische Bon-

Religion zurückführen, die zum Teil Eingang in den Buddhismus Tibets gefunden hat. Auf diese Bilder und Statuen zu verzichten wäre nicht unbedingt von Nutzen und wohl auch gar nicht möglich gewesen, weil den ungebildeten Schichten das philosophische Verständnis für die neue Religion fehlte. Keine auf Mitleid beruhende religiöse Bewegung nimmt einem Volk die Dinge, an die es glaubt, um ihm nur das zu lassen, was es vielleicht niemals richtig verstehen oder nutzen kann.

An den Wänden des Gompa hängen leuchtend farbige Bilder, in Damast- oder Brokat gerahmt. Es sind *tankas* oder »heilige« Bilder. Einige werden von einem Vorhang verdeckt, den man bei bedeutenden Weihen oder an jenen Tagen beiseite zieht, die mit den dargestellten Gottheiten oder Ereignissen in Verbindung gebracht werden. In dem Gompa herrscht ein intensiver Duft von tibetischem Räucherwerk, der viele Erinnerungen in mir weckt. Es gibt flackernde Butterlampen (für die man heute allerdings Öl verwendet) und Blumen, und vor den Bildern sieht man oft kleine und ausgesprochen anrührende Gaben. Ich selbst ließ bei einem meiner Besuche einen Ehering und zwei goldene Ohrringe in der geöffneten Hand der Buddha-Statue zurück. Vor jeder Statue stehen sieben Schalen aus Messing (oder einem anderen Material), die täglich bis zum Rand mit Wasser gefüllt werden. Sie symbolisieren sieben traditionelle Gaben für den Buddha.

Für gewisse Rituale oder *pujas* werden Tische mit Kuchen, Früchten und Süßigkeiten gedeckt. Im mittleren Abschnitt des Puja werden diese Opfergaben (nachdem man sie feierlich dem Buddha dargebracht hat) geteilt und gegessen, dazu trinkt man heißen Tee mit Gewürzen und Butter. Diejenigen, die den buddhistischen Regeln (siehe Kapitel 1) Folge leisten, verzehren ihren Anteil natürlich erst am nächsten Tag. Zuerst werden die Gaben dem Buddha geopfert und dann untereinander geteilt, denn nach dem Glauben tragen alle Lebewesen die nicht verwirklichte Natur des Buddha in sich. Unsere Opfergaben sind also für uns selbst und für die anderen Anwesenden bestimmt. Während des Puja werden die Kinder der Besucher und der Bewohner des Zentrums oft ein wenig übermütig oder schlafen ein. Niemand fühlt sich jedoch dadurch gestört. Pujas sind ausgesprochen gesellige religiöse Feiern. Einmal habe ich an einem einzigen Tag an insgesamt sechs Pujas teilgenommen – es war sehr anstrengend und sehr sättigend. Zum Glück war es damals sehr kalt, und in meiner ungeheizten Zelle habe ich so gezittert, dass die überschüssigen Kalorien bald verbrannt waren.

Theravada-Tempel

Wer schon einmal in Südostasien war, kennt sicherlich die Tempel des Theravada-Buddhismus. In den verschiedenen Ländern dieser Region unterscheiden sie sich nur wenig voneinander. Viele Südostasien-Reisende haben den Smaragd-Buddha in Bangkok gesehen, und ihnen sind sowohl die Buddha-Statuen in zurückgelehnter Pose als auch die charakteristische Buddha-Figur mit dem spitzen Kopfschmuck sowie die Shwe-Dagon-Pagode von Angkor Wat ein Begriff. Laien bringen den Statuen Opfergaben in Form von Früchten, Blumen und Räucherwerk dar. Die Mönche benutzen ihre Bettelnäpfe zu eben diesem Zweck, und das Essen, das sie nicht selbst zu sich nehmen, verteilen sie beim Tempel an Notleidende. In den westlichen Ländern ist dieser Napf zu einem Symbol dafür geworden, nicht verschwenderisch zu leben. Meinen eigenen sollte ich am besten an einen Platz stellen, an dem ich ihn immer sehen kann, wenn Süßes auf dem Speiseplan steht.

Die Tempel dienen gleichzeitig als Schulen. Denn der Buddhismus war die erste Religion, die in den Tempeln weltlichen Unterricht anbot – in der Regel für Jungen (die Mädchen wurden zu Hause unterrichtet). In einigen Ländern kann ein Mann für einen beliebigen Zeitraum Mönch werden, und so verbringen viele Anhänger des Theravada-Buddhismus wenigstens einen Abschnitt ihres Lebens als Mönche; Jungen nutzen häufig die Schulferien für diesen Zweck. Jene Mönche, die man in Südostasien, Tibet, Nepal und Indien sieht, haben nicht immer ein Gelöbnis auf Lebenszeit abgelegt.

Im Theravada-Buddhismus gibt es keine Nonnen. Stattdessen begegnet man kahl geschorenen Frauen in weißen Gewändern. Viele von ihnen sind Witwen oder obdachlos. Ihnen obliegen häusliche Aufgaben wie das Reinigen der Tempel, Kochen, Waschen und Krankenpflege, doch ebenso wie viele muslimische Frauen erhalten auch sie keine formale Ausbildung. Sie leben nach den buddhistischen Regeln, fügen niemandem Schaden zu und sind ebenso »buddhistisch« wie ein Mönch. In westlichen Ländern bieten einige Theravada-Gemeinschaften ihren weiblichen Mitgliedern inzwischen die gleiche religiöse Unterweisung an, die die Mönche erhalten. In diesem Zusammenhang mag das Theravada-Kloster im englischen Chithurst manchen ein Begriff sein. Unter den buddhistischen Frauen gibt es ein weltweit wachsendes Engagement für die Wiedereinführung der Weihe von Frauen. Diese war von den Mönchen nach und nach abgeschafft worden, als mit dem Ende der Herrschaft König Asokas einzelne Klöster der Theravada-Gemeinschaften zu großer Bedeutung und Macht gelangten.

Der Zen-Tempel

Das Innere eines Zen-Tempels ist seit jeher schlicht und gepflegt – die Sehnsucht nach einem ausgeglichenen Geist. Der

Zen-Buddhismus selbst mag jedoch gelegentlich als Inbegriff chaotischer Verrücktheit erscheinen. Wer sich im Kampf mit einem ungelösten *koan* befindet, hat das Gefühl, als stünde er (oder sie) an der Schwelle zum Wahnsinn. Großartig! Wir sind auf dem richtigen Weg zu der klärenden Antwort – oder auch nicht: Es hängt von der jeweiligen Situation ab. Ein Koan ist eine Fragestellung, die erdacht wurde, um eine allzu strenge Form des Denkens zu durchbrechen.

Im Meditationshaus des Zen knien die Meditierenden in Reihen auf Kissen, wobei sie sich, ähnlich dem tibetischen Brauch, über eine gewisse Distanz hinweg anblicken. Alles geschieht mit großer Zurückhaltung. Es gibt wenig Ablenkung – mit Ausnahme vielleicht der schmerzenden verkrampften Beine und des ebenfalls schmerzenden Rückens oder des Schrecks, der einen bei einem unvermuteten Schlag auf die Schulter durchfährt. Diese Schläge führt ein Mönch oder eine Nonne aus, wenn der Rücken der Meditierenden sich beugt oder ihr Kopf nach vorne fällt. Das Wort *zen* leitet sich aus dem Sanskrit von *dyana* über das chinesische *chan* ab und bedeutet ganz einfach »Meditation«.

Die Methode des Zen-Buddhismus lässt sich am besten durch einen kurzen Auszug aus der *sutra* des Hui-neng veranschaulichen. Hui-neng (638–713 n. Chr.), der später der Sechste Patriarch des chinesischen Chan-Buddhismus wurde, war der Sohn eines buddhistischen Regierungsbeamten. Der Vater starb, aus seiner Stellung entlassen, als sein Sohn noch ein Säugling war. Sobald Hui-neng alt genug war, musste er hart arbeiten, um seine Mutter und sich ernähren zu können. Er wurde Holzhändler. Unterrichtet wurde er vor allem von seiner Mutter. Es ist umstritten, ob er Analphabet gewesen ist. Eines Tages, als er etwas Holz auslieferte, hörte er einen Mann auf der Straße eine Sutra des Buddha aufsagen. Es handelte sich um die »Diamant-Sutra« (*Vajraschedika* – einen der Haupttexte des Buddhismus).

Augenblicklich verstand er dessen Bedeutung und wurde erleuchtet. Hat man die Sutra gründlich studiert und viele Jahre darüber gebrütet, kann man die Botschaft mit Sicherheit von einem Moment auf den anderen erkennen.

Hui-neng, obwohl angeblich ein halber Analphabet, hatte sich stets tief gehende Gedanken gemacht, und nun sollte das Schicksal auf seiner Seite sein. Von jemandem, der seine Fähigkeiten erkannte, erhielt er ein Geldgeschenk und den Rat, zum Kloster des Fünften Patriarchen zu gehen. Hui-neng gab seiner Mutter das Geld und brach auf – in der Hoffnung auf weitere Unterweisungen im Dharma. Der Patriarch erkannte sofort, dass Hui-neng bereits erleuchtet war, doch erwies er ihm keine spezielle Gunst, um ihn vor Eifersucht zu schützen, insbesondere vor dem obersten Mönch Shen Hsiu, von dem alle erwarteten, dass er der nächste Patriarch sein würde. Da der Fünfte Patriarch prüfen wollte, wie es um die Weisheit von Shen Hsiu tatsächlich bestellt war, bat er alle Mönche, ein Gedicht über ihr Verständnis vom Wesen des Geistes zu schreiben. Er wusste, dass allein Shen Hsiu diese Herausforderung annehmen würde. Fürchteten sich die anderen Mönche doch davor, mit jemandem zu wetteifern, den sie für so viel gebildeter hielten.

Shen Hsiu hatte nicht den Mut, dem Patriarchen sein Gedicht persönlich zu übergeben. Also schlich er sich in der Nacht mit einer Lampe ins Freie und schrieb seine Verse an die Mauer des Südkorridors, wo der Patriarch sie am nächsten Morgen mit Sicherheit sehen würde:

Unser Körper ist der Bodhi-Baum
ein strahlender Spiegel unser Geist.
Vorsichtig säubern wir ihn, Stunde um Stunde,
damit kein Staub darauf bleibt.

Sutra des Hui-neng

Als der Patriarch dies las, wusste er, dass Shen Hsiu noch nicht erleuchtet war. Dennoch lobte er das Gedicht und ließ es an der Mauer stehen, damit es jenen eine Hilfe sein konnte, die noch nicht das Verständnis Shen Hsius erreicht hatten. Hui-neng hörte von dem Gedicht, obwohl er die meiste Zeit seines achtmonatigen Aufenthalts in der Klosterküche beim Zerstoßen von Reis zugebracht hatte. Er bat einen Jungen, ihm den Text zu zeigen, da er selbst noch niemals in diesem Teil des Klosters gewesen war. Ein Beamter war gerade zu Besuch, und auf Hui-nengs Bitte las er diesem das Gedicht vor. Hui-neng überraschte die Anwesenden mit den Worten, dass auch er ein Gedicht hätte und es jemand für ihn aufschreiben solle. Der Besucher erfüllte ihm diese Bitte:

Es gibt keinen Bodhi-Baum,
und auch keinen strahlenden Spiegel.
Alles ist Leere,
woran soll der Staub also haften?

Sutra des Hui-neng

Natürlich gäbe es noch wesentlich mehr über das Leben des Hui-neng zu berichten. Der unterschiedliche Grad des Verständnisses in beiden Gedichten zeigt deutlich, wie unmittelbar der Zen-Buddhismus zum Kern der buddhistischen Philosophie vordringt. Aus diesem Grund sind Geschichten des Zen für manche höchst erbaulich, während sie anderen deprimierend unverständlich bleiben.

Ich erinnere mich noch gut an meine Reaktion auf den ersten Zen-Text, den ich gelesen habe: »Warum zum Teufel können die nicht einfach sagen, was sie meinen?« Ich war nicht gerade begeistert. Doch dann tat ich genau das, was die meisten tun, die den Dharma begreifen wollen: Ich studierte, dachte nach und meditierte, bis ich wirklich genug davon hatte und den Text für eine geraume Zeit beiseite legte. Es dauerte eine ganze Weile, bis der Groschen bei mir fiel, wie man so schön sagt.

Für meine Unfähigkeit zu verstehen gab es zwei Gründe. »Schuld« waren mein wenig fantasiebegabter Geist – zu rational und zu pedantisch – und das Fehlen eines geeigneten Lehrers. Ich war ins kalte Wasser gesprungen, obwohl ich gar nicht schwimmen konnte, ich konnte mich nicht einmal über Wasser halten. Alles hatte ich von allen Seiten betrachten wollen, aus jeder möglichen Perspektive. Ganz plötzlich erkannte ich aber, dass es gar nichts zu sehen gab. So etwas wie einen Bodhi-Baum gab es nicht, auch keinen strahlenden Spiegel. Denn allen komplexen Erscheinungen wird per Definition ein Sein aus sich selbst heraus abgesprochen.

Die Suche nach dem Lehrer

Wir haben nun jene drei Haupttypen der buddhistischen Religion kennen gelernt, mit denen wir am ehesten in Kontakt kommen können. Es sollte aber nicht unerwähnt bleiben, dass es noch viele andere Gemeinschaften gibt, die weniger mit den Lehren des Buddha zu tun haben als vielmehr mit (a) dem Charisma einer Leitfigur und (b) der Leichtgläubigkeit oder den emotionalen und psychologischen Bedürfnissen der Anhänger. In manchen Fällen ist daraus niemandem ein Schaden entstanden. Wir haben in den vergangenen Jahren jedoch auch erlebt, dass sich viele Menschen zu den schrecklichsten kultischen Handlungen verleiten ließen, da sie die Anweisungen anderer einfach befolgt haben, ohne selbst zu prüfen, was da eigentlich gelehrt wird. Wer sich derart beeinflussen lässt, scheint zu klaren Überlegungen traurigerweise nicht imstande.

Der Buddhismus lehrt uns jedoch, bei der Suche nach einem Guru (Lehrer) mit größter Sorgfalt vorzugehen. Wir werden davor gewarnt, dieser Person allzu viel Vertrauen zu schenken, gar unser Leben in ihre Hände zu legen und zu glauben, dass sie uns genau das lehrt, was wir lernen wollen. Heutzutage gibt es genügend Menschen, die sich selbst zum Guru einer so genannten »verrückten Weisheit« erklären. Wer zum »Schüler« wird, sollte bei der Wahl eines Gurus den oben gegebenen Rat dringend beherzigen. Die »verrückte Weisheit« gehört zu jenen modernen Bewegungen, die nach dem Motto »Es fühlt sich gut an, also tu's« verfahren. Diese Verhaltensweise verdient jedoch nur so lange unser Vertrauen, wie sie auf einen tadellosen Charakter des »Gurus« verweisen kann. Im Falle einer skrupellosen oder vielleicht auch nur ignoranten Persönlichkeit aber kann sie beängstigende Folgen haben. Es heißt, dass viele Menschen jemanden brauchen oder zu brauchen glauben, bei dem sie sich anlehnen können, jemanden, an den sie sich klammern können wie an ein Rettungsboot. Solange wir jedoch nicht lernen, dass niemand uns »retten« kann außer wir selbst, werden wir falschen Lehrern und falschen Lehren zum Opfer fallen. Andere Menschen brauchen wir aus vielerlei Gründen, unter anderem wegen ihrer angenehmen Gesellschaft. Doch wenn wir glauben, dass andere all unsere Probleme für uns lösen, werden wir niemals die Kraft und die Weisheit erlangen, die uns Seelenfrieden, Kraft und Glück bescheren.

Buddhistisches Mönchtum

4

Wie gestaltet sich das Leben buddhistischer Mönche und welche Menschen fühlen sich davon angezogen? Warum interessieren sich auch Menschen aus westlichen Ländern dafür?

Mönchtum: Was und warum?

Der Sangha umfasst die buddhistische Gemeinschaft aller Ordinierten, die gemeinhin als Mönche (Bhikkus) und Nonnen (Bhikkhunis), Lamas, Gurus, *theras* (theravadische Meister), Meister, Eingeweihte, Priester und Priesterinnen bekannt sind. Empfangen haben sie ihre Weihen von jenen, die vor ihnen in direkter Linie ordiniert wurden. Der buddhistische Sangha ist die vielleicht älteste Form eines immer noch bestehenden Mönchtums. Wie so vieles hat auch er sich im Lauf der Zeit von einer einfachen zu einer komplexen Gemeinschaft entwickelt.

Ursprünglich bestand der Sangha aus jenen Wanderasketen, mit denen der Buddha Sakyamuni zur Zeit seiner Erleuchtung zusammen war. Als sie seine Lehren verstanden hatten, entschlossen sie sich, ihm zu folgen. So konnten sie seine Unterweisungen auch weiterhin hören und ihm jederzeit Fragen stellen, wenn etwas genauerer Klärung bedurfte. Die allerersten Mitglieder der Gemeinschaft, die sich ja bereits viele Jahre mit philosophischen und empirischen Fragestellungen beschäftigt hatten, waren in der Lage, die Bedeutung der neuen Lehre rasch in ihrer ganzen Tiefe zu erfassen. Bald schon sandte der Buddha sie aus, damit sie all jene unterrichten konnten, die den Wunsch hatten, ihnen zuzuhören. Es ist jedoch wichtig zu betonen, dass diese ersten Schüler des Buddha keine »Missionare« nach westlichem Verständnis waren. Sie wollten »niemanden« bekehren, sondern sprachen nur zu denen, die es wünschten. Daran hat sich bis zum heutigen Tag nicht viel geändert. Buddhisten suchen nicht nach möglichen »Konvertiten«, vielmehr warten sie auf jene, die durch ihre Fragen persönliches Interesse bekunden. Nur so können die »Wegweiser« der buddhistischen Lehren von Nutzen sein.

Anfänglich gab es keine Klöster. Der Sangha bestand aus Wandermönchen – den so genannten »Hauslosen«. Das Klima im Nordosten Indiens erlaubte ihnen, die meiste Zeit des Jahres im Freien zu leben – mit Ausnahme der drei oder vier Monate während des Monsuns, in denen sie Höhlen oder andere zeitweilige Unterkünfte aufsuchten. Die »Hauslosen« waren allerdings keine armen Vagabunden. Das Gegenteil war eher der Fall, denn viele von ihnen hatten eine gute Erziehung genossen, stammten aus einem »ordentlichen« Elternhaus und waren oft wohlhabend oder sogar von fürstlicher Herkunft. »Hauslosigkeit« bedeutete einfach nur, dass sie ihren Familienpflichten nachgekommen waren und nun den Vorzügen und Bequemlichkeiten eines häuslichen und geschäftigen Lebens abgeschworen hatten. Jetzt suchten sie nach der »Wahrheit«, die die fundamentalen Prinzipien der Existenz betraf. Eine solche Lebensweise war zur damaligen Zeit durchaus akzeptiert und verbreitet. Den Pflichten gegenüber der Familie nachzukommen bedeutete zu heiraten, mindestens einen Erben zu zeugen und die Versorgung von Frauen und Kindern sowie Eltern sicherzustellen, falls diese nicht schon selbst auf Wanderschaft gegangen waren.

Damals reiste man zu Fuß, eine oft gefährliche Wanderschaft – Banditen lauerten ihnen auf und wilde Tiere fielen sie an. Nahrung zu finden bereitete allerdings keine Probleme. Überall wuchsen Früchte, und der Respekt der »normalen« Leute für jene, die ihre häusliche Bequemlichkeit für die Suche nach Weisheit aufgegeben hatten, war so groß, dass es als sehr »verdienstvoll« galt, sie zu unterstützen. Denn durch ihre Gaben bereicherten die Leute auch ihr eigenes Wissen und förderten ihre spirituelle Entwicklung zum Wohle aller. In dieses soziale Klima hinein wurde Siddharta Gautama, der Buddha, geboren, in dieser Gesellschaft sollte er über achtzig Jahre lang leben und aus ihr stammten auch seine persönlichen Anhänger.

Zu Anfang bat der Buddha seine Anhänger, die nun eine feste Gruppe bildeten, sich an die »Fünf Regeln« zu halten:

nicht töten, nicht stehlen, nicht lügen, keine ungesetzlichen oder unnatürlichen sexuellen Aktivitäten ausleben (die Mitglieder des Sangha unterwerfen sich dem Zölibat) und keine Rauschmittel (Drogen, Alkohol u.s.w.) zu sich nehmen. Um Eitelkeit und Rivalität entgegenzuwirken, rief er später dazu auf, weder Schmuck noch elegante Kleider und auch keine aufwändigen Frisuren (Haarknoten mit Schmuck und Blüten oder verzierte Turbane) zu tragen. Eine Person, die damit beschäftigt war, sich selbst herauszuputzen, konnte niemals die ernsthafte Absicht besitzen, dem Aufmerksamkeit zu schenken, was der Buddha lehrte.

Schon sehr früh gehörten auch Frauen zum Sangha. Die Stiefmutter des Buddha (die Schwester seiner verstorbenen Mutter, Zweitfrau seines Vaters und Mutter des hinterhältigen Davida) war die erste Frau, die in die Gemeinschaft aufgenommen wurde. Die dem Buddha zugeschriebene Warnung, wonach die Aufnahme von Frauen innerhalb von 500 Jahren zum Ende des Sangha führen würde, ist fragwürdig. Vermutlich handelt es sich hierbei eher um eine spätere Ansicht der Mönche. Denn der Buddha pflegte die Weisheit vieler Nonnen zu loben. Sehr oft gehörten auch Ehepaare zu seinen Anhängern, und dies machte in manchen Fällen zusätzliche Regeln notwendig – zum Beispiel wenn die Einmischung des einen oder anderen Ehepartners, mochte sie auch noch so gut gemeint sein, nicht zur Harmonie, zum Frieden und zur Ruhe beitrug, die für Zölibat, Studien und Kontemplation notwendig waren.

Der Sangha bestand anfänglich aus Gruppen von Männern und Frauen, die mit ihrem Lehrer in den Parks und Wäldern umherstreiften. Später lebten sie zusammen in zeitweiligen Unterkünften, die ihnen Laien zur Verfügung gestellt hatten. Mit der Zeit erhielten die Männer und Frauen jedoch eigene Gebäude oder Klöster, die von Mönchen oder Nonnen geführt wurden. In jenen Tagen verfügten die Mönche häufig über die bessere Ausbildung. Aus diesem Grund riet man den Nonnen, sich von ihnen unterweisen zu lassen, bis es auch unter ihnen »anerkannte« Personen gab, die diese Aufgabe übernehmen konnten. Besonders wichtig wurde dies während der Monsunzeit, wenn Lehrer und Studenten keine Reisen unternehmen konnten. Diese Zeiten wurden als »Regen-Einkehr« bekannt, zu der all jene zusammenkamen, die sich am besten auf die Auslegung der Lehren verstanden. Sie findet auch heute noch statt, doch wird sie durch die weite Verbreitung des Buddhismus und die Notwendigkeit, dass ein Meister als Lehrer anwesend sein muss, erschwert. Die Regenzeit ist der geeignete Zeitpunkt für Weihen, weil hierfür eine große Zahl ordinierter Mitglieder des Sangha anwesend sein muss.

Mönchs- und Nonnenregeln

Die wachsende Zahl von Mitgliedern und das sesshaftere Leben des Sangha erforderten zusätzliche Regeln. Es widersprach jedoch der Natur des Buddha, Anweisungen zu geben. Stattdessen erteilte er Ratschläge, um die vorgetragenen Probleme und Schwierigkeiten zu bewältigen. Oft bedurften Streitfälle bei Schenkungen einer Klärung. Es gab Fragen zur Sicherheit auf Reisen, vor allem wenn Frauen betroffen waren. Und was sollte man tun, wenn ein Mitglied des Sangha eine schwere Verfehlung begangen hatte oder unehrlich gewesen war? Ehe der Buddha starb, gab er die Erlaubnis für Regeländerungen (wo sie angebracht erschienen), doch blieben die wichtigsten Regeln hiervon ausgenommen. Weil man aber fürchtete, dabei das Kind mit dem Bade auszuschütten und neue Sachverhalte neue Regeln hervorbrachten, kennen wir heute nicht weniger als 227 Regeln und Gelübde für geweihte Mönche sowie 248 für geweihte Nonnen. Die Differenz erklärt sich dadurch, dass für Frauen andere Regeln benötigt wurden und Nonnen auf Reisen auf besonderen Schutz angewiesen waren. Bei vielen Regeln handelt es sich im Grunde jedoch nur um Erweiterungen und Wiederholungen. Die größere Anzahl von Regeln für Nonnen sind aber kein Hinweis auf zusätzliche Beschränkungen. Viele der Regeln beziehen sich auf frühere Zeiten sowie auf indische Gesetze und Traditionen und lassen sich auf die moderne Gesellschaft nicht mehr ohne weiteres übertragen. **Am wichtigsten ist der Gedanke, der hinter den Worten steckt.** Daran hat der Buddha seine Anhänger immer wieder erinnert. Andere Regeln und Gelübde sind eher religiöser Art und beziehen sich, vor allem im Mahayana-Buddhismus, auf die Initiation.

Bei der Aufnahme in den Sangha erhält man nacheinander den Status eines »Bewerbers«, eines »Novizen« und eines »Geweihten«. Davon weicht die tibetische Tradition insofern ab, als es hier keine geweihten Nonnen gibt. Tibetische Novizinnen legen 36 Gelübde ab, müssen sich dann jedoch einer anderen Tradition zuwenden, um die höchsten Weihen zur Bhikkhuni zu empfangen. Dasselbe gilt für Frauen aus dem westlichen Kulturkreis, die geweihte Novizinnen sind, doch ist ihnen diese Entscheidung freigestellt.

Es ist nicht unbedingt notwendig und für manche Mitglieder des Sangha auch gar nicht möglich, ständig in einem Kloster zu leben. Manche haben sich freiwillig dazu entschlossen, für andere ist es eine Notwendigkeit. Wiederum andere haben sich für ein Leben in der »normalen Gesellschaft« entschieden, in der sie die buddhistischen Lehren mit jenen teilen, die Interesse daran bekunden. Hierbei handelt es sich um die »wandernden« Mönche und Nonnen. Solange sie nach ihren Gelübden leben, gehören sie zu den Mitgliedern des Sangha. Das Leben der Novizen und ordinierten Mitglieder unterscheidet sich nur in bestimmten Ritualen, an denen ausschließlich Ordinierte teilnehmen. Bei den Zeremonien zu

den höchsten Weihen sind ebenfalls nur Ordinierte und die
entsprechenden Anwärter während der gesamten Zeit des Ri-
tuals anwesend.

Das buddhistische Klosterleben ist in drei Bereiche unterteilt: Arbeit, Studium und Rituale. Trotz all der Warnungen des
Buddha, nicht auf Rituale als Weg zur Erleuchtung zu vertrau-
en, bestimmen sie inzwischen häufig einen Großteil des Klosterlebens. In manchen Kulturen unterstützt die Bevölkerung
die Klöster mit größtem Wohlwollen und erwartet dafür die
strikte und regelmäßige Abhaltung von religiösen Feiern durch
die Mönche und/oder Nonnen. So bleibt die Welt im Gleichgewicht, und Götter und Geister werden beschwichtigt!

Rituale und Riten

In den Lehren des Buddha werden Rituale und Zeremonien
weder verboten noch in Frage gestellt (eine Ausnahme bildet
natürlich das Tieropfer). Wenn die Menschen nach Ritualen
verlangen oder sie sogar brauchen (ein sehr tief empfunde-
nes menschliches Bedürfnis und für manche die einzige
Form von Religion, die sie annehmen können), verwehrt der
Buddhismus sie ihnen nicht. Von einem rein philosophischen Standpunkt aus betrachtet, können Rituale und Zeremonien für manche Menschen der erste Schritt zu einem
besseren Verständnis der Dinge, also der erste Schritt zur Erleuchtung, sein.

Menschen solcher Kulturen schöpfen sehr viel Zuversicht aus
dem Wissen, dass eine Gruppe aufrichtiger, in religiösen Dingen
geschulter und dem weltlichen Leben abschwörender Personen
sich um ihr spirituelles Wohl bemüht. Wer den Sangha unterstützt, wird in einem zukünftigen Leben dafür »belohnt« werden und kann in diesem Leben mit dem bestmöglichen Schutz
rechnen.

Die täglichen Rituale werden nicht unbedingt von Priestern abgehalten. Im Buddhismus gibt es keine »Priester«. In einigen Kulturen, etwa bei den japanischen Zen-Gemeinschaften, werden Unterweisungen und Feiern von Mönchen oder auch ehemaligen Mönchen vorgenommen. Sie lehren aus dem Dharma und leiten die Zeremonien bei Geburten, Hochzeiten, Todesfällen und anderen Ereignissen. Viele dieser »Priester« heiraten. Einige leben im Tempelbezirk, andere in privaten Unterkünften. Ihre Arbeit gehört streng genommen nicht zu den Aufgaben des buddhistischen Sangha, sondern ist eher kulturell geprägt.

Die einflussreichste Periode buddhistischer Klöster fällt in die Regierungszeit des indischen Königs Asoka im dritten Jahrhundert v. Chr. Dieser konnte nach Jahren blutiger, aber erfolgreicher Eroberungen das Blutvergießen und die Zerstörungen durch den Krieg nicht länger ertragen. Er wandte sich dem Buddhismus zu und ermutigte sein Volk, seinem Beispiel zu folgen. Indien wurde dadurch großenteils zur buddhistischen Lehre bekehrt.

Die von König Asoka ausgesandten Lehrer erreichten sogar das nordafrikanische Cyrenaika im heutigen Libyen und schon kurze Zeit nach dem Tod des Buddha erreichten die Lehren auch China und Südostasien.

Überall im Land entstanden große Klosteruniversitäten für Mönche und Nonnen, etwa Nalanda, in denen man sich dem Studium der buddhistischen Philosophie hingab. In diesen Klöstern war eine zunehmende Organisation vonnöten, wie es stets der Fall ist, wenn eine große Zahl von Menschen auf Dauer zusammenlebt. Durch die Gunst des Königs wurde der Buddhismus zur Staatsreligion. Viele Brahmanen »konvertierten« und wurden Mitglieder des Sangha – zum Teil aus Überzeugung, zum Teil weil sie sich davon Vorteile versprachen. Doch was auch immer ihre Gründe gewesen sein mögen, mit den Brahmanen hielten auch viele ihrer Glaubensinhalte, Bräuche und sogar Rituale Einzug in den Buddhismus. Der Einfluss durch den Brahmanismus (und somit den Hinduismus) lässt sich auch heute noch in abgewandelter Form in vielen Elementen des Mahayana-Buddhismus erkennen, ob es sich nun um religiöse Praktiken oder philosophische Erkenntnisse handelt. Dies gilt auch für jene Gemeinschaften, die in der Tradition des Tantrismus stehen. Für im Zölibat lebende Gemeinschaften haben die körperlichen Praktiken des indischen Tantra (*bhakti/bhakta*) eine eher spirituelle Bedeutung erlangt, und aus dem physischen Yoga ist ein eher meditativ-geistiges Yoga geworden. Der Tantrismus stellt ein solch spezialisiertes Lehrsystem dar, das umfangreicher Erklärungen durch einen qualifizierten Lehrer bedarf. Dieser Lehrer sollte auf seinem speziellen Gebiet vorzugsweise den Stand eines Meisters erreicht haben.

Zölibat

Die Regel des Zölibats aus dem frühen Buddhismus entstammte keineswegs der Auffassung, Sexualität sei »sündhaft«, »schmutzig«, unwichtig oder unanständig. Der Grund dafür bestand ganz einfach darin, dass sexuelle Aktivität nicht zu **dauerhafter** Befriedigung führt und somit ein **wiederkehrendes** Verlangen darstellt. Ein weiterer Grund war, dass sie den Geist von der tiefen Versenkung ablenkt, die notwendig ist, um in möglichst kurzer Zeit zur Erleuchtung zu gelangen. Stellt doch die Erleuchtung bei dem Wunsch, Mönch oder Nonne zu werden, das Hauptanliegen dar.

Es wurden einige ausgesprochen abstoßende Übungen entwickelt, um jenen, die in Zukunft im Zölibat leben sollten, zu helfen. Vor allem führten sie jedoch zu der verbreiteten Ansicht, dass der Buddha Frauen hasste, dass ihm Sex zuwider war und dass der Buddhismus eine Art asiatischer Puritanismus ist. Doch nichts könnte in größerem Widerspruch zu den eigentlichen Lehren des Erleuchteten stehen. In seinen *Lehrreden* spricht der Buddha über die Schwierigkeiten des Zölibats für Mitglieder des Sangha:

> Mönche, keine Gestalt, die ich erblicke, ist so verführerisch, so begehrenswert, so berauschend, so verwirrend, solch ein Hindernis auf dem Weg zum unübertrefflichen Frieden, Mönche, wie die Gestalt einer Frau.

Dieser Ermahnung folgt der Rat, sich die begehrenswerte Gestalt als einen Sack aus Haut gefüllt mit Eiter, Blut, Knochen, Schleim, Urin und Kot vorzustellen. Ähnliche Übungen werden auch Nonnen empfohlen, wenn das Zölibat ihnen Schwierigkeiten bereitet.

Nicht in allen buddhistischen Klöstern lebt man jedoch im Zölibat. In bestimmten Gemeinschaften des Mahayana-Buddhismus, vor allem in jenen, die nach dem Tantra leben, können gewisse Mönche »heiraten«, wie wir es vielleicht ausdrücken würden. Sie nehmen sich eine religiöse Gemahlin, die als gleichwertige Partnerin an rituellen Übungen teilnimmt. In diesem Buch kann leider nicht ausführlicher auf diese oft missverstandene spirituelle Eigenart eingegangen werden, die großenteils auf alten Hindu-Praktiken basiert.

Buddhistische Mönche und Nonnen unterdrücken weder ihre Sexualität, noch sublimieren sie sie (oder zumindest sollten sie dies nicht tun). Vielmehr bemühen sie sich, die dabei wirkenden Kräfte zu verstehen und sie für andere Ziele zu nutzen, die sich von der unersättlichen, kurzfristigen körperlichen Befriedigung unterscheiden. Die normale Sexualität von Laien wird von ihnen weder in Frage gestellt noch verunglimpft. Oft sind die Mönche und Nonnen der Auffassung, dass ihre früheren Erfahrungen ihnen genügen und sie keiner Fortsetzung bedürfen. Nur wenig kann so unberechenbar oder so unangenehm sein wie die unterdrückte Sexualität eines Mönchs oder einer Nonne – dies gilt für jede Religion. Im Buddhismus soll niemand persönliche Wünsche oder Gelüste unterdrücken, ob es sich nun um Speisen, Seelentrost, Sex, Anerkennung oder irgendetwas anderes handelt. Vielmehr versucht man zu ergründen, wie und warum diese Bedürfnisse entstehen und wie man sie als eine Art Werkzeug für sich einsetzen kann, statt sie als Hindernisse zu betrachten, wenn sie sich nicht einfach beseitigen lassen.

Klosterleben

Die Gründe, in ein Kloster einzutreten, sind ebenso vielfältig wie die Menschen, die sich dafür entscheiden. In einem staatlich anerkannten Kloster können die Bewerber und Bewerberinnen beobachtet und ihr Verhalten kann beurteilt werden. Darüber hinaus kann man ihr Verständnis durch Fragen prüfen. Dann werden sie Schritt für Schritt unterwiesen, und wenn sie einen bestimmten Stand erreicht haben (unabhängig von der dafür benötigten Zeit), können sie zu Novizen und Novizinnen geweiht werden. Nun wird ihre Unterweisung fortgeführt, die beliebig lange dauern kann (mindestens aber zwei Jahre), bis man glaubt, sie sind bereit, die höchsten Weihen zu empfangen. Die Entscheidung trifft der Abt, die Äbtissin, der Meister, Geshè, Lama, Guru, die ganze Gemeinschaft oder wer auch immer dafür verantwortlich ist. So sieht der Idealfall aus. In vielen Teilen der Welt ist das Klosterleben heute jedoch Repression und Verfolgung ausgesetzt, und der beschriebene geradlinige Weg für Mönche und Nonnen nicht immer gangbar. Klöster und Tempel wurden geschlossen oder zerstört und die Mönche und Nonnen vertrieben oder sogar getötet. Die Klöster und Tempel wieder aufzubauen wird einige Zeit in Anspruch nehmen. Die Unterweisung der benötigten Lehrer und die Ordination in direkter Abfolge von dem Buddha ist jederzeit möglich. In der Hoffnung, dass sich neue Klöster bilden, gehen manche Gemeinschaften mit der Ordination sehr großzügig um. Die höchsten Weihen sind eine lebenslange Verpflichtung, doch Bewerber und Novizen können ihren Stand so lange beibehalten, wie sie es wünschen. Dasselbe gilt für die Initiations-Gelübde, die bei Mahayana-Ritualen abgelegt werden, doch auch sie sollten ein Leben lang Gültigkeit haben. Innerhalb der Klostergemeinschaft müssen die Klosterregeln (*vinaya*) eingehalten werden, sonst droht der Ausschluss aus der Gemeinschaft. Dies entspricht den Gewohnheiten jeder sozialen oder religiösen Gemeinschaft.

Der Buddhismus entspricht nicht den westlichen Vorstellungen von einer organisierten Religion. Wie ich bereits erklärt habe, gibt es weder einen Papst noch einen Erzbischof von Canterbury. Entgegen der im Westen verbreiteten Meinung ist Seine Heiligkeit Tenzin Gyatso, der Vierzehnte Dalai Lama, nicht der »Papst« des Buddhismus. Aufgrund bestimmter Umstände, für die er nicht verantwortlich ist (auch nicht aufgrund seiner Persönlichkeit), wurde er ganz einfach zum bekanntesten Buddhisten unserer Zeit. Jedes buddhistische Land besitzt einen eigenen, hochverehrten religiösen »Führer«, was im Übrigen auch für jede Gruppe von Studenten der buddhistischen Religion gilt. Guru, Lama oder ähnliche Bezeichnungen haben alle die gleiche Bedeutung – nämlich Lehrer. Ein Lehrer ist der Führer einer Gruppe von Anhängern.

Es gibt im Buddhismus keine »höhere Autorität«, die Regeln und Vorschriften für den Glauben und die religiöse Praxis aller Buddhisten aufstellt. In relativ regelmäßigen Abständen werden, dank der Bemühungen engagierter Studenten, neue Auslegungen und Übersetzungen religiöser und philosophischer buddhistischer Texte vorgestellt. Die ursprünglichen Lehren verändern sich jedoch nicht, ebenso wenig wie die Verantwortung für die eigenen Taten – für das eigene Karma.

Der Niedergang der indischen Klöster

Im elften Jahrhundert n. Chr. hatte der buddhistische Sangha in Indien nahezu aufgehört zu existieren. Der Niedergang war historisch bedingt und hatte sich über einige Jahrhunderte erstreckt. Die beiden Hauptgründe dafür waren (a) brahmanisches Gedankengut, das Konvertiten mitgebracht hatten und das den Buddhismus schwächte, sowie (b) die Verfolgung von Buddhisten durch Muslime. Diese hatten Universitäten und Klöster zerstört und die Mitglieder des Sangha vertrieben oder getötet, so wie es überall geschieht, wo eine Kultur eine andere gewaltsam erobert. Glücklicherweise hatte der buddhistische Dharma lange vorher in vielen anderen Ländern Verbreitung gefunden, wo man ihn sehr schätzte. Die Texte waren ebenfalls bereits in Pali und Sanskrit niedergeschrieben worden. Viele dieser Texte sowie hinzugefügte philosophische Abhandlungen aus späterer Zeit wurden in andere Sprachen übersetzt. Vor allem Tibet besitzt oder besaß einen großen Schatz an derartigen Texten, viele von ihnen sind noch gar nicht übersetzt. Angesichts der jüngsten Zerstörungen tibetischer Klöster werden wir wohl niemals erfahren, was wir da verloren haben, obwohl die Mönche, die fliehen konnten, so viele Texte wie möglich gerettet haben. Es ist eine Ironie des Schicksals, dass der Buddhismus, die Religion/Philosophie der Gewaltlosigkeit, durch Gewalt Verbreitung gefunden hat und oft auch indirekt durch sie gerettet worden ist. Wären der Dalai Lama, die Lehrer und die Anhängerschaft seines Glaubens nicht gezwungen worden, ihr Heimatland zu verlassen, wäre das Wissen über den tibetischen Buddhismus auf einige wenige Menschen beschränkt geblieben. Der Hinduismus hat sich aus der brahmanisch-wedischen Philosophie entwickelt und hat den Buddhismus in Indien völlig ausgelöscht. Das Entstehen neobuddhistischer Gemeinden ist eher Ausdruck des Versuchs auf diesem Wege das hinduistische Kastensystem zu verlassen.

Die Entstehung des buddhistischen Sangha war eine allmähliche Entwicklung. Sehr deutlich zeigt sich das in der nur langsam wachsenden Zahl von Regeln, die notwendig wurden, um das Zusammenleben in größeren Gruppen zu organisieren. Die Art und Weise, wie diese Regeln entstanden, wird in der Geschichte des Vinaya beschrieben. Anfänglich wurde ein Problem oder Streit dem Buddha berichtet, und wenn die Möglichkeit bestand, dass solch eine Situation wieder auftrat, formulierte man eine Regel. War der Buddha nicht verfügbar, stellte ein erleuchteter Schüler (Arahat) eine angemessene Regel auf. Wie wir bereits gehört haben, gab es schließlich 227 Regeln für Mönche und 248 für Nonnen.

Das Vinaya gehörte zu den allerersten buddhistischen Texten, die in westliche Sprachen übersetzt wurden und die Grundlage für das westliche »Verständnis« vom Buddhismus bildeten. So entstand die verbreitete Ansicht, dass alle Buddhisten streng nach den Klosterregeln leben (oder zumindest nach ihnen leben sollten). Man erkannte nicht, dass das Vinaya sich sehr langsam entwickelt hatte und dass die einzelnen Regeln aufgrund ganz bestimmter Umstände entstanden waren. Laienanhänger des Buddhismus halten sich an die »Fünf Buddhistischen Regeln« und gelegentlich auch an drei weitere (siehe Kapitel 1). Alle anderen Regeln, die ihr Verhalten bestimmen, ob angemessen oder nicht, haben sie selbst gewählt.

Vegetarismus

Der Vegetarismus der Buddhisten entwickelte sich aus der Regel, nicht zu töten. In den Texten finden wir folgende Aussage des Buddha: »Esst, was man euch gibt, doch verlangt nicht, dass ein Tier für euch getötet wird.« Wenn die Mönche und Nonnen jeden Morgen mit ihren Bettelnäpfen in die Dörfer oder Städte gingen, schauten sie nicht auf das, was die Laien in ihre Näpfe legten, und niemals hätten sie bestimmte Wünsche geäußert oder irgendetwas abgelehnt. Was sie erhalten hatten, brachten sie der Gruppe und aßen es gemeinsam als einzige Mahlzeit des Tages. Die Leute gaben den Mönchen und Nonnen stets einen Teil ihrer eigenen Nahrung. Als mit der Zeit immer mehr Leute wussten, dass Buddhisten die »Fünf Regeln« mit großem Ernst befolgen, wurde diesen von feinfühligen Menschen kein Fleisch mehr angeboten, auch wenn die Spender selbst es aßen.

In tibetischen Klöstern hingegen wurde stets Fleisch gegessen, sofern es erhältlich war, da das Klima den Anbau von Gemüse nur bedingt zulässt. Aufgrund des rauen Gebirgsklimas und der Erfordenisse der religiösen Praxis war es wichtiger, so gut wie möglich auf die eigene Gesundheit zu achten. In wärmeren Regionen hingegen stellen Obst, Gemüse und Getreide ein ausreichendes Nahrungsangebot dar.

Warum wird jemand Mönch oder Nonne?

Was kann einen ganz normalen Menschen dazu bewegen, ein Leben führen zu wollen, das von über 200 Regeln oder Gelübden bestimmt wird? Zuerst einmal sollten wir uns fragen: Was ist eigentlich ein »normaler« Mensch? Viel leichter fällt uns die Beschreibung des »Unnormalen«. Wie aber definieren wir »normal«? Manche Dinge bezeichen wir als anormal, anderes erscheint uns wiederum als höchst normal. Wollen wir die oben gestellte Frage beantworten, sollten wir jedoch nicht nach einem normalen, durchschnittlichen oder gewöhnlichen Menschen suchen. Unter den Mönchen und Nonnen wie auch unter den buddhistischen Laien finden sich alle Arten von Menschen mit ihren je eigenen Wesenszügen. Gemeinsam ist ihnen jedoch der Wunsch, dem »weltlichen« Leben abzuschwören, um etwas über das Selbst oder das Wesen der »Existenz« zu erfahren. Wie lange sie auf diese Weise leben wollen, entscheiden sie selbst. Die folgenden Eindrücke beruhen auf meinen persönlichen Erfahrungen und Beobachtungen.

Häufiger Auslöser für das Interesse an den Lehren des Buddha Sakyamuni ist die Erkenntnis, dass es im eigenen Leben an Klarheit fehlt, an dauerhaftem Glück, Seelenfrieden, Hoffnung, Zielen und Selbstdisziplin. Diese Erkenntnis kann viele Gründe haben. Manche dieser Gründe mögen anderen Menschen ganz unbedeutend erscheinen – für uns selbst sind sie zu diesem Zeitpunkt jedoch von größter Wichtigkeit. Unsere Erkenntnis rührt vielleicht daher, dass wir zu wenig von dem erreichen, was wir uns wünschen. Vielleicht hat aber auch ein Leben im Überfluss ganz gegenteilige Wünsche in uns geweckt. Die beschriebene Erkenntnis mag einem Gefühl der Ekstase, der Verzweiflung, der Zufriedenheit, der Sorge oder des Verlusts entspringen: Es gibt unendlich viele Gründe und Bedingungen. Vielleicht ist uns auch einfach nur bewusst geworden, dass wir uns auf dem »falschen« Weg befinden, dass wir uns auf ein Ziel oder einen Ort zubewegen, ohne es wirklich zu wollen.

Die anfängliche Suche nach Gründen verläuft oftmals ganz unbestimmt. Warum sind die Dinge so, wie sie sind? Was haben wir »falsch« gemacht? Was können wir, wenn überhaupt, dagegen tun? Wer kann uns helfen? Diese Fragen mögen wir uns bewusst oder unbewusst stellen. Wahrscheinlich sind nur wenige Menschen auf der Welt mit ihrer Lebenssituation wirklich zufrieden. Selbst ein zukünftiger Yogi erreicht während seiner Suche ein Stadium, in dem er mühevoll um die Erleuchtung ringt. Nur ein so genannter »Buddha« hat sich von all diesen Mühen und dem Verlangen vollständig befreit.

Wer also beginnt, sich für den Dharma zu interessieren, ist eine Person mit »spirituellem« Verlangen, die versucht, ein Heilmittel für die Leiden der persönlichen Existenz und die Existenz aller empfindsamen Wesen zu finden.

Warum jedoch ist diese Person auf der Suche nach jenem Heilmittel? Darauf gibt es ebenso viele Antworten, wie es Suchende gibt. Dennoch lassen sich diese suchenden Menschen in sehr allgemein gehaltene Kategorien einteilen. Fangen wir mit jenen Menschen an, die nach einem langen Leben feststellen müssen, dass es keine wirklich dauerhafte Zufriedenheit gibt. Vielleicht haben sie aber auch nur genug von ihrem bisherigen Leben und spüren, dass es mehr geben muss als die persönliche Befriedigung. Sie empfinden ein Gefühl der Nächstenliebe – den Wunsch, anderen empfindsamen Wesen zu helfen, ihr Glück und einen Ausweg aus dem scheinbaren Chaos ihres Lebens zu finden. Doch ebenso können sie das starke Bedürfnis verspüren, die grundlegenden Prinzipien unserer Existenz zu erfahren.

Das Leben einer anderen Gruppe von Menschen ist ein einziges Durcheinander, eine Reihe von Gruben, die sie sich alle selbst gegraben haben. Doch nun, im größten Chaos und Durcheinander, haben sie erkannt, dass es ein besseres Leben geben muss als diese ständige Verwirrung und ihre oft unangenehmen Konsequenzen.

Dann wiederum gibt es jene, die von menschlichen Beziehungen (Familie, Freunden oder Lebenspartnern) enttäuscht wurden. Darum suchen sie nun nach einer »nichtmenschlichen Beziehung« – nach jemandem, der sie lenkt und leitet, nach einem »höheren« Wesen, das ihnen unvergängliche Liebe schenkt und die Anerkennung ihrer Qualitäten, von denen sie ganz genau wissen, dass sie sie besitzen. Sie suchen Vater,

Mutter, Geliebten und Freund in einer Person und ringen um ungebrochene Zuneigung und Akzeptanz. Hierbei handelt es sich um die vielleicht größte Gruppe von »Suchenden«.

Wieder andere sehnen sich nach Abgeschiedenheit. Sie treibt das Verlangen nach einem ruhigen Ort, wenn auch nicht die Einsamkeit einer Einsiedelei, wo sie auf zurückhaltende Weise unterstützt werden, während sie über widersprüchliche Gefühle und Vorstellungen Klarheit gewinnen möchten. An diesem Ort kann man niemandem ein Leid zufügen, und es gibt keinerlei Ablenkung durch persönliche Beziehungen oder Verantwortung.

Die bisher beschriebenen Menschen können religiös motiviert sein oder auch nicht. Sind sie es aber, gilt es wiederum zu unterscheiden: Zum einen gibt es jene, die erst einmal den Weg zur persönlichen Erleuchtung suchen, damit sie erkennen, wie sie anderen am besten helfen können. Zu der anderen Gruppe gehören jene, die statt sich selbst zuerst allen anderen Menschen bei der Suche nach Erleuchtung helfen möchten. Diese Einstellung entspricht dem Bodhisattva des Mahayana-Buddhismus.

Es gibt Menschen, die aus einem starken Bedürfnis nach Disziplin eine Autorität suchen, die sie respektieren oder für die sie sogar Ehrfurcht empfinden können. Diese Menschen werden mit Freude und Erleichterung die Klosterregeln gehorsam befolgen.

In den buddhistischen Ländern Südostasiens gibt es viele Frauen, deren Männer gestorben sind oder sie verlassen haben. Meist sind es arme Witwen oder Flüchtlinge, deren Leben ausweglos erscheint, die jedoch wissen, dass ihnen die Tore der Klöster offen stehen.

Ich bin nicht qualifiziert, psychologische Erklärungen für meine eigenen Motive oder gar die Erwartungen anderer Menschen abzugeben. Die verschiedenen Gruppen von Menschen, die ich hier beschreibe, sind mir jedoch in Klöstern unter den Laienanhängern persönlich begegnet. Ausgelassen habe ich dabei verwirrte und psychisch gestörte Menschen, die zu gegebener Zeit ebenfalls aufrichtige »Suchende« sein können.

Ein Mensch, der erkannt hat, dass er sein Leben ändern muss, und der mit dem Dharma in Berührung kommt, wird sehr wahrscheinlich Laienanhänger oder Laienanhängerin werden oder sich um die zeitweilige Aufnahme in ein Kloster bemühen. Diese Männer oder Frauen, die für eine kurze Zeit am kösterlichen Leben teilhaben, nennt man *upasaka* (Männer) und *upasika* (Frauen).

Es gibt noch zwei weitere Arten von Menschen, die man in buddhistischen Klöstern häufig antrifft – die Frommen und die Abergläubischen. Die erste Gruppe bildet den größten Teil der Mönche, Nonnen und Laienanhänger. Die zweite Gruppe ist ebenfalls sehr verbreitet und lebt in ständiger Angst, unsichtbare »Mächte« zu verärgern. Die Frommen genießen das Ritual mit all seiner Farbenpracht und Vertrautheit. Vor allem aber ermöglicht es ihnen, dem Objekt der Verehrung ein Opfer darzubringen. Für die Abergläubischen ist das Ritual absolut notwendig, denn nur so können sie eine »schreckliche« Wiedergeburt verhindern oder vermeiden, dass der Himmel auf sie niederstürzt.

Aufgrund all dieser unterschiedlich motivierten Menschen ist es dringend notwendig, die Vorstellungen jener Person, die man als Guru oder Lehrer wählt, sorgsam zu prüfen. Im Dharma wird diese Person als spiritueller Freund bezeichnet.

Wie bereits erwähnt, stellen nur die Gelübde der höchsten Weihe eine lebenslange Verpflichtung dar. Der inzwischen verstorbene und (vor allem von seinen westlichen Studenten) hochverehrte tibetische Lama Thubten Yeshè ordinierte einst zwei junge Frauen, die die Novizenweihe von seiner Heiligkeit dem Dalai Lama mit Hilfe seiner Fürsprache wünschten. Er bezweifelte jedoch die Stärke ihrer Überzeugung. Obwohl sie sich sicher waren, zweifelte der Lama, doch milde und freundlich murmelte er in seiner Weisheit: »Lieber für kurze Zeit eine Nonne als niemals.« Der Lama hatte Recht. Keine der beiden blieb länger als ein Jahr Nonne, doch in dieser Zeit haben beide eine ganze Menge gelernt.

Wer den Orden wieder verlassen möchte, »gibt seine Gewänder und Gelübde zurück«, entweder an jene Person, von der man sie empfangen hat, oder an den Abt oder die Äbtissin des nächstgelegenen Klosters. Wer die Höflichkeitsformen dieses Austritts einhält, lädt keine Schuld auf sich, da keine Gelübde gebrochen werden. Vielmehr erteilt der jeweilige Lehrer seinen Segen und gute Ratschläge für die Zukunft.

Einige Menschen machen aus ihrer Abneigung gegen Mitglieder buddhistischer Klostergemeinschaften keinen Hehl. Der kahl rasierte Kopf löst oft unangenehme Reaktionen aus, insbesondere wenn es sich um eine buddhistische Nonne aus einem westlichen Land handelt. Manche Männer scheinen zu glauben, dass die Nonne sie und ihr gesamtes Geschlecht ablehnt. Manche Frauen meinen, die Nonne verurteile die Attraktivität und Lebensweise ihrer weltlichen Geschlechtsgenossinnen. Im Gegensatz dazu scheinen buddhistische Mönche bei beiden Geschlechtern Respekt zu wecken. Bei diesen unterschiedlichen Reaktionen handelt es sich um ein ausgesprochen interessantes psychologisches Phänomen.

Was Laien seltsam erscheinen mag – die Gewänder und der kahl rasierte Kopf –, ist im Kontext des Klosterlebens völlig normal. Darüber hinaus befreit es Mönche wie Nonnen davon, sich täglich zu frisieren oder über passende Kleidung nachzudenken. Doch wir alle sind nicht immer frei von Eitelkeiten: Farbe und Stoff eines Gewands können ebenso Bedeutung gewinnen wie der am gleichmäßigsten rasierte Kopf, die Anzahl der »Brandnarben« und so weiter.

Der Sinn des buddhistischen Klosterlebens besteht, einfach ausgedrückt, in einer Form des Zusammenlebens, die bestimmten Menschen die besten Möglichkeiten zur ungestörten Konzentration auf das bietet, was man sich von der buddhistischen Philosophie/Religion erhofft. Das Leben in einem Kloster beruht stets auf einer rein persönlichen Entscheidung, die weder Zwang noch Regeln unterliegt – mit Ausnahme der Vinaya-Regeln, die die Mönche und Nonnen befolgen müssen. Der Buddhismus beruht auf Gewaltlosigkeit und allumfassendem Mitleid, und so gibt es überhaupt keinen Grund, die Praktiken des Ordens zu fürchten. Manchen mag eine große Gruppe von Mönchen oder Nonnen unheimlich, ja geradezu ferngesteuert erscheinen. Doch das ist keineswegs der Fall. Jeder Mönch und jede Nonne bewahrt sich die persönliche Unabhängigkeit. Niemand von ihnen wird gedrillt, Anweisungen zu befolgen. Vielmehr ermuntert man sie, so wie der Buddha selbst es immer wieder tat, die Dinge kontinuierlich zu erforschen und zu erforschen und zu erforschen. Mönche scheinen strenge Disziplin zu bevorzugen, während Nonnen etwas »ungehöriger« sind.

Die Öffentlichkeit braucht den religiösen Einfluss durch buddhistische Mönche und Nonnen nicht zu fürchten. Wer erkannt hat, dass sie, wie alle Menschen, nur das »Glück« zu finden wünschen, und zwar für sich selbst und für alle leidenden Wesen, wird in ihnen nichts als Freundlichkeit und Hilfsbereitschaft entdecken.

Meditation

Wie, wann, wo und warum?

Als Erstes sollte man sich unbedingt klar machen, dass die Meditation im Buddhismus nichts mit einem Trancezustand zu tun hat. Eine Person, die sich in Trance befindet, nimmt nicht wahr, was um sie herum geschieht – daher auch die erstaunlichen Leistungen, die gewisse Yogimeister mit ihrem Körper vollbringen können. Bei der Meditation des Buddhismus hingegen wird man sich der Dinge umso bewusster, da der Geist nicht jedem Sinneseindruck und jedem Gedanken nachjagt. Das Bewusstsein wird geschärft, ist jedoch gleichzeitig von jeder Form des Festhaltens und Anhaftens befreit.

Wir neigen zu der Annahme, dass wir in wachem Zustand alles bewusst wahrnehmen. Wie viel tatsächlich zwischen uns und einem wachen Bewusstsein steht, erkennen wir dabei nicht. Ständig lassen wir uns durch Radio, Fernsehen, Zeitung, Filme und unablässige Grübeleien ablenken, sodass unser Geist unentwegt beschäftigt ist. Wir haben uns daran gewöhnt, ständig »unterhalten« zu werden. Lieber beschäftigen wir uns mit allen möglichen Ablenkungen, statt zu erkennen, wie die Dinge wirklich sind und was, als Konsequenz daraus, für uns wichtig ist. Wichtig ist die Tatsache, dass unsere Wahrnehmung durch unsere Sinne und unsere ganz persönliche Prägung getrübt ist. Wir müssen die hektische Aktivität unserer Gedanken abstellen und uns dadurch die Möglichkeit geben zu erkennen, was tatsächlich geschieht. Auf diese Weise werden wir auch angemessener handeln können – für uns selbst und für andere.

Im Buddhismus fördert man die Meditation nicht durch angenehme Klänge (bestimmte tantrische Praktiken ausgenommen) und beruhigende Vorstellungen von sich selbst in einer schönen Umgebung. Derartige Übungen sind nützlich, um sich auf schnelle Art und Weise von großem Stress zu erholen, aber stets handelt es sich dabei nur um eine zeitweilige Flucht. Im Grunde stellen diese populären Formen der Medi-

tation nur eine weitere Strategie dar, um sich wieder einmal
der Realität einer Situation entziehen zu können.

Der kontrollierte Geist

So viel also zu dem, was Meditation **nicht** ist. Wollen wir erfahren, worum es sich dabei **tatsächlich** handelt, müssen wir
uns mit der korrekten Übersetzung des Worts *bhavana* beschäftigen. Die Bezeichnung »Meditation« war die beste Ent-
sprechung, die frühe Übersetzer für dieses Wort aus dem
Pali/Sanskrit finden konnten. Bhavana bedeutet Entfaltung
oder Kultur – geistige Entfaltung, geistige Kultur. Gemeint ist
mentales Yoga, und zwar deutlich unterschieden von dem
rein körperlichen Yoga (in dem der Buddha keinen Weg zur
Erleuchtung sah). In der buddhistischen Meditation wird
die Kontrolle des Geistes entfaltet, und zwar die Kontrolle des
eigenen Geistes.

Warum ist diese Kontrolle des Geistes so wichtig? Sie ist so
wichtig, weil der Geist den Weg bestimmt, den der Körper
beschreitet, zum Guten wie zum Schlechten. Ein kontrollierter Geist lässt sich in angemessener Weise leiten, während ein
unkontrollierter Geist von einem Gedankenwirrwarr und
falschen Wahrnehmungen bestimmt wird. Diese führen zu
unangemessenem Verhalten und unnötigem Leiden. Ein
kontrollierter Geist kann die Vielzahl der Eindrücke besser
verarbeiten. Der unkontrollierte Geist hingegen ist zu sehr
mit kleinlichen Sorgen beschäftigt. Darum kann er nur einen
sehr beschränkten Eindruck von der Wirklichkeit erhalten,
das heißt: von der Abhängigkeit allen Ursprungs, von der
Leere aller Erscheinungen, von den Gründen für das fehlende
Glück in unserem Alltag.

Die populären Formen der Meditation werden begierig
aufgenommen, denn jeder sucht einen Ausweg aus dem Lei-

den seiner Existenz. Wer heutzutage für solche Meditations-
formen wirbt, wird schnell Anhänger finden. Ich erinnere
mich an eine Anzeige, die ich einmal in einer Stadt in Nepal
gesehen habe:»Erleuchtung garantiert, 600 Dollar.« Der betreffende»Lehrer« hatte ein gutes Auskommen und stets genügend»Schüler«. Es wird immer Menschen geben, die das
Gefühl haben, im Leben ziellos umherzutreiben, und die
nach einer Antwort suchen auf die alte Frage:»Ist das etwa
alles, worum es im Leben geht?«

Die buddhistische Meditation (Bhavana) hilft vor allem jenen, die erkennen wollen, worum es im Leben geht und warum sich die Dinge auf eine bestimmte Weise ereignen. Sie
verspüren den Wunsch nach einem Leben, in dem sie sich
und anderen weniger Leid zufügen. Gerade diese Menschen
können durch die buddhistische Meditation besonders viel
gewinnen.

Wann soll man meditieren?

Zu Anfang sollte man so regelmäßig wie möglich meditieren.
Ob nun zehn Minuten, eine Stunde oder länger, die besten
Ergebnisse erzielt man, wenn die Meditation anfänglich zu
einer festgesetzten Zeit durchgeführt wird. Die Selbstdisziplin, die für die regelmäßige Meditation notwendig ist, gehört bereits zur Vorbereitung. Mit diesem kleinen Stückchen
Disziplin beginnt ein diszipliniertes Leben, das zu mentaler
und emotionaler Stabilität führt.

Wer hierin Übung erlangt, erreicht einen kontinuierlichen
Zustand der Meditation. Ort, Zeit und Umstände haben da-
rauf keinen Einfluss. Nach außen manifestiert sich dieser Zu-
stand in nachdenklichem (wenn auch ohne tatsächliche
»Gedanken«) Ernst. Er manifestiert sich in der Fähigkeit, den
Moment mit größter Aufmerksamkeit wahrzunehmen und

sich gleichzeitig des »großen Zusammenhangs« bewusst zu sein, wobei die Dinge jedoch nicht kritisch beurteilt werden.

Die betreffende Person befindet sich also in einem dauerhaften Zustand der Meditation, ob sie sitzt, steht, spazieren geht, körperlichen Bedürfnissen nachkommt oder den Tätigkeiten, die für das tägliche Leben nötig sind. Das Erreichen dieses Zustands hängt von den Fähigkeiten der Meditierenden ab. Einigen gelingt dies schneller als anderen, jedoch nicht, indem sie sich angestrengt darum bemühen, sondern durch **gelassene** Ausdauer. Man kann es als paradox bezeichnen, dass die Meditierenden im Buddhismus ohne Mühe einen Zustand zu erreichen versuchen, der das Erreichen eines »Nichts« bedeutet.

Viele religiöse Menschen sind zwar in der Lage, sich ein göttliches Wesen vorzustellen, das als Teil aller Dinge mit ihnen verknüpft ist (Gott, der in allen Dingen sichtbar wird). Doch sich selbst können sie nicht als Teil dieses Wesens sehen. Sie verwenden viel geistige und emotionale Kraft darauf, sich mit diesem Wesen zu verbinden, das jedoch stets das »Andere« bleibt, selbst wenn die gewünschte Verbindung göttliche Gnade verheißt. Vom buddhistischen Standpunkt aus betrachtet gibt es kein »Anderes«, sondern nur das göttliche Wesen, dessen Teil wir alle sind. In diesem Zusammenhang kann die persönliche Erfahrung natürlich viel mehr erklären als all meine Worte.

Zum Meditieren eignen sich zweifellos der frühe Morgen, der Mittag und der Abend am besten. Eine Meditation am frühen Morgen stimmt uns auf den Tag ein. Zur Mittagszeit kann sie, wenn möglich, die Sorgen des Morgens und Vormittags vertreiben und uns Probleme klarer erkennen lassen. Am Abend befreit eine Meditation unseren Geist von unnötigen Lasten und erlaubt ihm, die Eindrücke des Tages zu überdenken und zu verarbeiten. Das Ergebnis ist ein erholsamer Schlaf – kein schlechter »Tausch« für anderthalb oder vielleicht nur eine halbe Stunde Meditation am Tag. Nach einer gewissen Zeit zeigen sich schon bald die beeindruckenden Fähigkeiten eines konzentrierten Geists, der die täglichen Probleme in einem klaren Zusammenhang erkennt. Als wir noch »bis zum Hals« mittendrin steckten, war uns das nicht möglich.

Die Frage nach dem geeigneten Ort zur Meditation weckt bei vielen Menschen Vorstellungen von düsteren Klöstern, stillen Hainen, dunklen Höhlen, einsamen Stränden, versteckten Einsiedeleien und ähnlichen Schauplätzen – wunderschöne Plätze, wenn man Zugang zu ihnen hat. Für jene, die meditieren wollen, lautet die Antwort auf die Frage, wo sie dies denn tun sollen, jedoch ganz einfach: überall und an jedem Ort. Der folgende Rat richtet sich an alle, die mit dem Meditieren erst beginnen.

Wählen Sie den ruhigsten Raum in ihrem Haus, in ihrer Wohnung, dort, in dem Sie am wenigsten gestört werden können. Räumen Sie ein Regalbrett, einen Tisch oder eine Truhe frei, um Ihren »Konzentrationspunkt« vorzubereiten. Auf ein sauberes Tuch werden die folgenden Dinge gestellt: eine Blume Ihrer Wahl, die in einer Vase stehen kann oder einfach so hingelegt und nach dem Verwelken ersetzt wird, als Symbol der Vergänglichkeit; ein Kerzenhalter mit Kerze; eine Schale mit frischem oder parfümiertem Wasser; ein Bild (mit religiösen oder anderen Motiven), um die Konzentration auf einen bestimmten Punkt zu üben, und/oder irgendetwas anderes, das eine beruhigende Wirkung auf Sie hat und zum ganz persönlichen geistigen oder visuellen Fokus wird.

Meditieren Sie auf einem Kissen regelmäßig an diesem Ort, bis Sie das Stadium erreicht haben, in dem Sie keinen speziellen Ort mehr benötigen. Der Vorteil des beschriebenen »Altars« oder Konzentrationspunkts besteht darin, dass die Erinnerung an diesen Ort und die Ruhe der Meditation Ihnen stets hilft, den Geist zu beruhigen.

Meditation ist kein Spiel, bei dem man die Aufmerksamkeit oder Bewunderung anderer zu erregen versucht. Wer außerhalb eines Klosters oder eines Tempels, vor allem im so geschäftigen westlichen Kulturkreis, vor den Augen anderer die Pose der Meditation einnimmt, will damit meist nur die Aufmerksamkeit auf sich lenken.

Im Haus »normaler« religiöser Buddhisten stellt der Familienaltar den Konzentrationspunkt des Gebets dar und in bestimmten Kulturen auch den Ort, an dem man Geistern der Vorfahren huldigt. Die Meditation dagegen wird meist als Angelegenheit des Sangha betrachtet, allerdings nicht ausschließlich. Im Zen-Buddhismus und ähnlichen Schulen heißt der einzunehmende Ort der Meditation ganz einfach *za zen* (»mit Blick auf die Wand«).

Die folgenden Methoden zur Ausübung der buddhistischen Meditation stellen eine Verschmelzung der Praktiken verschiedener Gemeinschaften dar. Bei näherer Betrachtung wird sich jedoch zeigen, dass sie sich im Grunde sehr ähnlich sind.

Obwohl man in manchen Gemeinschaften während der Rituale kniet und in anderen den Lotussitz einnimmt, ist die beste Position für die Meditation diejenige mit überkreuzten Beinen. Dafür gibt es gute Gründe, die mit Hilfe grundlegender Methoden der Meditation beschrieben werden können.

Je nach religiösen Überzeugungen und Praktiken der Meditierenden (Wo findet die Meditation statt? In der Öffentlichkeit, etwa einem Tempel, oder zu Hause?) weisen die Vorbereitungen für die Meditation leichte Unterschiede auf. Die persönlichen Vorlieben spielen dabei natürlich auch eine Rolle. Zu Hause würden wir für die Meditation am Morgen zuerst einmal den Altar reinigen und herrichten. Verwenden wir ein Bild, wird es gereinigt, das Gleiche gilt für die Tischdecke. Frische Blumen werden aufgestellt, Opfergaben platziert und Kerzen entzündet oder Lampen eingeschaltet. Diese

Handlungen gelten bereits als Zeichen des Respekts und der Dankbarkeit für die Erinnerung des Erleuchteten und seiner Lehren, und sie dienen dem Wohl aller empfindsamen Wesen. Als Nächstes verbeugt sich die meditierende Person tief vor dem Altar, in manchen Gemeinschaften wirft sie sich davor auf den Boden. Tibeter führen die Handflächen über dem Kopf zusammen und legen dabei die Daumen nach innen (die Daumen repräsentieren ein Juwel, das Wünsche erfüllt und bei dieser Geste in Gedanken geopfert wird – ebenso wie bei dem namastè-Gruß mit gefalteten Händen). Die Geste wird vor dem Hals und vor der Brust wiederholt, dann fallen tibetische Buddhisten auf die Knie und berühren mit der Stirn dreimal den Boden. Sie können sich aber auch mit ausgebreiteten Armen und dem Kopf nach unten auf den Boden werfen. In anderen Gemeinschaften kniet man sich auf den Boden und berührt mit der Stirn den Boden, wobei die Handflächen nach oben zeigen – eine Geste, mit der man symbolisch die Füße des Buddha vom Boden hebt. All diese Gesten sind meist kulturell bedingt oder entspringen persönlichen Vorlieben. In einem Tempel trägt man natürlich keine Schuhe, vor allem dann nicht, wenn man mit überkreuzten Beinen meditieren will.

Beim Niederschreiben klingen diese Praktiken zur Vorbereitung recht schablonenhaft, doch den Meditierenden sind sie eine wunderbare, unterstützende Einleitung. Die meditativen Zustände erlangt man jedoch nicht »umsonst«, wie man ja auch sonst im Leben nichts geschenkt bekommt. Wer sich aber mit Ernst und Ausdauer in der Meditation übt, wird dafür reichlich »belohnt« werden.

Wie ich bereits ausgeführt habe, ist die beste Stellung für die Meditation der Lotussitz oder eine Position, die diesem so ähnlich wie möglich ist. Älteren Menschen oder Menschen mit langen Beinen kann diese Stellung mitunter Schwierigkeiten bereiten. Für den Lotussitz werden bei gebeugten

Knien die Beine überkreuzt, wobei das rechte Bein vorne liegt. Die linke Fußsohle ruht auf dem rechten Oberschenkel, die rechte Fußsohle auf dem linken. Ist diese Stellung nicht möglich, genügt auch eine Variante, bei der die Knie den Boden berühren. Man muß die Meditationskissen dafür nur richtig zurechtlegen.

Den Rücken sollte man gerade halten, aber ohne dabei zu verkrampfen. Der Kopf wird leicht nach vorn geneigt, die Schultern sind entspannt, die Arme angewinkelt und leicht vom Körper entfernt, damit man besser atmen kann. Die Handflächen zeigen nach oben, während die rechte Hand in der linken ruht, die Daumen berühren sich. Man kann die Augen schließen oder halb geöffnet auf einen Punkt direkt vor sich richten. Der Konzentrationspunkt kann sich aber auch leicht unterhalb der Augenhöhe befinden. Die Lippen sollten entspannt sein und nicht zusammengepresst werden, doch ebenso wenig sollte der Mund offen stehen. Mit der Zunge sollte man die Rückseite der oberen Schneidezähne leicht berühren. Geatmet wird durch die Nase, damit der Mund nicht austrocknet.

In dieser Position kann man entspannt atmen, und die Blutzirkulation wird gefördert. Indem sich die Hände und speziell die Daumen berühren, wird der Energiekreislauf des Körpers geschlossen. Wer diese Stellung zum ersten Mal einnimmt, mag von leichten Schmerzen geplagt werden, da die Muskeln dabei auf ungewohnte Weise beansprucht werden. Es wird geraten, diese Schmerzen nicht zu ignorieren, sondern ganz im Gegenteil die Gedanken auf die betroffene Stelle zu lenken und sie im Geist von allen Seiten zu untersuchen: Wo genau ist die Stelle? Wie tief im Innern des Körpers? Was für eine Art von Schmerz empfinde ich? Schließlich wird der Schmerz nachlassen und die Muskeln passen sich der Position an. Kämpft man jedoch gegen den Schmerz an, wird er nur stärker werden.

Die grundlegende, wenn auch nicht unbedingt einfachste Übung beim Meditieren ist das »**Beobachten des Atems**«. Dafür ist es notwendig, das Ein- und Ausatmen durch die Nase bewusst wahrzunehmen, ohne diesen Vorgang gedanklich zu beeinflussen. Schnelles oder tiefes Atmen, zum Beispiel durch Anstrengung, kann uns durchaus bewusst werden, doch das gleichmäßige Atmen durch die Nase bemerken wir kaum. Auf dieses gleichmäßige Ein- und Ausströmen sollten wir uns ganz entspannt konzentrieren. Das klingt so einfach, dass viele glauben, sie bräuchten es nicht zu versuchen, sondern könnten ohne Vorbereitung gleich die höheren Stufen der Meditation erreichen. Doch das ist genauso unmöglich wie der Bau eines großen und schönen Gebäudes, ohne zuvor das Fundament zu legen.

Während man den Atem »beobachtet«, können Geräusche, ein bestimmter Geschmack oder auch Gedankenblitze unsere Aufmerksamkeit erregen. Man lernt jedoch, solche Wahrnehmungen zu akzeptieren und wieder loszulassen, ohne ihnen zu folgen oder an ihnen festzuhalten. Das Bewusstsein dafür bleibt bestehen, aber man **klammert** sich nicht länger an die Dinge. In der frühen Phase der Meditationsübungen können wir immer nur ein Phänomen wirklich **bewusst** wahrnehmen. Wenn wir unsere Aufmerksamkeit nach einer derartigen Ablenkung stets wieder auf den ein- und ausströmenden Atem lenken, wird uns diese Übung des »Beobachtens« etwas leichter fallen.

Für eine Variante dieser Atemübung zählen wir die Atemzüge beim Ein- oder Ausatmen (jeweils bis zehn) und wiederholen diesen Vorgang immer und immer wieder. Als Alternative dazu können wir aber auch bis zehn und dann wieder rückwärts zählen. Das Wesentliche all dieser Übungen ist, sich dessen, was man tut, stets bewusst zu sein.

Eine etwas kompliziertere Übung ist als »*Die neun Atemzüge*« bekannt. Dabei atmet man dreimal durch die rechte Nasenöffnung ein und aus, dann dreimal durch die linke und anschließend durch beide Nasenöffnungen. Zu Anfang mag es hilfreich sein, jeweils eine Nasenöffnung zuzuhalten, bis man gelernt hat, die unterschiedlichen Sinneseindrücke in den beiden Nasenlöchern zu unterscheiden. Durch diese vermeintlich simplen Übungen erlernen wir die für das weitere Vorgehen so wichtige Konzentrationsfähigkeit. Wollen wir das angestrebte Stadium der Meditation (Bhavana) erreichen, müssen wir zunächst einmal lernen, uns nicht ablenken zu lassen, weder vom Gesang eines Vogels noch vom Klang einer Stimme, vom Verkehrslärm, dem Duft von Blumen, unangenehmen Gerüchen oder anderen Reizen unseres Alltags. Wenn wir uns eine neue Fähigkeit aneignen (und die höchste Form der Meditation ist eine erlernte Fähigkeit), stellt das Grundwissen den wichtigsten Teil der Ausbildung dar: Wo keine Basis vorhanden ist, gibt es keine Fortschritte – kein Fundament, kein Haus.

Sobald wir uns nicht mehr von äußeren Eindrücken ablenken lassen, gibt es viele Objekte für eine erste Stufe der Meditation. Besonders gut geeignet ist der eigene Körper. Beginnen wir mit der Haut, mit all ihren Empfindungen von Temperatur und ertastbaren Dingen. Als Nächstes erforschen wir in unserer Vorstellung die einzelnen Organe und ihre Funktionen. Haben wir unseren Körper Stück für »untersucht«, versuchen wir uns seine Leere vorzustellen, das Fehlen eines inhärenten Seins. Uns wird bewusst, dass unser Körper ein **verbundenes** Ganzes ist, dass die einzelnen Teile aufeinander angewiesen sind, um funktionieren zu können. Wenn die Meditierenden für diese Stufe bereit sind, dient diese Übung auch der Suche nach dem so genannten »Ich« oder der Seele.

So wie in den oben beschriebenen Meditationen untersuchen wir in einem nächsten Schritt unseren Geist. Wir bemerken, wie Gedanken kommen und gehen, aber wir folgen ihnen nicht. Oft gibt es im Verlauf dieser Übung jedoch einen ganz bestimmten Gedanken, der beharrlich immer wiederkehrt. Der hartnäckigste Gedanke, bei dem es sich um ein Problem des Alltags, oft aber auch um ein psychisches Problem handeln kann, dient dann als Objekt der Meditation. Ohne emotionales »Festhalten« wird das Problem nun von allen Seiten betrachtet, und im Hinblick auf das eigene Verhalten ist dabei größte Ehrlichkeit erforderlich. Bei dieser Art von Meditation sollte man sich anfangs von einem Lehrer unterweisen lassen. Hat man sich die benötigte Technik angeeignet, kann man durch sie tieferen Einblick in die Geschehnisse gewinnen und sich dadurch der jeweiligen Situation angemessen verhalten. Was wir hierbei unbedingt lernen sollten, ist die Tatsache, dass wir für unser Handeln stets selbst verantwortlich sind. Wir sollten klar erkennen, dass andere Menschen oder andere Umstände uns nicht glücklich, traurig oder ärgerlich machen. Wenn wir auf Ereignisse reagieren, treffen wir aufgrund unserer Wahrnehmungen und unserer Konditionierung eine Wahl: Wir wählen ein bestimmtes Verhalten. Doch viel zu oft reagieren wir, ohne die nötigen und zur Verfügung stehenden Informationen in Betracht zu ziehen. Denn wir sind uns dieser Informationen nicht bewusst oder können unsere Gefühle nicht kontrollieren. Diese Gefühle trüben unser Bewusstsein und stören unsere Wahrnehmung. Niemand, der von starken Gefühlen beherrscht wird, kann eine Situation realistisch beurteilen.

Nach einer weit verbreiteten Ansicht verdient eine schnelle Reaktionsfähigkeit unsere Anerkennung. Würde sie auf dem beruhen, was tatsächlich passiert, auf der Realität, wäre das sicherlich auch der Fall. Oft genug beweisen uns menschliche Beziehungen jedoch, dass Reaktionen ohne die nötigen Informationen zu Katastrophen, Hass und Grausamkeit führen. Darum ist es geradezu unsere Pflicht, uns so gut wie möglich zu bemühen, die wahre Natur der Dinge zu erkennen. In diesem Zusammenhang lohnt es sich, nochmals darauf hinzuweisen, dass einzig die Buddhisten keine Kriege geführt haben und führen, um andere Religionen auszulöschen oder ihren Glauben durchzusetzen. Haben buddhistische Mönche und Nonnen dennoch zur Waffe gegriffen, geschah dies, um sich selbst und andere zu verteidigen – **ohne** Wut und im vollen Bewusstsein der wahren Absicht ihrer Taten. Es gibt jedoch auch jene nicht religiösen Buddhisten, die etwa in den Ländern des Theravada-Buddhismus nur für kurze Zeit in ein Kloster eintreten, um eine Art »Staatsbürgertraining« zu absolvieren. Sie werden kaum im Dharma unterrichtet und ihre Handlungen können nicht vorausgesagt oder angemessen kontrolliert werden. Das Ziel des Buddhismus, die Erleuchtung, ist eine Frage der persönlichen Verantwortung und kann uns nicht von außen aufgestülpt werden.

Auch das Umherlaufen kann eine Form der Meditation darstellen. In einigen Tempeln und Klöstern wird dies innerhalb der Mauern durchgeführt. Die Meditierenden stehen in einer Reihe, wobei einzelne mit kleinen Metalltriangeln den Rhythmus schlagen – in der chinesischen und vietnamesischen Tradition werden kleine Holztrommeln in Form eines Fischkopfes verwendet. Man geht langsam und schenkt dabei den Bewegungen des Körpers volle Aufmerksamkeit, insbesondere den Füßen und Zehen. Diese Form der Meditation wird häufig durch sich wiederholende Gesänge begleitet. Die Handflächen legt man vor der Brust aufeinander, der Blick wird im Abstand von etwa einem Meter auf den Boden gerichtet. In einem Tempel wird die Reihe von den Mönchen und Nonnen in der Folge ihres Ordinationsalters angeführt, ihnen folgen die Laien und Kinder, sofern diese an der Meditation teilnehmen. Da alle wissen, wo ihr Platz in der Reihe ist, muss sich niemand über seinen Standort Gedanken machen. Dies hilft, den Geist zu beruhigen, und die volle Aufmerksamkeit kann auf die Meditation gerichtet werden. Viele asiatische Buddhisten nehmen das Ordinationsalter sehr ernst, denn es dient der Ordnung und somit dem allgemeinen Wohl.

Ob religiös, philosophisch oder ethisch motivierte Buddhisten: Sie alle können aus einem großen Reichtum an Themen für ihre Meditation schöpfen. Oft wird ein guter Lehrer für einen ganz bestimmten Schüler ein ganz bestimmtes Thema wählen, wobei er die spirituelle Entwicklung und die Fähigkeiten dieses Schülers in Betracht zieht.

Wie wir gesehen haben, stellt das Beobachten des Atems die Grundübung des Meditierens dar. Ganz egal, wo wir uns gerade befinden, in einem Palast oder einem Gefängnis, wir atmen. In diesem Sinn ist auch unser Körper mit all seinen Funktionen und Empfindungen ebenso wie unser Geist stets »anwesend«. Daraus folgt, dass Dinge wie ein Altar und Meditationsbilder nur unserer Konzentration dienen oder dazu, uns weitere Gegenstände zur Kontemplation zu Bewusstsein zu bringen. So sollte es zumindest sein.

Im tantrischen Buddhismus verfügen die Glaubensanhänger über eine Fülle komplizierter und farbenreicher Objekte, die für Rituale und Übungen, die dem Geist dienen, verwendet werden. Um all diese Dinge ausreichend zu erklären, müsste ein weiteres Buch geschrieben werden, und zwar von einem sehr erfahrenen Vertreter dieser Schule.

Das erbaulichste Thema einer Meditation stellt das **allumfassende Mitleid** dar – sowohl für jene, die an die Reinkarnation glauben, als auch für jene, die nicht daran glauben. Bei dieser Form der Meditation stellen wir uns drei Personen vor, die uns umgeben. Zu unserer Rechten steht die Person, die wir am meisten lieben, zu unserer Linken diejenige, die wir am wenigsten schätzen oder sogar hassen oder fürchten. Vor uns steht eine fremde, für uns relativ unbedeutende Person. Nun stellen wir uns vor, dass wir alle bereits viele tausend Le-

ben gelebt haben, dass wir sowohl Männer als auch Frauen waren und die unterschiedlichsten Veranlagungen und Neigungen hatten. Wir beginnen jetzt, die geliebte Person gegen die verhasste Person auszutauschen, anschließend gegen die fremde Person. Auf diese Weise fahren wir fort und rufen uns dabei ins Bewusstsein, dass jede der Personen schon einmal unsere liebende Mutter, unser liebender Vater, ein Feind oder ein Fremder gewesen sein kann. In unserem täglichen Leben haben wir es schon oft erfahren, dass ein Freund zum Feind, ein Fremder zum Geliebten oder ein Feind zum Freund wird. Dies geschieht unabhängig davon, ob es nun frühere oder zukünftige Leben gibt.

Einige Menschen können die Vorstellung von der persönlichen Reinkarnation nur schwerlich akzeptieren. Sie meditieren darüber, dass alle empfindsamen Wesen in diesem Leben dem gleichen unausweichlichen Leiden unterworfen sind, um das allumfassende Mitleid zu erreichen.

Allumfassendes Mitleid hat allerdings nichts mit übertriebener Sentimentalität zu tun. Von niemandem wird erwartet, Tränen für einen Kinderschänder oder einen wahnsinnigen Sadisten zu vergießen. Vielmehr sollen wir das Wesen des Buddha – das Potenzial zur Erleuchtung – in den Menschen erkennen. Zur gleichen Zeit wissen wir jedoch auch, dass die Entscheidung, ob dieses Potenzial genutzt wird, dem einzelnen Individuum überlassen bleibt. Die Möglichkeit zur Hilfe und Anleitung ist ausreichend vorhanden, doch werden die Suchenden sie nicht erkennen, bis sie dazu bereit sind. Allumfassendes Mitleid ist eine Geisteshaltung, die auch einen »Kriminellen« als empfindsames Wesen anerkennt, das, ebenso wie wir, dem Leiden unterworfen ist. Wie man in derartigen Fällen zur Verbesserung der Situation beitragen kann, stellt ein schwieriges Problem dar. Allumfassendes Mitleid verlangt jedoch nicht den persönlichen Kontakt. Wer allumfassendes Mitleid empfindet, wird aufkommenden Gefühlen

der Rache oder dem Wunsch nach Bestrafung eines scheinbar Kriminellen stets mit einem wahren Mitgefühl begegnen.
Allumfassendes Mitleid bedeutet nicht, den Schutz der eigenen Person zu vernachlässigen. In diesem Sinn sprach auch
der Lama Thubten Yeshè, der inzwischen verstorbene ehrenwerte tibetische Lehrer, einmal zu einer Gemeinde, die von
einer besonders aggressiven Person bedroht wurde: »Wir
empfinden Mitleid, aber wir sind keine Fußabtreter.« Nicht
alle Buddhisten halten die andere Wange hin. Sie tun, was getan werden muss, ohne dabei Wut zu empfinden.

Schon vor dem Buddha wurde in seinem Land die Meditation praktiziert. Doch für ihn waren die mystischen Zustände, die Yogi, mit Hilfe brahmanischer Übungen erreichten,
vom Geist geschaffen und durch diesen bedingt. Somit führten sie nicht zur wahren Erleuchtung, die uns die Dinge so
sehen lässt, wie sie in einem bestimmten Augenblick **wirklich**
sind. Während seiner Zeit als Wanderasket hatte der Buddha
alle bekannten Übungen praktiziert, um zu größerem Verständnis zu gelangen. Diese Übungen brachte er mit ein, als
er *vipasyana (Pah: vipassana)*, die »Klarblick- oder Einsichts-
Meditation«, entwickelte und dadurch zur Erleuchtung gelangte. Dabei handelt es sich um die ureigene buddhistische
Meditation, um Bhavana (geistige Kultur).

Diese Meditation der Einsicht besteht aus vier Hauptberei-
chen. Der erste Bereich konzentriert sich auf unseren Körper,
der zweite auf unsere Gefühle und Sinneswahrnehmungen,
der dritte auf den Geist und der vierte behandelt moralische
und intellektuelle Themen. Es ist nicht empfehlenswert, von
einem Bereich zum nächsten überzugehen, ehe man den vor-
herigen beherrscht. Ohne die Konzentrationsfähigkeit, die
man im ersten Bereich erlangt hat, wird man in den anderen
keine Fortschritte machen.

Man sollte sich nicht zu überlangen Übungsperioden zwingen, um keine Abneigung gegenüber den Übungen zu ent-

wickeln. Das Training des Geistes lässt sich mit dem Training eines ungebändigten Tiers vergleichen: Am besten geht man schrittweise vor, bis unser Geist sich schon auf die nächste Übungsstunde freut.

Die meisten Menschen leben in der Vergangenheit, in ihrer persönlichen oder der historischen, während ihre Erwartungen, ihr Geist kontinuierlich auf die Zukunft gerichtet sind. Dies führt zur Missachtung der Gegenwart, der man nicht die volle Aufmerksamkeit schenkt. Durch die Meditation der Einsicht lernen wir jedoch, dem momentanen Zeitpunkt die größte Aufmerksamkeit zu schenken und seine wahre Verknüpfung mit der Vergangenheit oder seine wahrscheinliche Wirkung auf die Zukunft zu sehen. Indem wir in der Vergangenheit oder in der Zukunft leben, voller Erinnerungen oder Hoffnungen und Wünsche, können wir die Gegenwart nicht genießen und im »Hier und Jetzt« unseres Lebens nicht angemessen handeln. Stets tragen wir Gefühle der Schuld und des Bedauerns mit uns herum, sogar dann, wenn wir alles dafür getan haben, die Ergebnisse früherer Fehler und unangemessener Handlungen wieder gut zu machen. Wir verwenden viel Zeit darauf, uns das zu wünschen, was wir nicht haben und in vielen Fällen auch niemals haben werden. Auf die eine oder die andere Art (oder sogar beide) lassen wir die Augenblicke des »Hier und Jetzt« verstreichen. Wir schöpfen keine beruhigenden oder erfreulichen Erfahrungen aus diesen Augenblicken.

Die ersten Erfolge der Meditation (Bhavana) stellen sich bald ein, wenn wir mit Ausdauer und Zuversicht vorgehen. Dank der Gelassenheit und Ruhe, die wir durch die Übungen erlangen, werden sich unsere Gesundheit und unsere Beziehungen zu anderen Menschen deutlich verbessern. Wir nehmen die »Handlungen« unseres Körpers, unserer Sprache und unseres Geistes in Bezug auf andere Menschen deutlicher wahr. Dies beeinflusst wiederum die Art und Weise, in der andere Menschen auf uns reagieren, und schafft ein harmonisches Miteinander.

Indem wir uns auf unsere Handlungen und Empfindungen konzentrieren, sollen wir uns jedoch unseres »Selbst« bewusst werden. Wir meditieren nicht mit Hilfe von Gedanken (»Ich atme ein, ich atme aus« u.s.w.). Wir vergessen unser »Selbst«, verlieren uns im Prozess des Atmens. Es handelt sich nicht länger um »meinen« Atem, sondern ganz einfach um Atem. Im Grunde wird jedes bedeutende Werk auf diese Weise geschaffen: Künstler, Schriftsteller, Musiker oder Wissenschaftler, die ihr Handwerk beherrschen, üben es einfach aus, ohne sich dabei ihrer selbst bewusst zu sein.

Während wir unseren Geist erforschen, ist uns nur der »Zustand« unseres Geistes bewusst. Wird er von bösen Wünschen, von Hass, von Rachegedanken oder Ähnlichem beherrscht? Oder herrschen Mitleid, klares Verständnis und Zufriedenheit? Der Meditierende ist weder ein Richter noch strenger Kritiker, der zwischen Richtig und Falsch entscheidet. In der Meditation werden wir vielmehr zum losgelösten Beobachter, wir sind nicht gefühlsmäßig involviert, sondern betrachten nur, wie Gefühle entstehen. Wir »sehen« diese Gefühle und beobachten, wie sie wieder vergehen. Zu keinem Zeitpunkt fällen wir irgendwelche wertenden Urteile. Die entstehenden Gedanken und Gefühle haben keine weiteren Gedanken oder Gefühle zur Folge. Wir machen uns keine Sorgen über unsere Sorgen.

Haben die Meditierenden erst einmal die Fähigkeit erlangt, sich ohne Mühe konzentrieren zu können, kann alles und jedes zum Objekt der buddhistischen Meditation werden. Um dieses Stadium zu erreichen, ist es hilfreich, die »**Fünf Hemmnisse auf dem Weg zur Erleuchtung**« zum Gegenstand der Meditation zu machen:

1. Lustvolles Verlangen;
2. böser Wille, Hass oder Wut;
3. Trägheit oder Stumpfheit;
4. Unrast und Sorge;
5. Skepsis und Zweifel.

Die Fähigkeiten, die Buddhisten zu entwickeln wünschen, damit sie ihnen auf dem Weg zur Erleuchtung von Nutzen sind, sind die »*Sieben Stufen der Erleuchtung*»«:

1. Achtsamkeit, das heißt bewusst und achtsam mit den »Handlungen« des Körpers, der Sprache und des Geistes umgehen;
2. Untersuchung und Erforschung unserer religiösen, ethischen und philosophischen Überzeugungen;
3. Energie und Bestimmtheit hinsichtlich der oben genannten Punkte und der Vollendung dessen, was wir begonnen haben;
4. Freude, das Gegenteil von düsterem Pessimismus;
5. Entspannung, das ist ein Zustand ohne körperliche oder geistige »Steife«;
6. Konzentration;
7. Gleichmut, das ist die Fähigkeit, allen Geschehnissen ruhig und gelassen begegnen zu können.

Auch die »Vier Edlen Wahrheiten« (siehe S. 50 f), besonders die ersten beiden, können als Objekt regelmäßiger Meditation zu einem besseren Verständnis unserer Existenz führen. Das wiederum mindert die Gefühle der Enttäuschung und Frustration in unserem Leben.

Für Buddhisten gibt es noch viele weitere Meditations-Objekte, die traditionell in einer Liste von vierzig Punkten zusammengestellt sind. Im Folgenden nenne ich vier dieser Punkte, die als die »**Vier Erhabenen Verweilzustände**« bekannt sind.

1. Metta (Mitgefühl), unbegrenzte, allumfassende Liebe gegenüber allen lebenden Wesen;
2. Karuna, Mitleid mit allen leidenden und betrübten Wesen;
3. *mudita* (Mitfreude), mitfühlende Freude über den Erfolg, das Wohlbefinden und Glück anderer Menschen;
4. Gleichmut, das heißt die Fähigkeit, allen Geschehnissen ruhig und gelassen begegnen zu können.

Dies sind einige der angestrebten Ziele von Buddhisten verschiedenster Gemeinschaften und Kulturen. Diese Ziele sind das, was eigentlich zählt, auch wenn fremdartige Rituale, Gewänder und Bräuche so manches westlich-puritanische Gemüt irritieren mögen. Seit einigen hundert Jahren, seit der Zeit der Reformationen in Europa, verstehen viele Menschen westlicher Länder Rituale, Abbilder und Opfergaben als Bedrohung der »Reinheit« ihres eigenen Glaubens. Doch wenn wir **Vertrauen** in unseren eigenen Glauben haben, müssen wir den Glauben anderer nicht fürchten. Oft genug jedoch fürchten wir uns vor dem, was wir nicht verstehen, und was noch schlimmer ist, wir fürchten gleichzeitig, dass wir **sehr wohl** verstehen. Wir fürchten, dass wir in dem Moment zu verstehen beginnen, in dem wir die »Wahrheit« unseres eigenen Glaubens, unserer eigenen Überzeugungen infrage stellen. Dabei wäre es doch so wünschenswert, dass zumindest eine geringe Kenntnis von den Vorstellungen anderer, von ihrem Verständnis der Existenz zu etwas mehr Toleranz führt.

Warum Unterschiede tolerieren?

Toleranz bedeutet nicht, religiöse Überzeugungen und Praktiken anderer zu akzeptieren, sondern nur einfach die Bereitschaft, andere so leben zu lassen, wie sie es für richtig halten, und das eigene Leben so gut wie möglich weiterzuführen.

Intoleranz hingegen fördert Religionskriege (was für ein widersprüchlicher Begriff), bei denen die eine »Seite« versucht, der anderen »Seite« gewaltsam ihre Vorstellungen aufzuzwingen. Vielleicht versucht sie aber auch, diese andere Seite ganz und gar auszulöschen, weil sie glaubt, auf diese Weise die Wahrheit ihrer Vorstellungen beweisen zu können. Wenn jedoch das Individuum auf seinen Glauben vertraut und mit seinen Antworten zufrieden ist, wenn das Individuum damit zufrieden ist, dass dieser Glaube seine Anhänger zu friedliebenden Menschen macht und die »Wahrheit« repräsentiert, dann stellt sich die Frage: »Warum sollen wir kämpfen?« Was haben wir von den Ideen anderer zu befürchten? Fürchten wir etwa, dass wir bestimmte Aspekte »unserer« Religion nicht richtig hinterfragt (darüber meditiert) haben? Fürchten wir etwa, dass wir nun Fragen stellen müssen, deren Antworten uns in Angst versetzen könnten? Könnten uns diese Fragen etwa eine Schwäche vor Augen führen? Damit ist nicht die Schwäche bestimmter Aspekte »unserer« Religion gemeint, sondern unsere eigene Ignoranz, unsere Unkenntnis. Die meisten von uns können es nicht ertragen, die eigene Ignoranz und Unkenntnis zugeben zu müssen. Lieber schlagen wir auf das ein, was uns und unsere scheinbare Wahrheit bedroht. Dabei fehlt uns die Klarsicht, die uns erkennen ließe, dass wir hier nicht unsere Religion verteidigen, sonder nur unser Ego, unsere **Vorstellung** von uns selbst.

Der Buddhismus will nicht beweisen, dass seine Lehren die richtigen sind. Vielmehr sind jene, die sich für den Buddhismus interessieren, dazu eingeladen, seine Lehren selbst zu prüfen. Wer die verschiedenen Methoden der buddhistischen Meditation praktiziert, wird dadurch nicht automatisch zur Buddhistin oder zum Buddhisten und muss nicht einmal nach den buddhistischen Regeln leben. All das ist stets eine Frage der persönlichen Erfahrung, eben eine ganz persönliche Angelegenheit. Niemand will irgendjemanden bekehren, denn das hätte rein gar nichts mit Buddhismus zu tun. Wir sind für die Art und Weise, wie wir leben, selbst verantwortlich. Wir entscheiden über unser Leben, und wir tragen auch die Konsequenzen. Darum braucht auch niemand den Einfluss dieser »neuen« Religion zu fürchten. Kein Buddhist wird an die Tür von irgendjemandem klopfen und versuchen, ihn zu bekehren: Das Wissen des Buddhismus steht allen zur Verfügung, jedoch nur, wenn sie danach fragen. Warum sollten wir eine derart zurückhaltende Philosophie/Religion nicht tolerieren?

Das Leben kann voll schöner und wunderbarer Dinge sein. Jederzeit können sie jedoch verloren gehen und niemals wiederkehren, wenn wir nicht lernen, uns des »Hier und Jetzt« bewusst zu werden.

Wer sich für Meditation interessiert, wird in jedem buddhistischen Zentrum Lehrer finden können. Darüber hinaus gibt es in diesen Zentren Bücher zu dem Thema, ebenso wie in den Religions- und Philosophieabteilungen der Bibliotheken und Buchläden. Zu Anfang sollte man die buddhistische Meditation nicht ohne einen vertrauenswürdigen Lehrer praktizieren, am besten einen Meditationsmeister, der den Meditierenden den richtigen Weg zeigt. Sehr hilfreich ist es außerdem, sich anfangs die folgende Frage zu stellen: »Warum möchte ich das Meditieren erlernen, und was erwarte ich mir davon?«

Würde ich viel ausführlicher über die Meditation im Buddhismus schreiben wollen, könnte man mir vielleicht vorwerfen, ins Metaphysische abzuschweifen. Erfahrungen in der Meditation werden Schritt für Schritt gemacht und sind natürlich von Person zu Person verschieden. Könnte ein geübter, fortgeschrittener Meditierender seine Erfahrungen auch genau beschreiben, so wären es doch nicht die gleichen Erfahrungen, die andere gemacht haben. Außerdem würden viele den beliebten Fehler begehen, das geschriebene Wort für eine unumstößliche Tatsache zu halten. In diesem Fall wären alle Ratschläge, die der Buddha einst gegeben hat, umsonst gewesen. Die einzige Möglichkeit, eine Erfahrung zu verstehen, besteht darin, eigene Erfahrungen zu sammeln. Man muss es einfach selbst versuchen. Die Beschreibungen einer anderen Person, gleich wie verständlich sie auch erscheinen, bleiben doch persönliche Erfahrungen eines anderen Menschen. Selbst wenn sie von einem Heiligen stammten, die gemachten Erfahrungen könnten trotzdem keiner anderen Person vermittelt werden. Ein Lehrer kann uns für die Meditation nur Richtlinien geben, Wegweiser aufstellen; selbst der erfahrendste Meister kann nicht viel mehr für uns tun. Diese Wegweiser und Instruktionen ersetzen jedoch nicht die eigene Erfahrung.

Mit Geheimnissen hat dies nichts zu tun, vielmehr damit, dass sich derartige Erfahrungen nicht in Worte fassen lassen. Wenn wir darauf hoffen, dass wir die Erleuchtung auf einem Tablett serviert bekommen, vielleicht gar von einem Buddha selbst, dann haben wir noch einen weiten Weg vor uns.

Gott und die Seele in der buddhistischen Philosophie und Religion

Die Lehren des Buddha wurden wohl in keiner Hinsicht so sehr missverstanden und falsch übersetzt wie in Bezug auf das »Selbst« und die »Seele«. Die Irrtümer gehen auf frühe Anhänger des Buddhismus zurück, die von ihren Nachfolgern einfach wiederholt wurden. Mangelnde Kenntnisse des Pali und Sanskrit, fehlende Sorgfalt oder auch ein abweichendes philosophisches Verständnis, das mit dem Buddhismus unvereinbar ist, können als Gründe für die Fehlübersetzungen genannt werden. Da ich selbst keine Expertin für Pali oder Sanskrit bin, habe ich mich für dieses Buch auf Übersetzer verlassen, die Pali, Sanskrit und auch die englische Sprache hervorragend beherrschen. Darüber hinaus vertraue ich auf die neuesten erhältlichen Übersetzungen der frühen und späteren Sutren.

Die Vorstellung von einem Schöpfergott ist der buddhistischen Philosophie des »Werdens« fremd. Diese besagt, dass es weder Anfang noch Ende gibt, nur den ewigen Wandel, der auf Entstehen und Vergänglichkeit beruht. Alles, was geschieht, hat unzählige Ursachen. Wird nur ein einziges Sandkorn an einem Strand bewegt, hat das Auswirkungen für den gesamten Strand und schließlich das Universum. Aus nichts wird nichts.

Nicht-Buddhisten mögen diese Doktrin missverstehen. Falls die Aussagen von der Vergänglichkeit wahr sind, so fürchten sie, muss dem Tod des Körpers die Auslöschung des Selbst folgen: Was folgt, ist das Nichts! Wie ein Kerzenlicht, das einfach erlischt! Solche Befürchtungen sind zwar nachvollziehbar, doch beruhen sie auf einem deutlichen Missverständnis der buddhistischen Lehre vom »Nicht-Selbst« (Sanskrit: *anatman*, Pali: *anatta*).

Was ist die Seele?

Die meisten Menschen mit theologischem Hintergrund verstehen die Seele als eine vom Körper unabhängige Einheit, die ewig besteht und keinen Veränderungen unterworfen ist. Gott gibt dem Körper eine Seele, und zu Gott kehrt sie im Moment des Todes oder kurz danach wieder zurück. Mitunter wird die Seele auch als Odem Gottes bezeichnet: Gott bläst dem Körper bei der Geburt den Odem ein und mit dem Tod nimmt er ihn wieder fort. Von der »Seele« sprechen wir außerdem als dem Ort der Gefühle, wenn zum Beispiel jemand sagt »es tut mir in der Seele weh«. Die Seele ist rein, während der verderbliche Körper uns an einem heiligen Leben hindert. Der Körper muss unterworfen werden, um die Seele zu »befreien«, denn sie ist gefangen im Gefängnis des Fleisches. Die exzessive Askese vieler Menschen beruht auf genau diesen Vorstellungen, und diese bilden manchmal auch den unbewussten Auslöser für die Handlungen fanatischer Märtyrer.

Obwohl die Seele als rein und unvergänglich gilt, herrscht parallel dazu auch der Glaube, dass die Seele vom unreinen Körper (der wiederum als vom Geist getrennt verstanden wird) befleckt werden kann. Daher stammt wiederum die Vorstellung von Rettung und Verdammnis: Die Seele kann »gerettet« werden oder zu ewigen Höllenqualen verdammt sein, obwohl sie das Geschenk oder der Odem Gottes ist.

In alten Religionen begegnen wir einer Fülle faszinierender Geschichten über die Seelen der Toten. Dank der vielen anschaulichen Darstellungen, die durch die alten Grabmäler, Mythen, Legenden und der Volkstradition überliefert sind, wissen wir, dass die Vorstellung von einer Seele (einem Geist oder Schatten), die nach dem Tod weiter existiert, sehr verbreitet ist. Die Seele wird als das Eigentliche angesehen. Sie gilt mitunter als das wahre »Ich«, das unveränderliche Herzstück eines Menschen. Und genau hierin besteht der Unterschied zwischen der theologischen und der buddhistischen Philosophie vom Sein. Denn letztere lehrt, dass es keine solche ewige und unveränderliche »Einheit« gibt, wie es, nach theologischem Verständnis, die »Seele« sein soll.

Erzählen wir jemandem, dass so etwas wie ein »Ich« gar nicht existiert, versteht diese Person darunter möglicherweise, dass **sie** nicht existiert, dass es niemanden gibt mit dem Namen Jonas oder Anna oder Mami. Was diese Person sieht, wenn sie vor einen Spiegel tritt, gibt es im Grunde gar nicht. Stellt diese Person nun keine weiteren Fragen, kann man es ihr nicht verübeln, wenn sie an unserem Verstand zweifelt. Es gibt Tausende von Menschen, die sich selbst als Buddhisten betrachten, obwohl sie die Lehre vom »Nicht-Selbst« nicht verstehen und auch gar nicht verstehen **wollen**. Viele begreifen nicht, dass dies für das richtige Verständnis der Lehren des Buddha jedoch von großer Bedeutung ist.

Wenn wir sagen, dass etwas nicht existiert, heißt das nicht, dass wir es unbedingt negieren müssen oder können. Der Buddhismus lehrt nicht die Auslöschung des »Ich«. Es geht vielmehr um die Nicht-Existenz, das Nicht-Sein eines derartigen Phänomens. Schon Jahrhunderte vor dem Buddha und auch nach seiner Zeit, ja sogar bis in unsere Gegenwart, gab und gibt es Menschen, die ihrem Körper und ihrem Geist durch übertriebene Formen der Askese Gewalt angetan haben. Dies geschieht in dem verzweifelten Versuch, das »Ich« zu negieren, es auszulöschen. Doch sind solche Bemühungen ganz unnötig und beruhen auf einem traurigen Irrtum. Es gibt kein »Ich«.

Das Leben splitternackt auf einem Berg zu verbringen oder sich in einer einsamen Höhle nur von Kräutern und den Almosen jener zu ernähren, die den Einsiedler für einen Heiligen halten, oder ein Leben lang selbstlos gute Taten zu vollbringen – all das mag wunderbare Einsichten ermöglichen. Und es mag sogar zur Erleuchtung führen, doch das »Ich« wird man dadurch nicht loswerden.

Was ist eigentlich dieses »Ich«, von dem sich so viele, die auf der Suche nach Wahrheit sind, lösen wollen? Was ist dieses »Ich«, das gleichzeitig unser wertvollster Besitz zu sein scheint? Viele Nicht-Buddhisten betrachten das »Ich« als die Seele – als das **wahre** Selbst. Ganze Bibliotheken wurden und werden immer noch mit philosophischen Werken über das »Ich« gefüllt – so wichtig ist uns diese Vorstellung. Da haben wir aber auch schon die Antwort auf die Frage nach dem, was das »Ich« eigentlich ist.

Das »Ich« ist eine Vorstellung, eine Idee. Das »Ich« ist nichts anderes als ein Name, eine Bezeichnung. Das »Ich« existiert in dem gleichen Maß wie der Name einer Marmeladensorte, der auf einem Marmeladenglas steht. Von der Marmelade können wir sagen, dass sie »existiert«: Wir können sie sehen, berühren, schmecken und riechen. Doch die Marmelade ist nicht dasselbe wie ihre Bezeichnung »Marmelade«.

Das »Ich« ist unsere Bezeichnung für eine Reihe von Erscheinungen – Materie, Empfindungen, Wahrnehmungen, Geist, Bewusstsein. Doch all diese Faktoren verwandeln sich ständig, keiner dieser Faktoren hat Bestand. Was meinen wir also mit unserer Bezeichnung? Was genau ist das »Ich« in einem bestimmten Moment?

Dieses »Ich«, an das wir uns so verzweifelt klammern, das wir bis in alle Ewigkeit als unveränderlich erachten, kann es unmöglich geben. Die **Vorstellung**, die Bezeichnung für das Phänomen »Person« hat jedoch durchaus ihren Nutzen. Darum gibt es **sehr wohl** ein »Ich« oder Selbst, doch handelt es sich dabei nur um eine Bezeichnung innerhalb der herkömmlichen Wahrheit, jener Wahrheit, die für das tägliche Leben Gültigkeit hat. Im Gegensatz dazu verdeutlicht uns die elementare Wahrheit das Nicht-Sein aller komplexen Erscheinungen. Wir sind so daran gewöhnt, mit Namen, mit Bezeichnungen zu leben, auf sie zu reagieren, dass wir selten darüber nachdenken, was eine bestimmte Bezeichnung im Grunde ausdrücken will. Die meiste Zeit unseres Lebens verwenden wir eine Art mental-verbale Kurzschrift. Sie unterstützt die tagtägliche menschliche Kommunikation. Aber oft handelt es sich nur um eine geborgte Sprache, über deren Wahrheitsgehalt oder Irrtümer wir uns keine Gedanken machen. Ebenso wenig fragen wir uns, ob das, wovon wir sprechen, auch wirklich dem entspricht, was wir denken. Der Buddhismus lehrt, dass die Existenz einen ständigen Entwicklungsfluss darstellt. Nichts bleibt auch nur einen kurzen Augenblick so, wie es gerade noch war. Im Grunde brauchen wir nicht lange darüber nachzudenken, um zu wissen, dass es so ist. Es existiert auch nichts **aus sich selbst heraus**, unabhängig von allen anderen Dingen. Ganz egal, was in einem bestimmten Moment »existiert«, es ist von allen anderen Dingen, die in demselben Moment »existieren«, abhängig. Dasselbe gilt für jeden beliebigen Moment an jedem beliebigen Ort. Wenn wir ein Sandkorn am Strand berühren, wenn ein Blatt vom Baum fällt, wenn wir atmen, ja sogar wenn wir denken – stets führt es zu einer Veränderung im Universum. Unsere **Vorstellung** von der »Seele«, dem »Selbst«, dem »Ich«, beruht auf einem Irrtum. Was wir uns darunter auch **vorstellen**, es ist stets der Veränderung unterworfen – es ist ein komplexes Phänomen, eine komplexe Erscheinung.

Im Buddhismus gibt es keinen allmächtigen Gott, keinen Schöpfer. Die Bedeutung des Wortes »Gott« ist ebenso vielfältig wie das ganz persönliche, individuelle Verständnis davon. Unsere Vorstellung von Gott entspricht unseren Bedürfnissen, dem, was wir gelernt oder was wir erlebt haben. Der Schöpfergott ist eine Art Vater, ein königlicher Herrscher des Universums, ein rachsüchtiger Despot, unabwendbares Schicksal, manchmal Retter, manchmal Zerstörer – alles, was die Gesellschaft zu einem bestimmten Zeitpunkt gerade braucht.

Der höchste Gott zur Zeit des Buddha war Brahma. Die Priester, die Brahmanen, haben das Wissen über ihn bewahrt. Dieses Wissen machte sie zu den Vermittlern zwischen den

Göttern und der Menschheit. Nur sie konnten den Göttern die Opfer der Menschen darbringen und nur sie die göttlichen Gebote deuten. Sie bildeten eine Kaste in der indischen Gesellschaft: Brahmane konnten nur sein, wer in diese Kaste hineingeboren wurde. Brahma (identisch mit dem *atman*, der Seele oder dem Selbst) entsprach in vieler Hinsicht dem jüdisch-christlich-islamischen Konzept vom allmächtigen Gott.

Es entsprach nicht der Gewohnheit des Buddha, dem Glauben jener, die mit Fragen zu ihm kamen, persönlich zu widersprechen. Vielmehr ermutigte er jene Menschen, eigene Überlegungen anzustellen. Er griff auf Volkssagen und Parabeln, Metaphern und Beispiele zurück, die von der jeweiligen Person oder Zuhörerschaft verstanden werden konnten.

Die Vorstellung von der eigenen Seele stellte zur Zeit des Buddha den wichtigsten Glaubensinhalt dar, jedoch nicht in seinen eigenen Lehren. Diese Seele, Atman, wurde stets wieder geboren. Die jeweilige Gestalt war dabei ebenso unterschiedlich wie die jeweiligen Lebensumstände. Ihre Reinkarnation vollzog sich so oft, bis die Seele geläutert war, sodass sie zu ihrem Schöpfer, dem Atman, zurückkehrte und eins mit ihm wurde.

Es ist sinnlos und verwirrend, Menschen, die an die Existenz der Seele glauben, zu erklären, dass es keinen Atman gibt. Diese Menschen müssen zuerst einmal verstehen können, was damit gemeint ist. In buddhistischen Texten finden sich mehrere Beispiele dafür, dass der Buddha gewisse Fragen nicht beantwortete. Dies tat er nicht etwa, weil er keine Antwort wusste, sondern weil die Fragenden zu diesem Zeitpunkt noch nicht verstehen konnten, was eine bestimmte Lehre besagte. Ein Umherziehender namens Vacchagotta kam immer wieder mit Fragen zu dem Buddha, die ganz deutlich zeigten, dass er den Dharma nicht verstand. Der Buddha antwortete nicht auf seine Fragen, und so verließ Vacchagotta ihn wieder, um über seine Frage und das

Schweigen des Buddha nachzudenken. Schließlich gelangte Vacchagotta doch noch zu tiefer Einsicht und wurde ein Arahant (ein erleuchteter Anhänger der Lehren des Buddha). Dies ist ein gutes Beispiel für das geduldige Mitleid des Buddha mit jenen, die seine Lehren nur langsam verstehen lernen.

Den Geist als das »Selbst« zu betrachten ist ebenso verkehrt, wie etwa den Körper dafür zu halten. Der Geist oder das Bewusstsein ist sogar noch mehr und schnelleren Veränderungen unterworfen als der sich ständig verändernde Körper. Jeder Moment unseres Denkens bedeutet Wandel, bedeutet Vergänglichkeit.

Die Lehre vom Nicht-Selbst (Anatman bzw. Anatta) intellektuell zu erfassen wird uns keine Schwierigkeiten bereiten, sobald wir die Lehre von der Vergänglichkeit (Anicca) verstanden haben. Höchst schwierig ist es dagegen, sich die Bedeutung auch wirklich klar zu machen und schließlich das Gefühl »Ich bin« zu verlieren.

Die Lehre vom Nicht-Selbst soll jedoch nicht zu der Auffassung führen »Ich habe kein Selbst«. Diese Theorie der Auslöschung trifft ebenso wenig zu wie der Gedanke »Ich habe ein Selbst«, die Theorie vom ewigen Sein. Um diese Lehre angemessen **verstehen** zu können, sollte man sich keine der beiden Meinungen zu Eigen machen, sondern die Thematik objektiv zu betrachten versuchen. Auf diese Weise vermeiden wir, im Buddhismus eine Lehre der Auslöschung zu sehen. Denn Auslöschung würde genau dem Gegenteil der Lehre von der Vergänglichkeit (Anicca) entsprechen. Diese Lehre spricht nicht von einem »Ende«, sondern von **kontinuierlichem Wandel**: Auf einen bestimmten Moment folgt stets ein weiterer, allerdings ein **anderer** Moment. Diese Vorstellung vermittelt das wunderbare Gefühl von einem unablässigen Abenteuer. Selbst das buddhistische Symbol des Rades, des Rades der Zeit, ist im Grunde zu statisch, um den Dharma zu symbolisieren. Allzu leicht kann es den Eindruck vermitteln, dass derselbe Kreislauf ständig wiederholt wird. Durch das Rad wird nicht hervorgehoben, dass Unveränderlichkeit unmöglich ist. Nichts hat einen »Anfang« oder ein »Ende«. Alle Erscheinungen sind durch andere bedingt. Wir leben in einer scheinbar konstanten Welt, und so fällt es uns schwer, diesen stetigen Fluss bewusst zu erfahren. Indem wir jedoch darüber nachdenken und meditieren, wird dieser Fluss für uns »real« werden und kein theoretisches Gebilde bleiben – obwohl eine praktische wie theoretische Erfahrung durchaus ihre Vorzüge besitzt.

Wer ist der religiöse Buddha?

Diese Frage ist wirklich ein Widerspruch in sich. Denn der Buddha lehrte keine Religion. Der Buddha behauptete nicht, der Gott zu sein oder etwa ein Gott oder der Prophet eines Gottes. Er behauptete auch nicht, durch Götter oder die Boten (Engel) eines Gottes zur Erleuchtung gelangt zu sein. Jenen, die ihm zuhörten, versprach er nicht die »Rettung«, ebensowenig, wie er denen mit »Verdammnis« drohte, die dies nicht taten oder konnten. Er kümmerte sich nur um die Realität und die Menschen, wie sie sind.

Im *Sabba Sutta Samyutta Nikaya* befasst sich eine Passage mit der Metaphysik. In dieser sagt der Buddha Folgendes:

Mönche, ich möchte euch »alles« lehren. Hört, was ich sage. Was, Mönche, bedeutet »alles«? Auge und körperliche Form, Ohr und Geräusch, Nase und Geruch, Zunge und Geschmack, Körper und fühlbare Dinge, Geist und Gedanken. Dies bezeichnen wir als »alles«. Mönche, derjenige, der sagt: »Ich lehne dieses »alles« ab und verkünde dafür ein anderes »alles«, der hat sicherlich eine (eigene) Theorie. Doch auf Befragung könnte er keine Antwort geben und müsste sich außerdem Beschimpfungen gefallen lassen. Warum? Weil seine Theorie nicht im Bereich unserer Erfahrungen (Avisaya) liegen würde.

Alles weitere war für den Buddha Spekulation und ohne Sinn für jene, die immer noch von Hass, Gier und Unkenntnis beherrscht wurden. Würden jene, die glaubten, dass zahllose Wiedergeburten Grundbedingung für die Erleuchtung sind, sich müßigen Spekulationen hingeben, sie würden nur kostbare Zeit verschwenden. Und für jene, die in diesem Leben nach Erleuchtung suchten, war die Zeit sogar noch kostbarer.

Nach dem Tod des Buddha, als große Klöster und buddhistische Universitäten entstanden waren, führten philosophische Spekulationen zu vielen unterschiedlichen Ausprägungen der buddhistischen Lehre. Daraus entstanden zahlreiche Gemeinschaften, und viele von ihnen waren stark religiös motiviert. Die einfachen Leute konnten religiöse Vorstellungen eher begreifen als philosophische: Was sie hörten, interpretierten sie so, dass sie es verstehen und mit alten Glaubensinhalten vereinen konnten, ob es sich nun um den Glauben der Jainas, den Brahmanismus oder andere Richtungen handelte.

Heutzutage betrachten viele Buddhisten den Buddha als einen »Erlöser« und beten zu ihm (so wie ein Christ zu Jesus betet, ein Hindu zu den Hindu-Göttern, ein Moslem zu Allah oder, in einigen Fällen, zu den Propheten).

Im Lauf der Zeit entwickelte sich aus den philosophischen Spekulationen das Ideal des Bodhisattva, der von den Mahayana-Gemeinschaften verehrt wird. Der Bodhisattva ist der Heilige, der an der Schwelle zur Erleuchtung steht, jedoch den »Eintritt ins Nirvana« so lange hinausschiebt, bis er allen anderen empfindsamen Wesen auf dem Weg zur Erleuchtung geholfen hat. Daraus entstand die Vorstellung vom Nirvana als einem Ort. Es entstand der Glaube an das »himmlische«

Reine Land der Bodhisattvas und an die »Erlösung«, die gewährt wurde, wenn man den Namen des Bodhisattva sang. Diese Vorstellung erlebte sogar noch eine Steigerung: Man glaubte, indem man den Namen des Bodhisattva im Moment des Todes sagte, würde seine Gnade alles schlechte Karma auslöschen und den Zutritt in das Reine Land der Heiligen gewähren. Dieser Glaube ist Millionen von Menschen in buddhistischen Ländern ein großer Trost. Die Zeit verändert alle Dinge, während die Menschen nach der Erfüllung ihrer psychischen Bedürfnisse suchen oder das akzeptieren, was frühere Generationen als Wahrheit lehrten.

Der große Sechste Patriarch des chinesischen Buddhismus, Hui-neng (638–713 n. Chr.), sagte über die Lehre vom Reinen Land:

Das Reine Land ist 134 000 Kilometer von hier entfernt.
Darum reinigt euren Geist, und schon seid ihr da.

Nach buddhistischem Verständnis symbolisierten die 134 000 Kilometer zahlreiche Verunreinigungen oder nicht angemessene Einstellungen und gewohnheitsmäßiges, rücksichtsloses Verhalten.

Der Glaube an die »erlösende« Gnade eines Bodhisattva und an das Reine Land rührt von der falsch verstandenen Bedeutung der Wörter *samsara* und Nirvana her. Samsara wurde als die Welt mit all ihren Leiden verstanden, Nirvana als »irgendwo«. Die korrekte Bedeutung von Samsara ist jedoch der noch nicht erleuchtete Zustand, während Nirvana den erleuchteten Zustand bezeichnet.

Wer die Lehren des Buddha entdecken oder besser gesagt: wieder entdecken möchte, muss wissen, dass der Dharma, noch bevor er außerhalb Indiens bekannt wurde, bereits von anderen Regionen beeinflusst worden war. Viele Elemente stammten aus dem frühen Hinduismus, dem *Rig-Veda, Atha-*

ra-Veda und Brahmanismus und hatten durch neue Anhänger Eingang in den Buddhismus gefunden. Nicht alle, die dem Buddha folgten, verstanden auch, was er lehrte. Viele interpretierten die Lehren nach früheren religiösen Vorstellungen. Einige dieser fremden Glaubenselemente, die sehr früh Eingang in den Buddhismus fanden, waren:

Karma im Sinne von Belohnung und Bestrafung nach dem Tod;
Hölle, ein Ort ewiger Dunkelheit;
Opfergaben für die Götter;
Kosmologie, die Lehre von der Entstehung der Welt (Brahmanismus);
Geschenke für Priester;
Glaube an Götter;
Glaube an die Aufrechnung guter Taten, um die Wirkung eines schlechten Karmas in zukünftigen Leben auszugleichen.

Die Zahl der so genannten »buddhistischen« Lehren aus früheren indischen Glaubenssystemen, die nach dem Tod des Buddha Sakyamuni den Buddhismus beeinflussten, ist höchst beeindruckend.

Ein anderer Lehrer zu Lebzeiten des Buddha war der Jaina Mahavira. Einige Jainas konvertierten zum Buddhismus, da ihnen dessen Philosophie und Lebensform »angenehmer« erschien. Der »Mittlere Weg«, den der Buddha lehrte, hatte wenig gemein mit der extremen Askese der Jainas, die auch auf Kleidung verzichteten. Der Jainismus sprach Frauen die »endgültige Befreiung« ab. Darum konnten Frauen, wie intensiv sie auch studierten oder religiöse Übungen ausführten, niemals den Status vollkommener Nacktheit erreichen, die das Zeichen des Jaina-Yogi war. Viele Konvertiten waren in der Dogmatik ihrer alten Religion höchst bewandert und interpretierten die Lehren des Buddha dementsprechend – ebenso wie frühere Anhänger des Brahmanismus und anderer Religionen.

Der Buddha scheint seine Vorstellungen ganz bewusst nicht in schriftlicher Form fixiert zu haben. Kann das geschriebene Wort doch ebenso sehr missverstanden werden wie das gesprochene.

Tibet ist ein gutes Beispiel für den oben beschriebenen Einfluss fremder Glaubensinhalte auf den Dharma. In ihrem Eifer kauften die ersten tibetischen Anhänger des Buddhismus jeden Text, denen man ihnen als die Worte des Buddha oder seiner Schüler anbot – für Gold, versteht sich. Nicht alle Manuskripte waren buddhistisch. Aber wie hätte man das wissen sollen? Wie hätte damals irgendjemand das Original von der Fälschung unterscheiden sollen? Wer hätte riskieren wollen, auf das eine oder das andere zu verzichten? Am Ende ging daraus eine der vielfältigsten und reichhaltigsten Mahayana-Gemeinschaften hervor.

Als der Dharma in anderen Ländern Verbreitung fand, wurde er stets von der vorherrschenden Religion und Kultur dieser Länder beeinflusst. Bemerkenswert ist jedoch, dass trotz all der Einflüsse die fundamentalen Lehren des Buddhismus unverändert geblieben sind. Wenn wir versuchen, den Buddhismus zu verstehen, sollten wir darum stets die ursprüngliche Religion des betreffenden Landes in unsere Überlegungen einbeziehen. Das gilt natürlich für jede der großen »Weltreligionen«: Buddhismus, Judentum, Christentum, Islam, Animismus und so weiter.

Buddhistische Lehren über den Tod

Was bedeutet das Wort »Tod« für Nicht-Buddhisten? Die häufigste Antwort auf diese Frage würde vielleicht lauten: »Der Tod ist das Ende.« Eine andere Antwort hieße etwa: »Der Tod ist die Erlösung vom Leiden.« Wieder eine andere wäre mit Sicherheit: »Der Tod ist der letzte Abschied von geliebten Men-

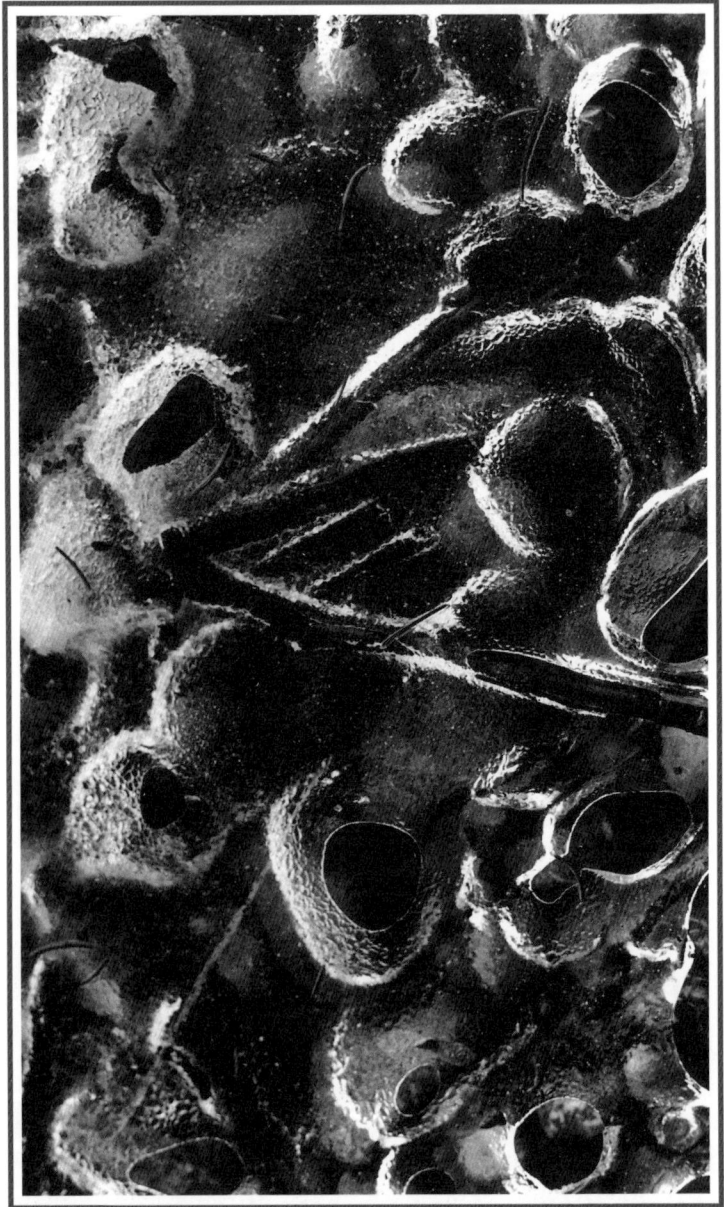

schen« oder auch »Der Verlust einer geliebten Person«. Vielleicht würde man aber auch vom Anfang »himmlischer« oder »höllischer« Erfahrungen sprechen, von Belohnung und Strafe. Manche mögen den Tod einer anderen Person als die Befreiung von einer Fessel betrachten, während andere dadurch jeden Grund, selbst weiter zu leben, verloren haben.

Auch wenn eine Religion lehrt, dass der Tod die Seele mit seinem Schöpfer in ewiger Glückseligkeit vereint, wollen die Anhänger der Religion diesen Glaubenssatz doch nur höchst ungern selbst überprüfen. Glücklicherweise verbieten auch die meisten religiösen Dogmen den verfrühten Eintritt in die Ewigkeit.

Da der Buddha auf diesbezügliche Fragen niemals geantwortet hat, wird allgemein angenommen, er lehrte, dass auf den so genannten Tod **nichts** folgt. Diese Ansicht ist jedoch nicht korrekt. Der Buddha wollte lediglich müßige Spekulationen über dieses oder ein ähnliches Thema vermeiden. Diejenigen, die dennoch Mutmaßungen darüber anstellten, fragte er nur, ob denn schon jemand zurückgekehrt wäre, um ihnen in diesem Fall glaubwürdige Auskunft zu geben. Was er zu diesem Thema zu **sagen** hatte, erklärt sich durch die Vorstellung von Anicca (Vergänglichkeit, ständiger Wandel, Unbeständigkeit); diese läßt sich ebenso gut auf das, was wir als »Tod« bezeichnen, wie auf alles andere anwenden.

Das Thema Tod spielt im Mahayana-Buddhismus eine wichtige Rolle, vor allem in den tibetischen Gemeinschaften. Wenn wir uns mit der tibetischen Geschichte beschäftigen, wird dieser Umstand etwas verständlicher. Die (oft auch als Dämonen-Religion bezeichnete) alte Bon-Religion basierte großenteils auf der Vorbereitung auf den Tod und darauf, wie man sicher durch den *bardo* zu einer glücklichen Wiedergeburt gelangt. Der Bardo ist die Verbindung zwischen dem einen Leben und dem nächsten, die das »Bewusstsein« der Verstorbenen passieren muss. In diesem Verbindungsgang gibt es viel zu sehen und zu hören, das bedrückend, oft sogar erschreckend oder seltsam verlockend erscheint, wenn man es nicht richtig versteht und nicht vorbereitet ist. Dieser Weg durch den Bardo kann **bis zu** 49 Tage dauern. Was die Verstorbenen erleben, hängt von der Vorbereitung und dem Verständnis dessen ab, was sich dort abzuspielen scheint. Der Priester liest aus dem *Tibetischen Totenbuch* und spricht mit den Verstorbenen darüber, was gerade geschieht, wobei er sie unablässig beruhigt: »Habt keine Angst!« Denn was da zu geschehen scheint, ist nur ein Resultat ihrer Vorstellung. Der Priester versichert den Verstorbenen, dass ihnen kein Unheil geschehen wird, wenn sie ihren Geist auf das helle Licht richten, das vor ihnen erscheint, und sich durch nichts ablenken lassen.

Als der Buddhismus im siebten Jahrhundert n. Chr. nach Tibet gelangte, wurden viele Elemente der Bon-Religion aufgenommen, da zahlreiche Bon-Mönche konvertierten. Auch heute noch kann man im tibetischen Buddhismus viele Spuren dieser »alten« Religion entdecken. Die derzeitige chinesische Regierung zwang viele gelehrte Mönche zur Flucht aus Tibet. Doch dadurch hat sie auf lange Zeit vielleicht eine der vielfältigsten Richtungen des Mahayana-Buddhismus für zukünftige Studien gerettet. Diese Regierung zwang auch seine Heiligkeit Tenzin Gyatso, die 14. Inkarnation des Dalai Lama und das Oberhaupt der Gelugpa-Gemeinschaft, der sich wie kaum ein anderer für den Frieden in der Welt eingesetzt hat, zum persönlichen Kontakt mit westlichen Ländern. Wäre er unter der chinesischen Herrschaft in seinem Land geblieben, hätte er vielleicht niemals Reisen ins Ausland unternommen und all die internationalen Bande geknüpft, die sich den modernen Kommunikationstechniken verdanken.

Ein weiterer Gewinn für die Menschen außerhalb Tibets war die Vielzahl heiliger Texte, die die tibetischen Lamas und

Mönche auf ihrer Flucht retten konnten. Tibet war seit langem eine wahre Schatzkammer buddhistischer Texte gewesen. Viele davon sind bisher noch nicht in westliche Sprachen übersetzt, und noch viel mehr wurden mit den Klöstern, den Tempeln und den Klostergemeinschaften zerstört. Die meisten Buddhisten sehen im Tod gewöhnlich nur den Auftakt zur Wiedergeburt in diese Welt als empfindendes Wesen, wobei diese Reinkarnation durch das eigene Karma bestimmt wird. In der Regel heißt es von der Reinkarnation, dass sie die Menschen immer mehr Erfahrungen sammeln lässt.

Diese Vorstellung ist für **religiöse** Buddhisten von größter Wichtigkeit. Viele gestalten ihr Leben daher so, dass ihnen »Verdienste« für eine glückliche Wiedergeburt angerechnet werden. Diese Verdienste sichert man sich zum Beispiel durch die Teilnahme an Ritualen, indem man buchstäblich Millionen von Mantras singt, Stupas errichtet, sich bis zur Erschöpfung auf den Boden wirft, durch Schweige-Gelübde, Fasten, Pilgerreisen und Opfergaben. (Im Grunde entsprechen all diese Handlungen in vieler Hinsicht dem, was Gläubige anderer Religionen tun, um sich einen Weg zu einem glücklichen nächsten Leben oder einen Platz im »Himmel« zu sichern.) Manche der Methoden erscheinen einem Nicht-Buddhisten vielleicht primitiv oder auf Aberglauben zu beruhen, stammen sie doch aus Kulturen, die wesentlich älter sind als der Buddhismus. Doch diese Übungen machen Buddhisten zu den friedfertigsten, am wenigsten zu kriminellen Handlungen neigenden Menschen.

Der folgende Ausschnitt aus einer Zeitung veranschaulicht diese Behauptung. Er stammt aus der römisch-katholischen Zeitung *The Tablet* und zeigt Auszüge aus einer britischen Untersuchung über Kriminalität, die 1881 in Indien durchgeführt wurde:

Verurteilungen: Europäer   1 von 274 der Bev.
                Eurasier   1 von 509
                Einheimische Christen 1 von 799
                Muslime   1 von 856
                Hindus   1 von 1361
                Buddhisten   1 von 3787

[Der englische Autor kommentierte die Zahlen wie folgt:] Diese Zahlen lassen den Schluss zu, dass wir bei den Einheimischen zwar einen deutlichen moralischen Verfall bewirken, indem wir sie zu unserem Glauben bekehren. Ihr eigener moralischer Standard ist jedoch immer noch derart hoch, dass wir sie trotz aller Christianisierung niemals so sehr verderben können wie uns selbst.

Worin aber besteht nun die Verbindung zwischen dem Streben nach dem Erwerb von Verdiensten und der buddhistischen Haltung gegenüber dem Tod? Sie zeigt sich in dem Bewusstsein der Buddhisten, dass niemand die Stunde und die Art des eigenen Todes kennt und dass die nächste Wiedergeburt/Reinkarnation ein Ausbalancieren des guten und schlechten Karmas ihrer Taten in diesem Leben darstellt. Darum sollten sie für so wenig schlechtes und für so viel gutes Karma wie möglich sorgen, wann immer sich auch die Gelegenheit dazu bietet.

Der Tod ist ein hervorragendes Thema für die Meditation. Buddhisten fürchten den Tod nicht. Sie akzeptieren, dass er einen unvermeidlichen Bestandteil des Kreislaufs von Geburt und Sterben darstellt. Für Buddhisten kann der Tod gar nicht das »Ende« darstellen. Was wir als Tod bezeichnen, kann kein »konkreter«, ewig währender, unveränderlicher Zustand sein. Der Tod kann nur das Ende eines bestimmten Abschnitts sein oder eine Stufe in der Entwicklung zu »etwas anderem«. Wir wissen nicht einmal genau, was der Tod ist, wann er beginnt und wann exakt er abgeschlossen ist. Als ich eine junge Krankenschwester war, war es üblich, nach »Feststellung« des Todes durch einen Arzt den Körper gerade auszurichten, den Unterkiefer festzubinden und mit allem Weiteren eine Stunde zu warten. Wollte man letzte Sicherheit? Oder handelte man aus instinktivem »Wissen« heraus?

Im Buddhismus gibt es kein »Ende«. Denn alles, was ein Ende hat, benötigt auch einen Anfang. Anfang und Ende sind für die Lehren des Buddha jedoch ohne Bedeutung. Er lehrte Vergänglichkeit, stetigen Fluss, kontinuierlichen Wandel, die Verbundenheit aller Dinge. Auch wenn wir schließlich das Nirvana (die Erleuchtung) erreichen, ist dies kein »Ende«, sondern, wie er selbst es formulierte: »Nichts mehr von dieser Art« – ein niemals endendes Werden, wie dies auch immer aussehen mag. Die Vorstellung, dass der Lebensfluss einen Anfang und ein Ende besitzt, ist für Buddhisten unannehmbar. Der Buddha sagte hierzu:

… dieser kontinuierliche Kreislauf [Samsara – der nicht erleuchtete Zustand] besitzt kein sichtbares Ende, und auch die Anfänge lebender Wesen, die in Unwissenheit umherlaufen und gefangen sind in den Fesseln ihres Dursts [Verlangen, *tanha*] sind nicht erkennbar.
Der Anfang/Beginn der Unwissenheit [*avijja*] ist nicht erkennbar, denn es lässt sich nicht behaupten, dass es vor diesem speziellen Moment keine Unwissenheit gab.

In den buddhistischen Lehren bezeichnet der Begriff »Unwissenheit« nicht mangelhafte Kenntnis, Ausbildung oder Intelligenz. Gemeint ist ganz einfach das Fehlen der inneren Weisheit, die die wahre Erleuchtung ermöglicht. Im Buddhismus lässt sich also unmöglich die Aussage machen, dass das, was wir »Leben« nennen, einen Anfang oder ein Ende hat. Den **unvermeidlichen** Wandel zu fürchten ergibt für

Buddhisten keinen Sinn. Ebenso wenig stellt der körperliche Tod einen Grund zur Verzweiflung dar – weder der eigene Tod noch der Tod anderer Menschen. Nichts bleibt ewig bestehen – weder Glück noch Unglück. Darum sollten wir das Hier und Jetzt genießen und akzeptieren, dass es sich verändern wird.

Nicht-Buddhisten halten den Dharma zu Unrecht für eine ernste und freudlose Angelegenheit, das Anerkennen einer unausweichlichen Existenz, in der das Leiden niemals endet. Das Konzept des Karmas als übernatürliche Bestrafung oder Belohnung schwebt dabei wie eine bedrohliche dunkle Wolke stets über den Menschen. In solch einer Beschreibung würden Buddhisten ihre Religion jedoch nicht wieder erkennen. Der Buddhismus ignoriert das Leid und die Trauer nicht, das durch den bevorstehenden Tod oder den kürzlichen Verlust einer geliebten Person entsteht. Eine der treffendsten Parabeln im Buddhismus handelt von einer jungen Frau, deren Säugling gestorben war. Sie trug den Leichnam des Kindes umher und bat um Hilfe, bis die Dorfbewohner sie zu dem neuen Lehrer schickten, der sich damals in der Gegend befand, in der Hoffnung, er werde ihren Wahnsinn heilen können. Als sie zu dem Buddha kam, erkannte dieser sofort ihren Geisteszustand und versprach Hilfe, wenn sie den toten Körper bei dem Sangha lassen und in die nahe gelegene Stadt gehen würde. Er trug ihr auf, aus demjenigen Haus ein Senfkorn mitzubringen, in dem niemand eine geliebte Person durch den Tod verloren hatte. Voll Hoffnung ging sie fort, kehrte schließlich jedoch mit leeren Händen zurück. Sie hatte gelernt, dass niemand dem Leid entkommen konnte, das durch den Verlust einer geliebten Person entsteht. Nun erlaubte sie, den Körper ihres toten Kindes zu verbrennen, und bat darum, in die Anhängerschaft des Buddha aufgenommen zu werden. Der Buddha hatte ihr gezeigt, wie sie das Leiden **überwinden** konnte. Dieser Weg steht allen offen, die bereit sind, ihn zu beschreiten. Worte können uns dies jedoch nicht lehren, sondern nur die Erfahrung.

Mit Ausnahme der Reliquien von Weisen und Heiligen werden die sterblichen Überreste Verstorbener von Buddhisten gewöhnlich nicht verehrt. Die Anlage großer Friedhöfe mit einer Fülle von Monumenten, die die Zeit so lange wie möglich überdauern sollen, ergibt für Buddhisten keinen Sinn: Es werden zwar teure Statuen aufgestellt und Mausoleen errichtet, aber an diesen Orten ist »niemand«. Verstorbene, geliebte Menschen befinden sich nicht »im Grab« (wie Nicht-Buddhisten es oft ausdrücken). Religiöse Buddhisten aller Gemeinschaften glauben, dass die von ihnen geliebten Menschen und ihre Vorfahren nicht nur aus einem Körper bestehen. Sie sind in ein anderes Stadium »übergegangen«. Nach der Auffassung mancher Gemeinschaften werden sie in einer Reinkarnation wiederkehren und ihr Karma erfüllen.

In diesem Zusammenhang sollten wir uns nun damit befassen, was genau sich eigentlich in diesem kontinuierlichen Strom des Werdens weiter bewegt. Der Buddha lehrte, dass es der Durst der Lebenskraft ist, das Verlangen (Tanha) nach kontinuierlichem Wandel – eine weitere Geburt, die natürlich zu einem weiteren Tod führt und so weiter. Tanha wird durch **panna** (Weisheit) gemindert. Diese Weisheit finden wir in uns selbst, und wir können sie in diesem Leben zur Entfaltung bringen. Durch die Entfaltung von Panna überwinden wir den Kreislauf der Wiedergeburten und können durch zukünftigen »Wandel« in eine andere »Richtung« weitergehen. Durch die Hoffnung auf eine glückliche Reinkarnation können wir die Möglichkeit zur Erleuchtung in **diesem** Leben, weil »zu schwierig«, auf das nächste verschieben. Im nächsten Leben ist noch genug Zeit dafür! Was unseren Geist betrifft, sind wir Menschen leider allzu bequem. Durchaus intelligent, aber bequem. Lieber finden wir uns damit ab, unser Leben nicht richtig in den Griff zu bekommen, als uns an die Arbeit zu machen und für Ordnung zu sorgen. Auf diese Weise wären wir in der Lage, das Gegenwärtige auch wirklich zu genießen, während es sich natürlich schon wieder verändert.

Auf die Frage »Lebt ein Mensch nach dem Tod weiter?«: gab einer der Schüler des Buddha eine sehr interessante Antwort:

> Wir wissen nicht, ob der Mensch sein Körper ist, ob er in dem Körper ist oder ob er, während er lebt, etwas anderes ist. Wie können wir dann wissen, ob er nach dem Tod des Körpers auch tot ist?
>
> *Dhatuvibanga Sutra (Nr. 140), Majjhima Nikaya*

Trotz all der philosophischen Betrachtungen über den Tod verwehrt die buddhistische Religion ihren Anhängern keinerlei Rituale und Zeremonien, die für die Hinterbliebenen hilfreich sein könnten. Mitglieder des Sangha führen diese Rituale aus. Überdies stehen sie allen, die darum bitten, mit verständnisvollem Rat so lange zur Seite, wie es gewünscht wird.

Tod und Sterben

In meinem Heimatland Australien entwickelt sich unter den westlichen Buddhisten der tibetischen Schule zurzeit ein Krankenpflegedienst. Die Krankenpflege ist an keine Konfession gebunden, sie ist kostenlos und erfolgt auf freiwilliger Basis – ebenso wie bei vielen religiösen und nicht religiösen Gruppen. All diese Pflegedienste sind von dem Wunsch geleitet, todkranken Menschen das Sterben in ihrer gewohnten, familiären Umgebung zu ermöglichen. Vielen Menschen schenkt dies den nötigen Frieden und die Ruhe, um besser verstehen und akzeptieren zu können, was mit ihnen geschieht. Den Schmerz zu lindern und dabei die Würde des Menschen zu wahren ist das Hauptanliegen dieses Pflegedienstes; professionelle Pflege und medizinische Versorgung sind dabei gewährleistet.

Das Leben philosophisch wie religiös motivierter Buddhisten mag auf den ersten Blick wie eine Vorbereitung auf den Tod wirken (ohne dabei für das eigentliche Leben Zeit zu haben). Doch diese Vorstellung ist abwegig. Indem Buddhisten den unvermeidlichen körperlichen Tod als einen ganz natürlichen Aspekt des Lebens akzeptieren, können sie aus jedem Augenblick ihres Lebens das Beste machen. Dabei brauchen sie keinerlei Angst vor dem nächsten Augenblick zu haben – ganzgleich, ob es einen nächsten Augenblick überhaupt gibt. Was für eine Freiheit! Das heißt aber nicht, dass wir Buddhisten beim Tod geliebter Menschen keinen Schmerz empfinden. Dieses Bewusstsein gibt uns vielmehr die Möglichkeit, eine sterbende Person, die wir lieben, gehen zu lassen, ohne ihr Leiden durch unsere verzweifelte Hoffnungslosigkeit zu vergrößern. Mitleid bedeutet, das Leiden anderer zu verstehen, ohne das eigene Leiden in den Vordergrund zu stellen. Trauer ist ein ganz natürliches Gefühl. Der Buddhismus versucht uns darauf vorzubereiten, damit unser Schmerz weniger zerstörerisch, aber nicht weniger empfindsam ist.

Ob das, was wir als die »Identität« einer Person bezeichnen, nach dem körperlichen Tod weiter besteht oder nicht, ist reine Spekulation. Vielleicht wird das, was uns »wirklich« ausmacht, auf eine bestimmte Art weiter bestehen und sich in eine Richtung entwickeln, die wir uns jetzt nicht vorstellen können. Wer sich über eine bestimmte Art von Kontinuität Gedanken macht, wird in meinen Ausführungen sicherlich Anregungen für sich selbst finden können. »Gewissheit« oder Glaubenssätze lassen sich daraus jedoch nicht ableiten. Denn all das fällt in den Bereich spekulativer Vorstellungen und verhindert die Entfaltung von Weisheit und Wissen.

In den buddhistischen Texten findet sich eine Redewendung, die der Buddha im Zusammenhang mit der »Befreiung« von Samsara (dem Zustand der Unwissenheit) oft gebrauchte. In diesem Satz ist von den Erleuchteten die Rede, und er lautet: »Was zu tun war, wurde getan. **In dieser Hinsicht** gibt es nichts mehr zu tun.« Oft wird auch die Übersetzung »in diesem Stadium« verwendet. Doch welche Übersetzung man auch heranzieht, es wird ganz klar, dass es kein »Ende« gibt, nicht einmal für den erleuchteten Arahat.

Buddhisten können an die Reinkarnation in Verbindung mit persönlichen Erinnerungen glauben, sie können aber auch von einer Wiedergeburt in anderer Gestalt ohne persönliche Identität überzeugt sein oder annehmen, zu dem zu werden, was das einzelne empfindsame Wesen tatsächlich ausmacht. Wie sie sich auch immer entscheiden: Ein »Ende« gibt es nicht. Das Sein wird nicht auf alle Zeit ausgelöscht. Kein **Ereignis** ist von ewiger Dauer. Weder unsere Geburt noch unser Sterben sind von **ewiger** Dauer. Wir bleiben nicht **ewig** Kinder, nicht **ewig** Erwachsene und nicht **ewig** alte Menschen. Auch innerhalb dieser Stadien verändern wir uns ständig. Nur der Wandel u*nd die Vergänglichkeit sind von Dauer.*

Die Sabbasava Sutra nennt die Punkte, die der Buddha in seinen Lehren als reine Spekulationen bezeichnete:

1. Habe ich in der Vergangenheit schon existiert?
2. Habe ich in der Vergangenheit noch nicht existiert?
3. Was war in der Vergangenheit?
4. Wie war ich in der Vergangenheit?
5. Was war ich und was wurde ich in der Vergangenheit?
6. Werde ich in der Zukunft auch existieren?
7. Werde ich in der Zukunft nicht existieren?
8. Was werde ich in der Zukunft sein?
9. Wie werde ich in der Zukunft sein?
10. Was war ich und was werde ich in der Zukunft sein?

Vielleicht aber ist die Person zum gegenwärtigen Zeitpunkt voller Selbstzweifel:

11. Bin ich?
12. Bin ich nicht?
13. Was bin ich?
14. Wie bin ich?
15. Woher ist diese Person gekommen?
16. Wohin wird diese Person gehen?

Stellt die Person derart törichte Überlegungen an, wird sie zu einer der sechs falschen Anschauungen gelangen:

1. Ich besitze ein Selbst: Diese Anschauung erscheint der Person als wirklich und wahr.
2. Ich besitze kein Selbst: Diese Anschauung erscheint der Person als wirklich und wahr.
3. Durch das Selbst nehme ich das Selbst wahr: Diese Anschauung erscheint der Person als wirklich und wahr.
4. Durch das Selbst nehme ich das Nicht-Selbst wahr: Diese Anschauung erscheint der Person als wirklich und wahr.
5. Durch das Nicht-Selbst nehme ich das Selbst wahr: Diese Anschauung erscheint der Person als wirklich und wahr.
6. Die Person kann auch zu folgender falscher Anschauung gelangen: Dies ist mein Selbst. Es spricht und fühlt und erlebt die Früchte (Ergebnisse) guter und schlechter Taten, einmal hier, ein anderes Mal dort. Dieses Selbst ist von Dauer, beständig, ewig, unveränderlich, es bleibt für immer und ewig so bestehen.

Auszug aus dem Satta, zitiert nach Walpola Rahula:
Was der Buddha lehrte

Wie sich auch hier zeigt, riet der Buddha den Menschen immer wieder, keine kostbare Zeit mit der Lösung unlösbarer Probleme zu verschwenden. Die Einsicht, die zur Erleuchtung führt, führt auch zu Weisheit und Wissen. Der erleuchtete Geist sieht alle Dinge mit großer Klarheit.

Die Quantentheorie würde es vielleicht so formulieren: Der Auflösung von Materie folgen nur sich ständig wandelnde Wahrscheinlichkeitsmuster, eine Teilchenaktivität, die sich nicht voraussagen lässt. Mit anderen Worten, **alles** ist möglich. Der Versuch, das Unvorhersehbare vorherzusehen, fördert nicht den Erwerb von Wissen, sondern lenkt den Geist von wichtigen Fragen ab. In diesem Punkt, wie in vielen anderen, wissen sich Wissenschaft und Buddhismus einig.

Das Leben nach dem Tod

Das menschliche Bedürfnis nach einer übernatürlichen Vater- oder Mutterfigur (oder auch nach mehreren) ist mit der individuellen Ausprägung der menschlichen Psyche verknüpft. Darum ist dieses Bedürfnis wohl ebenso alt wie das Bewusstsein der Menschen. Jeder Mensch besitzt eine jeweils eigene psychische Struktur, wenngleich zur Formulierung von Theorien gewisse Kategorisierungen zulässig sind. Das psychische Profil eines Menschen ist genetisch zunächst einmal vorgegeben, wird aber durch Kindheitserlebnisse oder auch spätere Erfahrungen modifiziert.

Jemand, der eine absolut zufriedene, ausgeglichene Kindheit erlebt hat, wird als religiöser Mensch eine solche Erfahrung auch für das so genannte nächste Leben erwarten. Eine andere Erwartung würde einem anthropomorphen Gottesbild (Gott als Vater/Mutter) widersprechen, das für Religionen so bezeichnend ist. (Im Katholizismus wird die mütterliche Seite von der Jungfrau Maria repräsentiert.)

Jemand, der in der Kindheit die Zuwendung eines Elternteils vermisst hat, ob es sich nun um die mütterliche oder die väterliche Zuwendung handelt, könnte durchaus einen rein väterlichen oder rein mütterlichen Gott erwarten.

In einer stark patriarchalisch geprägten Kultur entspricht die Vorstellung von Gott zweifellos einer autoritären männlichen Figur, dem Vater, der alles weiß und dem man unbedingten Gehorsam schuldet, um nicht mit Enterbung oder gar dem Tod bestraft zu werden.

Im religiösen Matriarchat ist die göttliche Figur möglicherweise die Lebensspenderin, die grenzenlose Liebe schenkt, auch die Lehrerin (so wie es eine Mutter im Idealfall ist), aber ebenso die zornige Mutter, die die Feinde ihrer Kinder zerstört.

Die buddhistische Religion, vor allem der Mahayana- und Vajrayana-Buddhismus (Tantrismus), führt das zusammen, was getrennt war: Vater und Mutter, männlich und weiblich, Yin und Yang (das Prinzip der beiden Kräfte des Universums). Sie basiert weder auf dem ausschließlich männlichen noch auf dem ausschließlich weiblichen Prinzip, sondern geht über beide hinaus. Dabei folgt sie stets und in allen Dingen dem »Mittleren Weg«, wird weder zum einen noch zum anderen, sondern zu »allen beiden« – zu einem vollständigen Ganzen.

Siddharta Gautama war zwar ein Mann, doch in der religiösen Praxis des Buddhismus wird er keinesfalls als männliche Figur gesehen: Er entspricht dem geschlechtslosen Sinnbild der Erleuchtung. Deshalb kann der Buddhismus auf eine weibliche Zugabe in Form einer ewigen Jungfrau oder Gemahlin verzichten. Yasodarah, seine Frau, wurde nicht zur Heiligen oder spirituellen Gefährtin erhoben, denn dies hätte sich nicht mit der Philosophie vereinbaren lassen, aus der sich die buddhistische Religion entwickelt hat.

Einige Fragen und einige Antworten

*(denen hoffentlich niemand ganz
und gar zustimmt)*

Es ist nie verkehrt, Fragen zu stellen, vor allem nicht in religiösen Dingen. Denn gerade hier wird von uns oft erwartet, einfach zu glauben, was uns berichtet und gelehrt wird. Fragen stellen heißt aber nicht unbedingt, an etwas zu zweifeln. Indem wir Fragen stellen, wollen wir einfach mehr Informationen erhalten. Selbst wenn eine Person an das gesprochene oder geschriebene Wort aufrichtig glauben möchte – allein aus blindem Glauben ist es ihr eben doch nicht möglich.

Fragen sind auch nicht immer ein Zeichen von Unwissenheit, sondern drücken oft den Wunsch nach Klarheit aus, wenn die Informationsquelle unverständlich erscheint. Oft haben jedoch Menschen, die ihre Religion hinterfragen, Schuldgefühle: gegenüber ihrem Lehrer, aber vor allem gegenüber der jeweiligen Gottheit.

Ein guter buddhistischer Lehrer respektiert hingegen diejenigen, die Fragen an ihn richten, und sieht, dass sie mit großem Ernst nach Weisheit und Wissen streben. Die Fragen der Suchenden geben Aufschluss darüber, inwieweit sie den Dharma verstanden haben, über ihren Wissensstand und ihre philosophische Sicht des Lebens.

Beim Thema Religion wird viel über Glaube und Unglaube, Gläubige und Ungläubige geredet. Wir sind stolz auf die Kraft, die uns an unserem Glauben, an unseren Überzeugungen festhalten lässt. Doch damit wir etwas **glauben** können, müssen wir es zweifellos erst einmal verstehen. Ich kann **glauben**, dass eine Mischung aus Mehl, Eiern, Butter und Zucker nach dem Backen einen Kuchen ergibt. Denn (a) ich habe oft dabei zugesehen, und (b) ich kann es selbst versuchen – eine echte **Erfahrung**. Ich kann glauben, dass das Gift bestimmter Insekten und Reptilien tödlich ist. Ebenso glaube ich, dass scharfe Messer Verletzungen verursachen, dass unter Dürre meine Ernte leidet, dass nicht nur Katzen, sondern auch einige Vögel andere Vögel fressen. All diese Dinge kann ich glauben, und noch viele tausende mehr, weil ich sie erlebt oder mit eigenen Augen gesehen habe. Etwas zu glauben, von dem ich nichts weiß und das ich nicht erforschen kann, ist dagegen sinnlos. Nach den buddhistischen Lehren ist es sogar völlig unmöglich.

Das Traurigste an einem »Glauben«, der nur auf gutem Glauben beruht, ist die Tatsache, dass es keine Entwicklungsmöglichkeit gibt: Ich kann mein Wissen in Glaubensfragen nicht erweitern. Im Grunde ist ein solcher Glaube wie eine Mauer, die zwischen mir und weiteren Erfahrungen steht. Ich muss mich nicht weiter damit beschäftigen, und trotzdem gibt mir der Glaube ein Gefühl von Stärke und Sicherheit.

Fragen stellen, heißt lernen, auch wenn die Antworten nicht immer korrekt ausfallen. Wichtig ist lediglich, dass man nicht aufhört zu fragen und auch die Antworten infrage stellt. Es ist sicher nicht immer einfach, in einer Gemeinschaft von Gläubigen diejenige Person zu sein, die Fragen stellt. Oft mag man als »Ungläubiger« und blasphemischer Häretiker verurteilt werden, aber auf lange Sicht hat sich das Fragenstellen stets bewährt. In solch einer Zwangslage bleibt manchmal nur die Möglichkeit, die Gemeinschaft zu verlassen, statt zu bleiben und den Glauben der anderen scheinbar abzuwerten. Diese Lösung nimmt beiden »Seiten« die Verwirrung, und aus diesem Grund verbringe ich persönlich mehr Zeit in der Gemeinschaft der Laien als in den großen Gemeinschaften des Sangha.

Im Folgenden will ich versuchen, einige der häufigsten Fragen zu beantworten, die von Nicht-Buddhisten gestellt werden. Sie betreffen Dinge, die sie gelesen oder beobachtet haben, oder auch Dinge, die man ihnen über buddhistische Übungen und Dogmen erzählt hat. Gleichzeitig hoffe ich doch, dass niemand meinen Antworten so einfach Glauben schenkt, sondern sich persönlich von ihrem Wahrheitsgehalt oder dem Gegenteil überzeugt. Eine geschriebene Antwort lässt sich natürlich nicht mit einem persönlichen Gespräch vergleichen, in dem man sich stets vergewissern kann, inwieweit man verstanden worden ist. Ein verwunderter Gesichtsausdruck, ein überraschter Blick, ein Seufzen oder ein leichtes Kopfschütteln – all dies vermag den Lehrer darauf hinzuweisen, dass er die Antwort nicht klar genug formuliert hat. Oft verschleiert das geschriebene Wort, was eigentlich gemeint ist, vor allem, wenn man tief schürfende Gedanken in einfache Worte kleiden will.

F: *Warum verkündete der Buddha eine neue Lehre, obwohl es schon mindestens eine Religion gab, die mit der Autorität der Brahmanen ausgestattet war?*

A: Der Brahamanismus wie auch der Jainismus waren zur damaligen Zeit bereits stark von Ritualen geprägt. Der Brahmanismus basierte großenteils auf Aberglauben und Tieropfern, wobei jedoch die Tiere in keinerlei Hinsicht als heilig galten. Das einzig Wichtige an dem Tieropfer war das Blut. Die Armen, die den Segen der Götter am nötigsten brauchten, wurden bei dem Versuch, die zahlreichen Götter milde zu stimmen, sogar noch ärmer: Denn dafür mussten sie den Brahmanen Tiere und Vögel als Opfergaben überlassen. Die tiefer gehende Philosophie, die hinter den Ursprüngen der Religion stand, geriet mehr und mehr in Vergessenheit. Es gab viele, die wie der Buddha ihre Familienpflichten erfüllten, um dann die häuslichen Bequemlichkeiten hinter sich zu lassen und sich auf Wanderschaft zu begeben. Sie wollten verstehen lernen, warum es so viel Unwissenheit, so viel Gier, so viel Leiden und keine dauerhafte Befriedigung im Leben gab. Damals glaubten viele, ihren Geist durch Entbehrungen und physische Schmerzen befreien zu können und so zu einem größeren Verständnis zu gelangen. Andere glaubten an die Selbstverwöhnung, manche huldigten dem Feuer, wieder andere verzichteten sogar auf Kleidung und nahmen nur Wasser und ganz bestimmte Kräuter zu sich. Diese Praktiken versetzten die Gläubigen in tiefe Trancezustände und führten zu Halluzinationen. Die Fähigkeit, in Trance zu fallen, war hoch angesehen, und Halluzinationen, hervorgerufen durch Fasten, galten als Offenbarung.

Sieben Jahre lang praktizierte Siddhartha Gautama alle die Übungen, die von hoch geschätzten Weisen empfohlen wurden, doch erhielt er dadurch keinerlei befriedigende Antworten auf seine Fragen. Es musste einen anderen Weg geben – einen »Mittleren Weg«, wie sich herausstellen sollte.

Der Auslöser für die Wanderschaft des Buddha, für seine Suche nach Antworten, war das Mitleid, jedoch kein Selbstmitleid, sondern Mitleid mit leidenden, empfindsamen Wesen. Er wollte nicht zum Religionsstifter werden oder Klöster gründen: Dies war nur eine Folge seiner Lehren, als mehr und mehr Menschen seiner Lehre folgten. Der Buddha hat mehr als die Hälfte seines Lebens als religiöser Lehrer verbracht, doch muss es nicht unbedingt so lange dauern, bis Suchende mit genügend Ausdauer seine Lehren verstehen. Nicht durch den Glauben, sondern durch Fragen können wir zu dem richtigen Verständnis der Lehren des Erleuchteten gelangen, des Heiligen aus dem Sakya-Stamm, des Buddha Sakyamuni, des Weisen der Welt. Es war nicht seine Absicht, die bestehenden Religionen zu untergraben. Doch wenn die Menschen zu ihm kamen, um ihren Glauben mit ihm zu diskutieren, bemühte er sich stets, sie zu tief gehenden Überlegungen anzuregen.

F: *Beinhalten die buddhistischen Lehren auch das Konzept von Himmel und Hölle?*

A: Nein. Solche Begriffe sind Metaphern für Zustände des Geistes, die wir in diesem Leben erfahren.

F: *Ist der Dalai Lama eine Art »Papst« der Buddhisten?*

A: Nein. Seine Heiligkeit der Dalai Lama bezeichnet sich selbst oft gern als einen einfachen tibetischen buddhistischen Mönch. Er ist das Oberhaupt der Gelugpa-Gemeinschaft. Seine hohe Verehrung beruht auf dem Glauben der Tibeter, dass er die Inkarnation des Chenrezig, des Bodhisattva des Mitgefühls, ist. Diese Vorstellung des tibetischen Buddhismus entspringt dem Bedürfnis, dem abstrakten Konzept vom mitfühlenden Wesen des Buddha eine menschliche Gestalt zu verleihen.

F: *Ist der Mahayana-Buddhismus »buddhistischer« als der Theravada-Buddhismus?*

A: Nein. Die Hauptlehren beider Schulen sind buddhistisch. Unterschiede gibt es in den philosophischen Anschauungen, die sich nach dem Tod des Buddha entwickelten oder, wie religiöse Buddhisten es ausdrücken würden, nach seinem *parinirvana,* seinem »Eintritt« ins Nirvana.

F: *Warum müssen Nonnen deutlich mehr Gelübde ablegen als Mönche?*

A: Die größere Anzahl von Gelübden für Nonnen wird oft als frauenfeindlich verstanden. Doch obwohl es mir nicht zusteht, diesen Punkt eingehender zu beleuchten, es sei denn, eine Frau wünschte die Ordination, kann ich so viel dazu sagen: Viele der zusätzlichen Gelübde waren zum Schutz der Nonnen gedacht, als diese noch nicht in Klöstern lebten. Es wäre wunderbar, wenn Frauen (und Männer) jederzeit sicher reisen könnten, ohne dass man ihr Aussehen oder ihr Verhalten falsch interpretieren würde. Das war und ist jedoch nicht **überall** der Fall. Der Buddhismus beschäftigt sich mit Tatsachen, nicht mit dem, was »sein sollte«. Viele dieser Gelübde sind auch heute noch im Vinaya enthalten, obwohl sie im Lauf der

Zeit an Bedeutung verloren haben. Verständige Nonnen wissen sich dementsprechend zu verhalten.

F: *Haben Frauen die Möglichkeit, eine führende Position zu erlangen?*

A: Sicherlich, wenn sie es wünschen. Sie können Gurus, Lehrer oder Äbtissinnen werden und gelten bei ihren Anhängern und Schülern oft als heilig.

F: *Werden Mönche »höher« geschätzt als Nonnen?*

A: In einem Kloster oder wenn der Sangha zur Regenzeit seine Einkehr hält, hat es vielleicht in manchen Fällen den Anschein, doch hängt dies stets von den Anwesenden ab. Die gelehrte Nonne wird in gleichem Maß respektiert wie der gelehrte Mönch, unabhängig vom Geschlecht. Auf der anderen Seite reagieren einige Mönche und Nonnen und auch einige Laien recht aggressiv auf dieses Thema. Bestimmte Verhaltensweisen zwischen den Geschlechtern sind kulturell bedingt und nicht durch den Buddhismus verursacht.

F: *Glaubt man, dass nur Ordensmitglieder erleuchtet werden können?*

A: Mit Sicherheit nicht. Solche Vorstellungen gibt es nicht, und sie werden im Buddhismus auch nicht gelehrt. Es hat schon viele sachkundige und engagierte Lehrer unter den Laien gegeben (und es werden hoffentlich noch mehr werden), die zur Erleuchtung gelangt sind. Einige davon waren Mönche oder Nonnen, doch andere haben ein Leben als Ordinierte niemals in Betracht gezogen.

F: *Warum sollte jemand, der als Christ, Jude, Hindu oder Muslim aufgewachsen ist, sich dem Buddhismus zuwenden, um Antworten auf seine Fragen zu erhalten?*

A: Für diejenigen, die aufrichtig nach Weisheit und Erkenntnis suchen, lautet die Antwort, dass die Religion, mit der sie aufgewachsen sind, ihnen keine befriedigenden Antworten geben konnte. Der Grund dafür ist oft genug bei jenen Lehrern zu suchen, die sich selbst als »Wissende« bezeichnen, jedoch die Lehren ihrer eigenen Religion nicht richtig verstehen. Darum weisen sie Fragen ab, die sie nicht beantworten können. Dies gilt im Besonderen für einige so genannte »Religionslehrer« in der Schule, wo hauptsächlich Legenden und Volkssagen für den »Unterricht« herangezogen werden. Ein intelligenter, kritischer Geist wird dadurch verwirrt, beginnt sogar zu zweifeln und verliert den Wunsch, die Dinge selbst zu erforschen. Hört und liest eine solche Person, die nach Antworten sucht, vielleicht etwas von der buddhistischen Philosophie, entscheidet sie sich unter Umständen, hier mit ihrer Suche fortzufahren.

Dann gibt es natürlich noch all diejenigen, die den Buddhismus nur einmal ausprobieren wollen (aber bloß nicht zu viel auf einmal), sowie jene frommen, opferbereiten Menschen, die etwas suchen, dem sie sich mit Verehrung und Hingabe widmen können. Das Spektrum der Menschen, die vom Buddhismus angezogen werden, ist ebenso vielfältig wie die Ausprägungen der menschlichen Psyche. Einige dieser Menschen spricht dabei eher die Kultur als die Religion an.

F: *Warum rasieren sich buddhistische Mönche und Nonnen den Kopf?*

A: Zu Lebzeiten des Buddha war das Haar eine zierende Pracht. Oftmals wurde viel Zeit darauf verwendet, es zu pflegen und mit Juwelen und Blumen aufzuputzen. Damit wollte man nicht nur sich selbst schmücken, sondern auch Aufmerksamkeit erregen. Als die Mitglieder des

Sangha immer zahlreicher wurden, schien das aufwändige Frisieren ernsthaften Studien jedoch abträglich zu sein. So entstand die Tradition, die »Haarpracht« bei der Ordination zu scheren – ein Symbol dafür, dass man der Eitelkeit und dem Wunsch nach Bewunderung abgeschworen hatte. Wer in einem Kloster lebt, erregt mit ›dem rasierten Kopf keine Aufmerksamkeit. Wer jedoch außerhalb der klösterlichen Gemeinschaft lebt, verhält sich am besten so, wie es unter den herrschenden Bedingungen ratsam erscheint. In der Stadt, in der ich lebe, bin ich meines Wissens die einzige Buddhistin. Von einigen jungen Leuten als »Skinhead« verspottet zu werden (mit 72 Jahren!), das würde diese Tradition und damit auch den Buddhismus in den Augen derer, die wenig oder nichts darüber wissen, der Lächerlichkeit preisgeben. (Aus diesem Grund rasiere ich meinen Kopf nicht.)

F: *Wie ist die buddhistische Einstellung gegenüber der Ehe?*

A: In vieler Hinsicht entspricht sie der christlichen, jüdischen und islamischen Einstellung: Die Ehe ist ein Vertrag zwischen Mann und Frau, die versprechen, einander zu lieben, zu ehren und zu schätzen. Das schließt auch die Kinder ein, die aus ihrer Verbindung hervorgehen. Ehebruch ist ein Verstoß gegen die buddhistische Regel, die ungesetzliche sexuelle Aktivitäten verbietet. Scheidung ist eine zivilrechtliche und keine religiöse Angelegenheit.

F: *Ist der Buddhismus nicht eine sexistische, patriarchalische Religion?*

A: Nein. Für Buddhisten, vor allem für religiöse Buddhisten, die an die Reinkarnation glauben, wechseln Männer und Frauen in ihren verschiedenen Leben häufig die Rollen. Darum werden die Menschen einfach nur als Menschen betrachtet, ganz egal, welchem Geschlecht sie in diesem Leben gerade angehören. Philosophisch motivierte Buddhisten, Männer wie Frauen, wissen, dass wir **alle** leidende, empfindsame Wesen sind – und zwar im Hier und Jetzt.

F: *Beten Buddhisten nicht dafür, als Männer wieder geboren zu werden, damit sie zur Erleuchtung gelangen?*

A: Nein. »Wahre« Buddhisten tun das nicht. Diese Vorstellung stammt aus vorbuddhistischer Zeit und stellt in manchen Kulturen ein »Überbleibsel« aus jenen Tagen dar. Beliebt ist diese Vorstellung bei jenen, denen sie schmeichelt.

F: *Müssen buddhistischen Mönche und Nonnen immer ihre Roben tragen?*

A: Nicht, wenn es unpassend ist. Buddhisten, die in einer westlich geprägten Gesellschaft ohne finanzielle Unterstützung durch Laien leben und arbeiten, tragen das, was passend erscheint. Ordinierte, die sich in »normaler« Kleidung bewegen, tragen als Symbol für ihre Roben gesegnete gelbe Stoffstreifen mit sich. Damit erfüllen sie das Gelübde, stets ihre Robe, ihren Bettelnapf und Wasserfilter bei sich zu haben.

F: *Woher weiß man, welcher Gemeinschaft man sich zuwenden sollte?*

A: Mein Rat lautet, sie alle so gut wie möglich zu studieren. Andererseits ist es nicht so wichtig, wo man beginnt, denn wer die erhaltenen Informationen immer wieder überprüft, wird bald den **eigenen** Weg finden. Mein erstes Interesse galt den Lehren des Theravada-Buddhismus, doch der nächstgelegene Ort für eine Unterweisung war tibetisch, also habe ich dort begonnen. Nachdem inzwischen viele Jahre vergangen sind, nenne ich mich einfach eine »Buddha-Buddhistin«, und ich empfinde tiefen Dank gegenüber **allen**, die mir geholfen haben, meinen Weg zu finden.

F: *Ist es wahr, dass Buddhisten kein Interesse daran haben sollten, ihren Besitz zu vergrößern?*

A: Nein. Zu keiner Zeit hat der Buddhismus ein Leben in freiwilliger Armut befürwortet. Der Buddhismus lehrt jedoch, was wir alle wissen: Reichtum schützt uns nicht vor Dukha, und andere empfindsame Wesen zum eigenen Vorteil auszubeuten ist ethisch verwerflich. Tatsächlich erteilte der Buddha wohlhabenden Leuten und Kaufleuten Ratschläge zur Erhaltung ihres Reichtums. Allerdings erwartete er von ihnen, dass sie für eine anständige Arbeit auch einen angemessenen Lohn zahlen.

In eigener Sache

Eine Frage wird mir jedes Mal, wenn ich einen Vortrag über den Dharma gehalten habe, gestellt. Sie lautet, warum – nicht: wie – ich, eine Frau aus einem westlichen Land, die doch schon einige Erfahrungen in ihrem Leben gesammelt hat, mich für die Lehren des Buddha zu interessieren begann. Meine Gründe, die zu diesem Entschluss geführt haben, möchte ich im Folgenden beschreiben. Allerdings ergeht es mir dabei genauso wie allen Menschen: man selbst erkennt die eigenen Motive und Beweggründe nicht unbedingt mit größter Klarheit.

Mein Interesse an alter Geschichte, Anthropologie, Archäologie, Mythologie, Religion und Mystizismus wurde durch die Bücher, die mein Vater mir seit meinem 14. Lebensjahr zu lesen gab, genährt. Doch konnten mich die Lehrsätze der vier

Hauptreligionen – Hinduismus, Judentum, Christentum und Islam – nicht ausreichend befriedigen. Ich gehöre zu der Art von Menschen, die sich ungern vorschreiben lassen, was sie tun sollen, ehe sie nicht eine ungefähre Vorstellung des erwarteten Ergebnisses haben und akzeptieren können. Ich war ein sehr religiöses Kind, das zum Teil in katholischen Schulen erzogen wurde, und an den Ritualen meiner Religion nahm ich regelmäßig teil. Nichts konnte mich davon abbringen, nicht einmal der Zorn und Spott meiner Mutter. Ich wollte unbedingt so fest **glauben** können, wie die anderen es anscheinend taten. Mein Glaube sollte stark sein und nicht mehr von den ständigen Fragen meines forschenden Geistes gestört werden. Schließlich suchte ich in vielen christlichen Gemeinschaften nach befriedigenden Antworten. Doch während ich viele aufrichtige, freundliche Menschen traf, waren jene, die sich als Lehrer bezeichneten, im Hinblick auf meine Fragen keine große Hilfe.

Mehrmals las ich im Lauf der Jahre das Alte und das Neue Testament. Nach meinen frühen Studien der alten Geschichte und Mythologie erschien mir das Alte Testament jedoch gar zu offenkundig die Geschichtsinterpretation von Völkern aus anderen Kulturen zu sein.

Diese Feststellung erschwerte mir den aufrichtigen Glauben, was im Übrigen auch für das Christentum galt. Zur gleichen Zeit beneidete ich jene, deren großes Vertrauen sie etwas glauben ließ, was sie nicht verstanden. Mir war solcher Seelenfrieden nicht beschieden. Mir war damals noch gar nicht bewusst, dass ich nicht so sehr nach einer Religion suchte, sondern nach einer Philosophie, nach der ich leben konnte und die meinem Leben einen Sinn gab.

Heutige islamische Vorstellungen vom Paradies als eine unmittelbare Belohnung für den Tod im *jihad* (oder Heiligen Krieg) stießen mich ebenso abwie die Einstellung der Muslime gegenüber Frauen. Die grundlegenden sozialen Lehren des Propheten Mohammed bewunderte ich hingegen, und viele Aspekte des Sufismus sprachen mich ebenfalls an.

Der Hinduismus war für mich ein faszinierendes historisches wie philosophisches Studienobjekt, doch als Religion kam er für mich nicht in Frage.

Ich suchte nach Antworten, die dem großen Durcheinander, das das Leben für mich darstellte, einen Sinn gaben. Doch nirgendwo konnte ich einen Weg zu den gesuchten Antworten finden – mit Ausnahme der frühen, grundlegenden Lehren des Buddha.

Es ist keineswegs meine Absicht, den geheiligten Glauben anderer Menschen verächtlich zu machen, ganz egal welcher Religion sie angehören. Ich versuche nur meine Antwort auf die ursprüngliche Frage so gut wie möglich zu formulieren. Der Drang nach einer religiösen Überzeugung ist ein wesentlicher Bestandteil der menschlichen Natur, auch wenn er sich in vielen verschiedenen Formen äußern kann. Sollte es eine höhere Intelligenz geben, einen Schöpfer aller Dinge, begreife ich nicht, warum es so viel Feindseligkeit gibt, ja sogar Hass, gegenüber der Verwendung unterschiedlicher Namen für das, was man vielleicht als »göttliches Wesen« bezeichnen könnte (in Ermangelung eines besseren Worts). Für mich handelt es sich hierbei um Fragen der persönlichen Einstellung, nachdem ich die Gelehrten wegen ihrer **Meinung** zu diesem Thema studiert habe. Das endgültige Verstehen wird eine persönliche Erfahrung sein, die man anderen weder aufzwingen noch als Wahrheit verkünden kann.

Worte werden kaum von Nutzen sein, wenn es um Dinge geht, die wir durch Sprache nicht auszudrücken vermögen. Was unseren Geist angeht, so sind wir Menschen leider allzu bequem. Unserer geistigen Kräfte sind wir uns nach wie vor nicht bewusst; stets suchen wir nach einer Erlösung, die uns auf einem Tablett serviert wird. Erlösung wovon? Nach meiner Meinung müssen wir nur von einer einzigen Sache erlöst werden, und zwar von unserer eigenen Ignoranz. Diese Erlösung stellt sich jedoch nur durch persönliche Erfahrung ein, mit der größtmöglichen, vollkommenen Klarsicht. Niemand, kein Ritual und keine göttliche Gnade kann uns solch eine Erlösung bescheren – ähnlich dem Geschenk eines Zauberers im Märchen. Es kann sich nur um eine einzigartige persönliche Erfahrung handeln. Andere, auch der Buddha, können nur in eine bestimmte Richtung weisen.

Das war es, was ich suchte. Habe ich gefunden, was ich suchte? Ja. Bin ich auch in der Lage, richtig damit umzugehen? Ich übe mich darin (nicht »ich versuche es«), doch ein »Ende« hat diese Übung nicht. Auch die Erleuchtung würde kein »Ende« bedeuten, sondern einen erneuten »Anfang«.

Das Wertvollste, was ich gelernt habe, war die persönliche Verantwortung für mein Handeln, denn gegenwärtige wie zukünftige Augenblicke werden dadurch beeinflusst. Wenn ich einen Fehler mache, suche ich die Schuld nicht bei einer anderen Person. Stets ist es mir überlassen, die Richtung für meinen nächsten Schritt zu wählen, und so muss auch ich die Konsequenzen tragen. Für mich bedeutet das eine wunderbare Freiheit und Sicherheit – wenn es so etwas überhaupt gibt. Ich werden dadurch zwar nicht weiser, aber es bedeutet, dass ich letztlich allein mir selbst eine Antwort schuldig sein werde. Es ist mein Wunsch, so zu leben, dass mir diese Antwort hoffentlich so leicht wie möglich fallen wird.

Ich hoffe aufrichtig, dass alle Menschen alle Fragen und Antworten finden werden, die sie zu finden wünschen.

Möge es so sein

Ich hoffe, dass meine Leser durch die Lektüre zu mehr Fragen angeregt worden sind, als sie Antworten erhalten haben, und dass der Wunsch zurückbleibt, mehr zu wissen.

Öffentliche Vorträge

Zwei Vorträge, gehalten 1996 und 1997
vor der Melbourne Theosophical Society

Namo Buddhaya

Frei von Gier,
Hass und Unwissenheit

Mein Name ist Adrienne Howley, und bevor ich mit meinem Vortrag beginne, möchte ich Ihnen sagen, wie sehr es mich freut, heute vor Menschen sprechen zu können, die sich für fremde Anschauungen interessieren. Leider ist ein solches Interesse, obwohl zweifellos ein Zeichen von Intelligenz und Aufgeschlossenheit, nicht sehr verbreitet.

Nachdem man mich gebeten hatte, hier einen Vortrag zu halten, habe ich erst einmal all meine Bücher hervorgeholt. Ich begann sie zu studieren, mir eifrig Notizen zu machen, überprüfte ständig die Genauigkeit meiner Ausführungen und versuchte, meine eigene Person dabei konsequent herauszuhalten. Schließlich flimmerte es mir vor Augen, und ich bekam einen Schreibkrampf. Doch dann ist endlich der Groschen gefallen. Ich meditierte eine Zeit lang, suchte nach Hilfe, und bald wurde mir klar, dass das, was ich hier zu tun versuchte, genauso gut von Ihnen selbst getan werden könnte. Vielleicht war das sogar bereits der Fall. Also zerriss ich all meine Notizen und versuchte, lieber das in Worte zu fassen, was ich durch persönliche Erfahrung aus den Lehren des Buddha gewonnen hatte. Genau diese Erfahrungen möchte ich nun mit Ihnen teilen.

Ehe die Lehrer des tibetischen Buddhismus über den Dharma sprechen, geben sie ihren Zuhörern eine nützliche geistige Anregung. Sie nennen dies die Lehre von den drei Töpfen, und auch ich möchte damit beginnen. Sie lautet: Der erste der drei Töpfe hat ein Loch, sodass alles, was man hineinfüllt, sofort wieder herausläuft. Dieser Topf wird sich niemals füllen lassen. Der zweite Topf wurde bereits mit so vielen Dingen gefüllt, dass er nichts mehr aufnehmen kann. Der dritte Topf ist sauber und leer; er wird alles aufnehmen, was man in ihn hineingibt. Ich möchte Sie bitten, dass unser Geist für diesen Vortrag ebenso aufnahmebereit ist. Lassen Sie uns die Augen schließen und auf den Klang dieser Glocke lauschen. Während der Klang immer leiser wird, werden unsere persönlichen Sorgen dahinschwinden, und fünf Minuten lang lassen wir unsere Gedanken kommen und gehen, ohne an ihnen festzuhalten. Ich werde dann abermals die Glocke läuten, und während sie verhallt, richten wir unsere Aufmerksamkeit wieder auf unsere Umgebung.

Ehe ich beginne, möchte ich Ihnen ein wenig über meine Begegnungen mit dem Dharma erzählen. Meine erste Begegnung liegt über dreißig Jahre zurück, als mein ältester Sohn mir ein Buch mit dem Titel *Die Lehren des mitleidvollen Buddha* überreichte. Der Inhalt weckte mein Interesse, doch gab es in Sydney zur damaligen Zeit keine qualifizierten Lehrer. Es existierte zwar eine kleine buddhistische Gemeinde, aber als Schichtarbeiterin konnte ich an den Treffen nur selten teilnehmen. Das Einzige, was ich tun konnte, war zu lesen, was mir zufällig in die Finger kam. Mehr konnte ich nicht tun, denn ich war viel zu sehr damit beschäftigt, mir das Leben selbst schwer zu machen.

Wenn mein Leben wieder einmal besonders anstrengend war, behauptete ich scherzhaft, dass ich eines Tages entweder auf dem Gipfel des Mount Everest leben oder eine buddhistische Nonne werden würde. Dieser Scherz sollte sich als sich selbst erfüllende Voraussage entpuppen. Seit nunmehr 14 Jahren bin ich buddhistische Nonne, und zwar sowohl nach der tibetischen Schule, in der Nonnen nur Novizinnen werden können, als auch nach der vietnamesischen Schule, in der die Weihe zur Bhikkhuni in einer lückenlosen Tradition über China mit dem alten Indien verbunden ist.

Ich bin nicht religiös, wenn man darunter das Vertrauen auf Riten und Rituale versteht. In diesem Sinn meide ich auch die organisierte Religion mit all ihren gebrauchsfertigen Lehrsätzen, denn für mich sind die Dinge des »Geistes« eine persönliche Angelegenheit und basieren auf einem kontinuierlichen Lernprozess. Dies erzähle ich Ihnen jedoch nicht, um wie eine Buddhismus-Expertin zu klingen. Ich kann nur über die Dinge sprechen, die ich durch eigene Studien und Überlegungen sowie durch die Unterweisungen gelernt habe, die ich von erfahreneren Menschen erhielt.

Der Buddhismus ist die Lehre von der Erleuchtung, und Erleuchtung bedeutet vollkommenes Verstehen oder zumindest ein Verstehen, das so tief reicht, wie es unsere Sinne zulassen. Gautama Buddha lehrte aufgrund seiner persönlichen Erfahrungen. Er erhielt keine göttlichen Instruktionen oder Botschaften von Göttern. Er war in jeglicher Hinsicht ein menschliches Wesen. Er heiratete und zeugte Kinder, so wie es zur damaligen Zeit von einem Menschen seines Stands erwartet wurde. Seinem Leben haftete nichts Mysteriöses an. Er war jedoch außergewöhnlich intelligent und suchte mit großem Ernst nach einem Weg, der es allen empfindsamen Wesen ermöglichen würde, das Leiden zu verstehen und zu überwinden. Siddhartha ließ sein angenehmes, fürstliches Leben hinter sich, um über sechs Jahre lang bei den größten Lehrern seines Landes und seiner Zeit zu studieren. Er setzte sogar sein Leben aufs Spiel – so stark war sein Wunsch zu lernen.

Nachdem er schließlich aus eigener Kraft den Grund für das Leiden und den Ausweg aus diesem Leiden erfahren hatte, fragte er sich, ob die Menschen dies wirklich wissen wollten. Würden sie ihm überhaupt zuhören? Doch sein Mitleid für alle empfindsamen Wesen ließ ihn schließlich das verkünden, was er selbst erfahren hatte.

Er sollte über vierzig Jahre lang lehren. Seine Unterweisungen und Ratschläge erteilte er Menschen aus allen Schichten, angefangen bei den Königen (oder Maharajas, wie sie in Indien heißen) bis hin zu den Sudras, den Unberührbaren. Seine Unterweisungen entsprachen dabei stets den Bedürfnissen und geistigen Fähigkeiten seiner Zuhörerschaft. Leider wird dies heute von manchen, die glauben, den Dharma interpretieren zu können, nicht immer berücksichtigt. Der Buddhismus kann auf vielen Ebenen unterrichtet werden, und bei ausdauernden Studien und Übungen wird er zu einer niemals versiegenden Quelle der Weisheit. Man glaubt, aus einer bestehenden Lehre alle möglichen Schlüsse gezogen zu haben, doch kehrt man zu ihr zurück, entdeckt man sogar noch größere Schätze. Es handelt sich dabei ganz einfach um die stetige Erweiterung des eigenen Verständnisses und der persönlichen Erfahrung.

Der Buddha war kein Dogmatiker. Stets verlangte er von denen, die ihm zuhörten, seinen Reden nicht nur aus Respekt für seine Person Glauben zu schenken, sondern das Gesagte selbst zu prüfen. Ein wahrer Buddhist versucht genau das zu tun. Die Dinge, die wir lernen, beruhen für uns alle letztendlich auf persönlicher Erfahrung.

Freiheit

Nach buddhistischem Verständnis war und ist die Menschheit zu jeder Zeit, in jedem Land und in jedem Kulturkreis auf der Suche nach Freiheit. Wovon will sich die Menschheit jedoch befreien? Nun, wollen wir nicht alle, bis zum kleinsten einzelligen Organismus, frei von Leiden sein? Was aber verstehen wir unter Leiden? Was der Buddha als Leiden bezeichnete, ist Dukha und lässt sich mit Schmerz, Sorge, Leid übersetzen. Doch diese Begriffe drücken nicht genau genug aus, was er eigentlich meinte. Sein Verständnis von Dukha war weiter gefasst; es beinhaltete auch Aspekte wie »Unvollkommenheit«, »Vergänglichkeit«, die »fehlende Substanz der Dinge«. Die buddhistische Vorstellung von Dukha lässt sich nicht mit einem **einzigen** Wort übersetzen. Nach dem traditionellen Wortlaut der »Ersten Edlen Wahrheit« meint Dukha die Geburt, das Alter, den Tod, die Verknüpfung mit unangenehmen und die Trennung von angenehmen Dingen, unerfülltes Verlangen, Kummer, Trauer, Verzweiflung und alle Formen geistigen und körperlichen Leidens.

Mit großer Ausführlichkeit erklärte der Buddha den Grund für dieses Leiden, denn ein Problem kann nur dann gelöst werden, wenn wir seine Ursache ermitteln. Zwar können wir uns auf jede erdenkliche Art ablenken, uns selbst verleugnen oder in Rituale flüchten, doch all dies wird unser Leiden nur vorübergehend mildern, so wie ein Schmerzmittel lediglich die Kopfschmerzen, aber nicht deren Ursache beseitigt. Meist ziehen wir das Schmerzmittel der harten Arbeit und der Ehrlichkeit gegenüber uns selbst vor, die jedoch nötig wären, um den Grund für unser Leiden zu erkennen – und genau das ist eines unserer Hauptprobleme.

Bevor ich fortfahre, muss ich allerdings betonen, dass die Lehren des Buddha nicht besagen, *alles* sei Dukha. Der Buddha hat niemals die Existenz der Schönheit und die Möglichkeit der Freude verleugnet. Er lehrte vielmehr, dass unsere Existenz, unser tägliches Leben Dukha ist. Der Grund für Dukha (das individuelle Leiden oder das Fehlen von dauerhafter Befriedigung) lässt sich unter drei Gesichtspunkten zusammenfassen. Sie lauten Gier, Hass und Unwissenheit, und darüber möchte ich heute sprechen.

Zuerst einmal müssen wir uns darüber klar werden, was genau mit Gier, Hass und Unwissenheit gemeint ist. In diesem Moment können wir alle mit Sicherheit von uns sagen, dass wir nicht gierig sind. Und keine Person wird von uns so sehr gehasst, dass wir ihr Schlechtes wünschen. Und was die Unwissenheit betrifft – wie könnte uns jemand so etwas vorwer-

fen! Wir sind gebildete, denkende Wesen! Gier, Hass und Unwissenheit – das mag auf andere zutreffen, aber **gewiss** nicht
auf uns! Ehe sich nun irgendjemand auf die Zehen getreten
fühlt, möchte ich erklären, wie diese drei Begriffe im buddhistischen Kontext zu verstehen sind. Nehmen wir das Wort,
das ursprünglich mit »Gier« oder »Verlangen« übersetzt wurde. Die genauere Übersetzung des Worts aus dem Pali müsste
nicht einfach »Verlangen«, sondern »Zustand des Verlangens«
lauten. Gemeint ist dieser ganz bestimmte Zustand der Begierde, mit dem wir geboren werden und ohne den uns die Natur nicht überleben ließe. Die ersten Dinge, die wir in unserer
angeborenen Begierde brauchen, sind Luft, Nahrung und eine Umgebung, in der wir überleben können. Was für ein
Glück, wenn all diese Bedürfnisse in den Armen einer liebenden Mutter oder eines liebenden Vaters befriedigt werden,
denn dann wird auch unser nächstes großes Bedürfnis pro-
blemlos gestillt: das Bedürfnis nach Liebe.

Doch all dies ist natürliche Gier, natürliches Verlangen und
gehört zu dem ganz normalen Verhalten eines Säuglings, der
nach allem greift, was er nur zu fassen bekommt. Alles, was er
in Händen hält oder erblickt, gehört ihm (wir sprechen von
»Besitz ergreifen«), und wenn man ihm zeigt, dass das nicht
so ist, begehrt er auf. Im Grunde ändern wir uns in dieser
Hinsicht wenig. Als Erwachsene sind wir immer noch von einem unverhältnismäßigen Drang erfüllt, »Besitz zu ergreifen«. In diesem Zusammenhang fällt mir ein Beispiel für
kindliche Weisheit ein, an der mich einer meiner Söhne teilhaben ließ: Wieder einmal beklagte ich die Tatsache, dass
meine Mutter nie zufrieden zu stellen war, ganz egal, was
man für sie tat oder ihr gab. Sie nahm wohl alles an, doch
stets machte sie deutlich, dass es die falsche Farbe oder Form
besaß oder einfach nicht das war, was sie wirklich gewollt
hatte. Mein Sohn lächelte und sagte ruhig: »Mutter, du ver-
stehst sie nicht. Das ist alles. Sie weiß **genau**, was sie will – sie

will einfach **alles**.« Wir alle sind ein wenig wie sie und werden vielleicht sogar wütend, wenn wir nicht alles haben können. Wir leiden außerordentlich und sorgen dafür, dass andere ebenfalls leiden.

Selbst wenn wir **bekommen**, was wir wollen, werden wir weiterhin leiden, es sei denn, wir haben eine der wichtigsten Lehren des Buddha verstanden: Anicca – Vergänglichkeit, Wandel, der ständige Fluss der Dinge. Das neueste und wertvollste Auto wird eines Tages alt und kaputt sein, das modernste Haus wird nicht immer modern bleiben, unsere derzeitige Liebesbeziehung – die das Ende aller anderen Liebesbeziehungen bedeutet – wird sich verändern, aus unseren Babys werden rastlose Teenager und Menschen, die wir lieben, verlassen uns oder werden krank und sterben. Wenn wir nicht verstehen und akzeptieren, dass sich alles in jedem Augenblick verändert, dass nichts auch nur für einen Moment so bleiben wird (oder kann), wie es ist, dann werden wir uns an etwas klammern, das nur in unserer Vorstellung existiert. Wir werden leiden. Wütend zu werden, sich mit Alkohol oder Rauschmitteln zu betäuben, auf jemanden oder etwas einzuschlagen, zu schreien, Dinge zu zertrümmern oder sogar zu töten, all das wird überhaupt nichts daran ändern. Dadurch fügen wir uns selbst und anderen nur noch mehr Leid zu. Sogar im Moment des unausweichlichen Todes klammern wir uns an unser Leben, und neben unserem letzten körperlichen Schmerz erleiden wir nun auch noch seelischen Schmerz. In unserer Gier halten wir nach wie vor an dem fest, was wir unter unserer Existenz verstehen.

Hass

Im buddhistischen Zusammenhang wäre »Abneigung« eine treffendere Bezeichnung als »Hass«. Gemeint ist der grundsätzliche Widerwille gegenüber unangenehmen Dingen. Die Skala der Bedeutungen kann von bloßer Antipathie bis hin zu Mordabsichten reichen. Viele Dinge hassen wir, weil sie uns fremd sind, sich nicht mit unseren Ansichten vereinbaren lassen. Wir fürchten uns vor dem, was wir nicht verstehen, und wenn wir etwas fürchten, laufen wir in der Regel vor ihm davon oder versuchen, es zu zerstören. Ich persönlich halte selbst eine schwache Form von Abneigung für einen problematischen Zustand, mit dem man manchmal nur sehr schwer zurechtkommt. In einigen Fällen muss ich mich selbst daran erinnern, dass ich über eine bestimmte Situation gar nichts **weiß** – dass sie nicht unbedingt so sein muss, wie ich sie wahrzunehmen glaube. Ich versuche dann tolerant, aber nicht herablassend zu sein. Ich versuche in jedem empfindsamen Wesen das Potenzial zur Erleuchtung zu sehen, und ich mache mir klar, dass wir alle, auch die vom Glück begünstigten Menschen, ebenso wie ich Dukha unterworfen sind.

So genannte »heilige« Kriege (im Grunde ein Widerspruch in sich) entstehen aus extremer Abneigung gegenüber dem »Anderen«. Oftmals handelt es sich dabei um etwas Unverständliches, das eine unbewusste Furcht auslöst: Furcht vor dem Zorn Gottes, verursacht durch die Existenz von Ungläubigen, oder die unbewusste Angst, dass eine andere Auffassung von Religion die Wahrheit unseres eigenen Glaubens bedroht, der für uns doch die einzig **wirkliche** Wahrheit darstellt.

Auch Wut gehört zum Hass. Wut oder Zorn mag eine abgeschwächte Form darstellen, kann sich aber schnell zu glühendem Hass entwickeln. Durch Wut leiden zuerst einmal wir selbst. Jemand, der wütend ist, kann nicht zur gleichen Zeit fröhlich oder liebenswürdig sein. Wut zehrt uns auf – in geistiger wie körperlicher Hinsicht –, zerfrisst uns wie eine Säure. Mit Wut müssen wir sehr vorsichtig umgehen, denn sie kann sowohl uns als auch anderen jederzeit großen Scha-

den zufügen, und ihre Wirkung kann bleibendes Unheil schaffen. Viele Therapien zielen darauf ab, dass Menschen in einer kontrollierten Situation ihre Wut zum Ausdruck bringen. Dabei wird jedoch dafür Sorge getragen, dass man nicht sich selbst oder andere verletzt, wenn man zum Beispiel nicht die wahren Gründe für die Wut erkennt und sich die negative Energie gegen das falsche Ziel richtet.

Der Buddhismus verfügt über eine andere Methode, sich mit dem Gefühl der Wut auseinander zu setzen. Hier wird das **eigentliche Gefühl** analysiert: Es geht dabei um das tatsächliche physische Empfinden – das Gefühl, vor Wut »zu platzen«, zu spüren, wie jede Faser in unserem Körper angespannt ist, wie unser Gesicht brennt und unser Herz rast, wie wir vor Wut kaum noch nach Luft schnappen können. Unsere Emotionen sind so stark, dass wir zittern. Bei der buddhistischen Methode sollen wir uns dessen bewusst werden, was **in uns** abläuft. Während wir unsere Gefühle untersuchen, kommen wir ein wenig zur Ruhe, und dies ermöglicht uns, den nächsten Schritt zu tun. Wir fragen uns selbst: »Was ist der **tatsächliche** Grund für meine Wut?« Sehr oft stellt sich heraus, dass es im Grunde nur um ein verletztes Ego geht. Vielleicht wurde unsere Wut aber auch durch eine tief sitzende Angst ausgelöst. Als Nächstes müssen wir uns mit größter Ehrlichkeit fragen, welche Rolle wir selbst in der betreffenden Situation gespielt haben.

Hierbei geht es jedoch keinesfalls um Schuldzuweisung. Das Einzige, wonach wir suchen, ist Klarheit. Obwohl es den einfachen Zusammenhang von Ursache und Wirkung niemals gibt (alle komplexen Erscheinungen bedingen sich gegenseitig), kann uns eine vereinfachte Sicht der Dinge weiterhelfen. Auf diese Weise können wir besser erkennen, dass wir für unseren Kummer zum Teil selbst verantwortlich sind. Niemand kann mich wütend **machen** – ich **entscheide** mich, auf eine bestimmte Situation mit Wut zu reagieren. Die

Verantwortung für meine Gefühle trage ich selbst (oder sollte es zumindest tun), und so kann ich keiner anderen Person die Schuld für meine emotionalen Reaktionen geben. »Du machst mich wütend«, »Du machst mich so glücklich«, »Du hast mein Leben ruiniert«, solche Aussagen beweisen, dass man eine Situation nicht richtig verstanden hat. Die Ursache bei einer anderen Person zu sehen und dieser die Verantwortung zuzuweisen ist wesentlich einfacher und vermeintlich befriedigender.

Indem wir Verantwortung für eine Situation übernehmen, unseren Anteil daran anerkennen, steigt jedoch unsere Selbstachtung. Wir gewinnen mehr Kontrolle über unser Leben, und unsere eigene Stärke wird uns bewusst. Wäre es nicht schade, diese Vorzüge einfach zu ignorieren? Doch genau das tun wir. Denn es ist nicht einfach, Verantwortung für unser eigenes Handeln zu übernehmen. Man benötigt dafür Ausdauer und Aufrichtigkeit, und es kann Jahre dauern, wie ich aus persönlicher Erfahrung weiß. Es gab einmal eine Person in meinem Leben, bei deren bloßem Anblick ich nichts als Wut empfinden konnte. Sobald ich die ersten wütenden Worte dieser Person vernahm, spürte ich schon, wie der Ärger in mir hochstieg. Zu meinem Glück stand ich damals kurz davor, mich für ein Jahr lang zurückzuziehen. Ich wusste jedoch, dass ich zuvor noch mit dieser Angelegenheit ins Reine kommen musste: Könnte ich diese Abneigung überwinden, wäre alles andere ein Kinderspiel.

Schließlich sollte es mir gelingen: Eines Tages war ich in der Lage, die üblichen verbalen Attacken mit Gelassenheit zu ertragen, und während ich erkannte, welchen Anteil ich selbst daran hatte, spürte ich, wie mein Ärger verflog und durch Mitleid ersetzt wurde. Obwohl ich mit keinem einzigen Wort auf die Anschuldigungen reagierte, sollte ich sie nie wieder zu hören bekommen. Ich weiß also, dass die Methode funktioniert, denn ich habe es selbst erlebt. Mit sentimentaler Vergebung und Selbstaufgabe hat das allerdings nichts zu tun, sondern damit, eine Situation so gut wie möglich zu verstehen, also so viele Gesichtspunkte wie möglich zu berücksichtigen. Wir erkennen, dass die Person, die uns beleidigt oder verletzt hat, ebenso wie wir ein leidendes und empfindsames Wesen ist. Und wir verzeihen uns, dies nicht früher erkannt haben. Vergebung bedeutet, den persönlichen Ärger loslassen zu können, einer anderen Person nicht länger die Schuld geben zu müssen. Dabei ist nicht einmal ein persönlicher Kontakt erforderlich, denn die anderen Beteiligten haben sich vielleicht nicht verändert. In diesem Fall wäre jede Art der Verbindung zu ihnen nur schädlich. Wir ignorieren oder verkennen die Situation nicht, wir versuchen sie zu verstehen.

Unwissenheit

Aus Unwissenheit entsteht immer wieder großes Leid. Nach buddhistischem Verständnis ist damit allerdings weder fehlende Intelligenz noch eine schlechte Ausbildung gemeint. Man versteht darunter vielmehr eine bestimmte Form des Nicht-Wissens: Uns ist nicht bewusst, wie die Dinge wirklich sind und warum sie so sind. Darüber hinaus ist uns auch der Unterschied zwischen angemessenem und unangemessenem Verhalten nicht bewusst. Wir erkennen nicht, dass nichts aus sich selbst heraus, unabhängig von allen anderen Dingen, existiert.

Das bedeutet jedoch nicht, dass gar nichts existiert, dass wir uns alles nur einbilden, dass wir uns ruhig und unbesorgt auf irgendwelche Eisenbahnschienen setzen können, denn Züge existieren im Grunde ja nicht. Es bedeutet ganz einfach, dass kein Ding aus sich selbst heraus existiert. Alle Erscheinungen oder »Dinge« stehen in Abhängigkeit zueinander. Die Ursache für ein bestimmtes Phänomen, eine bestimmte Erscheinung wird durch eine andere Ursache bewirkt und diese wiederum durch eine andere, und so geht es immer weiter. Nichts besteht auch nur für den Bruchteil einer Sekunde auf eine bestimmte Art und Weise. In Unkenntnis dieser Tatsache verwechseln wir die Namen, mit denen wir die »Dinge« bezeichnen (»Auto«, »Haus«, eine Person namens Johanna oder Andreas oder meine Vorstellung von mir »selbst«) , mit den »eigentlichen« Phänomenen und glauben, diese hätten Bestand. Wenn wir den Erscheinungen überhaupt ein Sein zuschreiben können, dann gilt dieses nur für einen kurzen Moment, so kurz, dass man im Grunde kaum von einer Existenz sprechen kann. Die Namen »Auto«, »Haus«, »Johanna« oder jeder andere Name für andere und für »mich«, sie bezeichnen nur eine Vielzahl sich ständig verändernder Erscheinungen. Das Auto, das ich im letzten Jahr besaß, ist nicht mehr dasselbe Auto, das ich heute besitze; Johanna ist nicht mehr das Mädchen, das ich einst kannte; ich bin mehr der Mensch, der ich in der Vergangenheit war. Die tatsächlichen Veränderungen vollziehen sich allerdings viel schneller, als wir sie beschreiben können.

Das ist ja alles sehr interessant, mögen Sie jetzt vielleicht denken, doch was hilft uns das hinsichtlich unserer täglichen Erfahrungen mit Dukha? Nun, wenn wir alles esoterische und kulturelle Beiwerk des Buddhismus einmal beiseite lassen, dann stoßen wir auf den Kern des allumfassenden Mitleids – nämlich den Wunsch, dass wir uns von Dukha **befreien**. Wie soll das aber geschehen? Ist die Erleuchtung nicht eher etwas für Heilige und Eremiten? Müssen wir es dem Buddha gleichtun, unser Heim verlassen und Bettelmönche werden? Was geschieht, wenn wir nicht länger an den Dingen festhalten, wenn wir unser Anhaften aufgeben? Geben wir damit auch unsere Fähigkeit auf, für uns und andere zu sorgen? Finden wir diese viel besprochene innere Weisheit nur mit Hilfe exotischer Rituale und endloser

Wiederholung von Texten und Gebeten in entlegenen fremd-
artigen Klöstern, die auf schneebedeckten, windgepeitschten
Bergen stehen? Vielleicht fördert die Höhe eines Berges ja
wirklich die Meditation, aber warum soll man nicht ebenso
gut auf Meereshöhe meditieren können? Wenn das stimmt,
was manche behaupten, nämlich dass man viele Leben gelebt
haben muss, um zur Erleuchtung zu gelangen, warum sollen
wir uns dann jetzt schon darüber Gedanken machen? Warum
verschieben wir das Ganze nicht auf ein späteres Leben?

Niemals hat der Buddha behauptet, dass wir alle Mönche
und Nonnen werden müssen, ehe wir erleuchtet werden und
frei von Dukha sind. Wenn er zu Laien sprach, lehrte er sie
stets, wie sie das Leiden in ihrem Leben überwinden können,
sowohl in ihrem privaten als auch in ihrem öffentlichen Leben. Für manche mag es allerdings von Vorteil sein, sich eine
Zeit lang aus der Welt zurückzuziehen und das, was der
Buddha lehrte, zu studieren und zu verarbeiten. Auf diese
Weise können wir uns selbst ganz ohne Ablenkung in der tiefen Meditation üben. Doch **dann** müssen wir mit dem Gelernten auch etwas anfangen. Wir müssen es einsetzen, um
anderen empfindsamen Wesen auf angemessene Weise helfen, und zwar so, wie es uns am besten erscheint.

Wir alle haben die Fähigkeit, innere Weisheit zu entwickeln, wenn wir es nur wollen. Es heißt, dass wir alle Buddhas (Erleuchtete) sind, wir haben es nur noch nicht erkannt,
unsere Möglichkeiten noch nicht genutzt. Wenn wir glücklich sind, fällt es uns leichter, dieses Potenzial zu erkennen.
Damit wir aber glücklicher werden, müssen wir unsere mo-
mentane Situation ganz genau verstehen und wissen, wie wir
sie verbessern können.

Aufgrund persönlicher Erfahrungen glaube ich, dass wir
uns durchaus von Dukha befreien können, wenn wir die ersten beiden »Edlen Wahrheiten« richtig verstehen und dieses
Verständnis zu einem Teil unseres täglichen Lebens machen

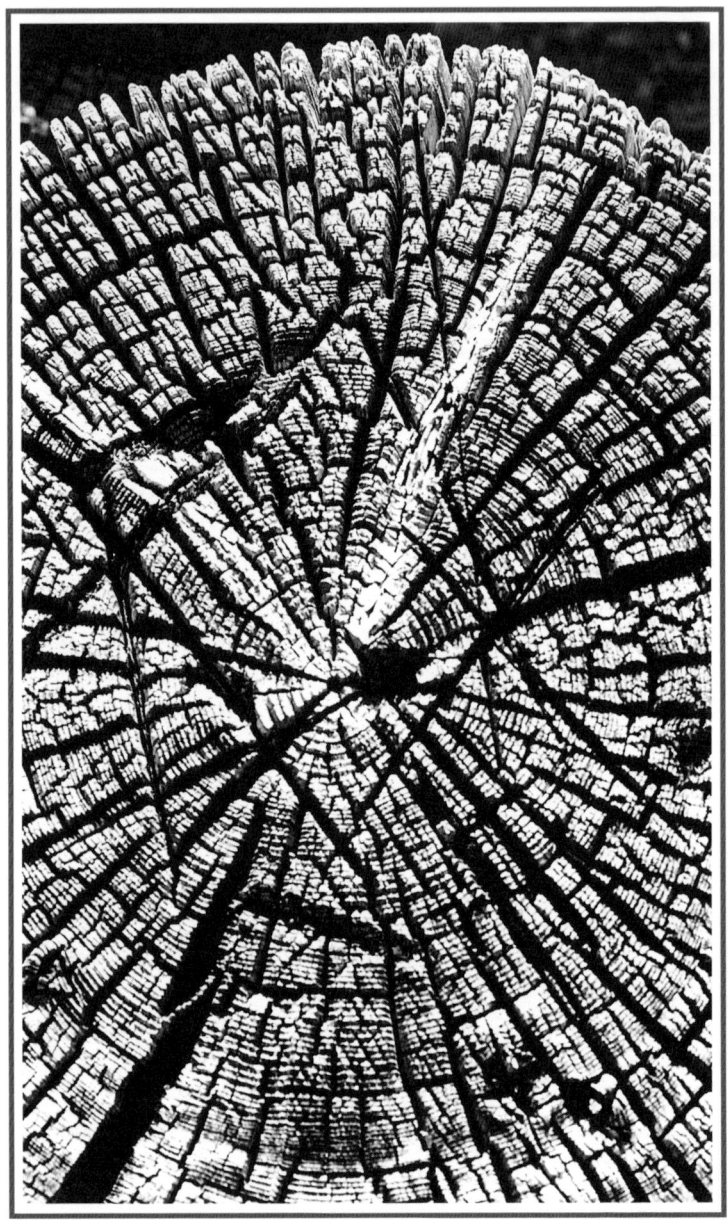

würden. Um dies zu erreichen, müssten wir uns unserer geplanten Handlungen und der Motive oder Absicht, die dahinter stehen, stets genau bewusst werden. Der Geist bestimmt unsere Taten. Darum müssen wir erst einmal verstehen, dass **alle** empfindenden Wesen Dukha erfahren – allein durch ihre Geburt. Das ist eine unumstößliche Wahrheit unseres Lebens. Als Nächstes müssen wir erkennen, dass wir aufgrund unseres unkontrollierten Verlangens leiden. Wir haben nicht gelernt, unser Verlangen auf das zu konzentrieren, was uns und anderen Zufriedenheit bringt: auf Glück und Seelenfrieden.

Was wir ebenfalls unbedingt verstehen müssen, ist der Begriff Anicca (Vergänglichkeit). Wir glauben an eine Realität, die jedoch nicht ganz so ist, wie sie uns erscheint. Denn wir bemerken den kontinuierlichen Wandel nicht, dem alle komplexen Erscheinungen unterworfen sind. Wir erwarten, dass die Dinge, an die wir uns klammern, für alle Zeiten unverändert bleiben, und wenn wir feststellen, dass diese Vorstellung eine Illusion ist, dann leiden wir.

Könnten wir all dies nur verstehen, wie viel Glück würden wir in unserem Leben erfahren. So vieles würden wir erst richtig zu schätzen wissen – die Menschen, die wir lieben, unsere Freunde, unsere Mitmenschen, unseren Planeten. Denn wir wüssten ja, dass sich all das, ebenso wie wir selbst, ständig verändert und dass wir einen vergangenen Moment niemals mehr zurückholen können. Alles, was wir haben, ist das **Hier und Jetzt**. Nichts behält seine scheinbare Form. Genauso sicher können wir uns aber auch darauf verlassen, dass Schmerz und Trauer ihre anfängliche qualvolle Form verlieren werden. Rechtzeitig wird die Trauer durch die Erinnerung gemildert. Das Einzige, das uns wirklich gehört, ist etwas, das wir nicht festhalten können – nämlich der Augenblick im **Hier und Jetzt**, der bereits schon wieder vergangen ist. Indem wir uns nicht länger an den **vergangenen** Augenblick klammern, können wir das Beste aus dem **jetzigen** Augenblick machen und ihn richtig genießen, jedoch nur dann, wenn wir auch an ihm nicht festzuhalten versuchen.

Aufgrund der zeitlichen Begrenzung habe ich in meinem Vortrag leider viele Dinge auslassen müssen. Vieles ergibt nur für jene einen Sinn, die auch bereit sind zuzuhören. Was ich berichtet habe, ist jedoch nichts Mysteriöses. Eine Person, die an einem bestimmten Thema nicht besonders interessiert ist, wird nicht gerade viel von dem hören wollen, was zu diesem Thema gesagt wird. Ebenso verhält es sich mit den Dingen, die der Buddha lehrte. Es hat Jahre gedauert, bis ich die Lehre von der Leere verstanden habe (so weit es mir zumindest möglich war). Ebenso lange hat es auch gedauert, bis ich verstand, warum ich damals nicht mit einem seligen Lächeln reagierte **und** warum ich heute noch Verärgerung und Trauer erfahren kann. Der Dharma ist nicht einfach eine großartige philosophische Theorie, die wir einfach so akzeptieren können. Um den Dharma richtig zu verstehen, müssen wir ihn persönlich erfahren.

Mein vielleicht zu schematisches Verständnis möge bitte niemandem den Blick auf die Vielfalt und Staunen machende Weisheit der buddhistischen Lehren verstellen. Es handelt sich bei ihm einzig und allein um meine Sicht, um mein ganz persönliches Verständnis.

Was sollen wir also tun? Wir können folgendermaßen beginnen:

> Genieße, was du hast, aber akzeptiere, dass es sich bereits wieder verändert.
> Tue keinem empfindsamen Wesen etwas zu Leide, auch dir selbst nicht.
> Lerne, deinen **eigenen** Geist statt den deines Nachbarn zu kontrollieren.
> Erkenne, dass die Welt zum Teil ein Konstrukt unseres ei-

genen Geistes ist. (Wir beurteilen die menschliche Existenz nach unseren persönlichen Ansichten. Sie erscheint uns erbärmlich, wenn es einigen gut geht, und gut, wenn es anderen erbärmlich geht.)

Was unsere Psyche angeht, so unterscheiden wir Menschen uns voneinander, doch wir alle sind auf der Suche nach dem Glück. Wir alle suchen das Paradies auf Erden, und die überraschende Wahrheit lautet, dass wir es sogar finden können, wenn wir nur wüssten, wo wir mit dem Suchen beginnen sollen. Es gibt ein kleines Gedicht, das uns viel Aufschluss darüber geben kann:

Das Paradies – viel gesucht und größter Wunsch, ist doch ein Teil von uns.
Was mir die höchste Freude sei, für dich bleibt's doch nur endlos Einerlei.
Allein, verborgen in uns liegt der Weisheit Welt, viel größer, klarer als das Himmelszelt.
Bei keinem andren such nach ihr – bis du sie wirklich hörst in dir:
Der Weisheit Glockenklang, so stumm und klar – dem Paradies bist du nun nah.

Zum Ende meines Vortrags möchte ich Sie bitten, keinem meiner Worte Glauben zu schenken, ohne sie selbst geprüft zu haben. Vielen Dank für Ihre Aufmerksamkeit – ich wünsche Ihnen allen Segen.

Oktober 1996

Namo Buddhaya

Was lehrte der Buddha Sakyamuni?

Vielen Dank, dass Sie heute gekommen sind. Lassen Sie uns alle für kurze Zeit die Augen schließen und unsere täglichen Sorgen beiseite legen. Seien Sie ganz entspannt. Lassen Sie Ihre Gedanken schweifen, aber folgen Sie ihnen nicht.

Wie Dorothy Darby Ihnen gerade erzählt hat, bin ich eine geweihte Bhikkuni, eine buddhistische Nonne. Ich wurde zuerst von Tenzin Gyatso, seiner Heiligkeit dem 14. Dalai Lama, nach tibetischer Tradition geweiht und später auch nach vietnamesischer Tradition, und zwar von dem Patriarchen von Vietnam, Meister Thich Huyen Vi, sowie von zehn weiteren älteren Mönchen und Nonnen. Diese zweite Ordination war nötig, da ich die höchsten Weihen empfangen wollte. Im tibetischen wie im Theravada-Buddhismus ist dies für Frauen nicht möglich. Was die Frage betrifft, welcher Tradition ich mich zugehörig fühle: Nun, ich bezeichne mich selbst am liebsten als Buddha-Buddhistin.

Ich gehöre einer relativ freien Gruppe von Wandermönchen und -nonnen an, die nur selten in Klöstern leben. Wir unterrichten die buddhistischen Lehren, wann immer man uns darum bittet. Wer die Unterstützung des klösterlichen Lebens hinter sich lässt, bemüht sich, sein Leben so gut wie möglich zu gestalten. In unserer Gemeinde arbeite ich freiwillig für eine karitative Organisation. Meinen Kopf rasiere ich heute nicht mehr, denn ich habe festgestellt, dass mein Haar mir ein harmonischeres Verhältnis zu meinen westlichen Mitbürgern und Schülern ermöglicht.

Ich freue mich sehr darüber, zu aufgeschlossenen Menschen wie Ihnen über den Dharma sprechen zu können, zu Menschen, die sich für fremde Anschauungen interessieren und nachdenken. Gerade das Nachdenken ist leider eine äußerst seltene Beschäftigung der Menschen. Der Buddha versuchte, die Menschen zum Nachdenken zu bewegen. Er wollte, dass die Menschen über ihr Sein nachdenken. Jedoch sollten sie sich nicht ständig Sorgen machen und über dieses und jenes spekulieren, sie sollten vielmehr klar erkennen, wie die Dinge in einem bestimmten Moment wirklich sind.

Wenn etwas geschieht, ein Ereignis eintritt, das uns persönlich betrifft, sollten wir uns lieber darüber Gedanken machen, wie die fragliche Situation zu Stande kam, statt aus Gier, Hass, Unkenntnis oder Furcht wie blind zu reagieren. Mit anderen Worten, es ist weise, darüber **nachzudenken**, uns die Gründe und die Auswirkungen so gut wie möglich bewusst zu machen und angemessen und sinnvoll darauf zu reagieren.

Der Buddha wollte allerdings nicht, dass die Menschen ihm nur darum Glauben schenkten, weil er erleuchtet war. Er bat sie stets, ihm nie zu glauben, ohne selbst über das Gesagte nachgedacht zu haben.

Wer aber war der Buddha? Warum wollte er den Menschen seine Lehre verkünden, und was lehrte er eigentlich? Bevor ich mich diesem Thema zuwende, fürchte ich, jene unter Ihnen enttäuschen zu müssen, die das Bild eines dicken, asiatischen Mannes, einer Statue aus Porzellan oder Messing vor Augen haben: Diese Figur repräsentiert nicht den Buddha Sakyamuni, sondern den chinesischen Gott des Reichtums und Glücks – Dinge, die durch Fettleibigkeit, Überfluss und Freude, die Segnungen eines glücklichen Lebens, angezeigt werden.

Es existieren viele Geschichten über das frühe Leben des Buddha. Die meisten davon entstammen Legenden oder Volkssagen und besitzen allgemein gültige religiöse Elemente: die unbefleckte Geburt durch Königin Maya; die ersten Worte und Schritte des Neugeborenen; die Geschichte von

Siddartha, der, bis er erwachsen wurde, nichts von Krankheit, Armut und Tod wusste; sein prophetisches Horoskop und der Umstand, dass er mitten in der Nacht sein Heim und seinen neugeborenen Sohn verließ und niemals mehr zu Eltern, Ehefrau und Kind zurückkehrte.

Das Studium der politischen, religiösen und sozialen Bedingungen Indiens im sechsten Jahrhundert v. Chr. und die Deutung einiger archäologischer Funde führen zu der Vermutung, dass der Sohn von Raja Suddhodana und dessen erster Frau Rani Maya durch Kaiserschnitt zur Welt kam und anfänglich beatmet werden musste. In den ältesten Texten heißt es, dass das Kind zuerst in kaltem und dann in warmem Wasser gewaschen wurde. Das Wasser stammte aus einem Becken in den Lumbini-Gärten. Dort hatten bei Maya die Wehen eingesetzt, als sie sich auf dem Weg zu ihrer Familie befand, wo sie der Tradition folgend ihr Kind zur Welt bringen sollte. Diese Wasserbecken, die viele von Ihnen vielleicht schon einmal gesehen haben, sind mit Steinen eingefasst und alles andere als steril. Ich bin, oder besser gesagt, ich war Hebamme und ausgebildete Krankenschwester und kann mir vorstellen, dass das Neugeborene mit kaltem Wasser bespritzt wurde, um die Atmung anzuregen (eine immer noch übliche Praxis). In warmem Wasser wurde das Kind aller Wahrscheinlichkeit nach nicht gebadet.

In der Zwischenzeit wusch man vermutlich auch die Rani mit dem Wasser aus dem Becken. Daraufhin bekam sie Kindbettfieber und starb sieben Tage später. Das Neugeborene wurde von Mayas Schwester (Suddhodanas zweiter Frau) aufgezogen und vielleicht sogar gestillt. Sie hatte bereits einen Sohn, Davida, den heimtückischen und eifersüchtigen Halbbruder Siddhartas. Später versuchte Davida vergeblich, seinen Rivalen Siddharta zu töten. Er scharte eine eigene Anhängerschaft um sich und bemühte sich, Siddharta und seine Lehren zu verunglimpfen.

Bezüglich des Berichts, das der Buddha seinen neugeborenen Sohn verlassen habe, müssen wir eine altindische Tradition berücksichtigen, die heute noch Gültigkeit besitzt. Diese Tradition schrieb eine frühe Ehe und die möglichst frühe Geburt eines Erben durch die erste Frau vor. Kinder von Konkubinen sowie Töchter, die die erste Frau vielleicht schon zur Welt gebracht hatte, wurden bei der Erbfolge nicht berücksichtigt. Zu der Mitgift Yasodarahs, der Gemahlin Siddhartas, hatten auch viele Dienerinnen gehört. Es gibt jedoch keine Aufzeichnungen über weitere Kinder, denn andere Söhne hätten keinen Anspruch auf das Erbe gehabt (wie es ja auch bei Davida der Fall gewesen war), und Töchter wurden selten erwähnt, es sei denn, dass ihnen etwas Außergewöhnliches zustieß. Reine Spekulation? Vielleicht. Allerdings wurde im 19. Jahrhundert bei Piprahwa in Indien eine Urne mit folgender Aufschrift gefunden:

Dies ist die Urne mit den Überresten des
Bhagavat, des Buddha der Sakya-Sippe,
(gestiftet von ehrenwerten Brüdern und Schwestern, Ehefrauen und Kindern).

Kogen Mizuno, *Die Anfänge des Buddhismus*

Bemerkenswert ist hierbei die Reihenfolge der Auflistung. Wie auch immer es sich im Einzelnen abgespielt haben mag, Siddharta Gautama war genau das, was zu seiner Zeit, in seinem Land und seiner Kaste der Norm entsprach. Er wurde als Krieger und zukünftiger Führer seines Stamms erzogen, von den besten Lehrern erhielt er eine gute Ausbildung in Religion, Politik und Wirtschaft, er heiratete eine Frau von ebenbürtigem Stand und zeugte mit ihr einen Erben, Rahula. Nachdem er all dies getan hatte, stand es Siddharta frei, ein so genannter »Hausloser« zu werden, ein wandernder Bettelmönch, der nach Weisheit suchte. Zu diesem Zeitpunkt war er alles andere als ein unzufriedener Jugendlicher. Er war ein erwachsener Mann von 29 Jahren, der sich tief schürfende Gedanken machte. Nach gängigem Brauch verließ er sein Heim und verbrachte die folgenden sieben Jahre bei den weisesten und bekanntesten indischen Lehrern, um Religion und Philosophie zu studieren. Er probierte all ihre Methoden aus, um zur Einsicht über die fundamentalen Prinzipien des Seins zu gelangen und den Grund für das Leiden der Menschen zu erfahren.

Bedenkt man die damalige Zeit und Siddhartas gesellschaftliche Stellung, so war sein Verhalten in keiner Weise ungewöhnlich. Nur die Wohlhabenden konnten während ihrer Wanderschaft für die Menschen, die von ihnen abhängig waren, angemessen sorgen. Nur sie hatten durch ihre Ausbildung ein Verständnis für philosophische Fragen entwickelt, das sie nach größerer Weisheit suchen ließ.

Auf seiner Wanderschaft musste Siddharta jedoch feststellen, dass die Unterweisungen seiner Lehrer seinen intellektuellen Durst letztlich nicht stillen konnten. Also beschloss er, aus eigener Kraft zur erhofften Erkenntnis zu gelangen, auch auf die Gefahr hin, dabei zu Grunde zu gehen. Schließlich gab er seine intellektuellen Bemühungen auf und ließ seinen erschöpften Geist zur Ruhe kommen. Oft finden wir die Antwort auf eine bedrückende Frage erst dann, wenn wir aufhören, darum zu ringen, und so geschah es auch bei Siddharta. Mit einem Mal gelangte er zur Erkenntnis. Jetzt war er zum Buddha, zum Erleuchteten, geworden.

Wir haben es hier also mit einem ganz normalen menschlichen Wesen zu tun, dem Sohn ganz normaler Eltern, der all die Pflichten seiner gesellschaftlichen Stellung erfüllt hatte. An ihm war nichts Übernatürliches, es sei denn, wir betrachten seinen großen Mut, seine Entschlossenheit, seine intellektuellen Fähigkeiten und sein allumfassendes Mitleid als Eigenschaften, die das »normale« Maß überschreiten.

Was betrachtete dieser Mann als derart wertvoll, dass er versuchte, jene darin zu unterweisen, die ihm zuhören wollten? Und wie können wir seine Lehren so beschreiben, dass sie für uns einen Sinn ergeben? Die große Fülle späterer philosophischer Überlegungen und verschiedener kultureller Einflüsse möchte ich in diesem Zusammenhang außer Acht lassen und im Folgenden nur die wichtigsten und, soweit uns bekannt, frühesten Lehren des Buddha vorstellen. In den buddhistischen Lehren finden sich keine göttlichen Gebote, keine Drohung mit der ewigen Verdammnis, aber auch keine Verheißung des ewigen Glücks oder sozusagen perfekten »Happy Ends«. Es **gibt** jedoch moralische und ethische Ratschläge sowie Erklärungen von Karma – von Aktion und Reaktion, von unseren Handlungen und ihren Konsequenzen.

Die Ordens- oder Klosterregeln sind notwendige Richtlinien, wie jede größere Organisation sie benötigt. Um zur Erleuchtung zu gelangen, sind sie jedoch nicht unbedingt von Nutzen. Die Erleuchtung ist eine ganz und gar persönliche Erfahrung. Sie lässt sich nicht mit Hilfe von Regeln und Vorschriften erfassen – wie etwa ein gut funktionierendes Eisenbahnnetz: Verlassen Sie Bahnhof A zu einem bestimmten Zeitpunkt, dann erreichen Sie Bahnhof Z zu einem ebenfalls festgelegten Zeitpunkt. Die Ordensregeln dienen einzig dem Zweck, Selbstdisziplin und Konzentrationsfähigkeit zu entwickeln.

Wer zum ersten Mal den Wunsch verspürt, den Weg zur Erleuchtung zu finden, ist keinerlei zeitlichen Begrenzungen unterworfen. Die Suche mag ein Leben lang dauern, doch wer dafür bereit ist, mag die Erleuchtung auch wie einen plötzlichen, überraschenden Gedankenblitz erfahren.

Die Lehren, die die allerersten Schüler des Buddha vernahmen, handelten allem Anschein nach von Vergänglichkeit und Leere, also der Erkenntnis, dass keine komplexe Erscheinung aus sich selbst heraus existieren kann. Diese ersten Schüler waren jedoch bereits erfahrene Philosophen und Yogis. Für uns selbst ist es einfacher, mit den »Vier Edlen Wahrheiten« (besser übersetzt mit »Wahrheiten der Edlen«) zu beginnen sowie mit den Anleitungen des »Achtfachen Pfads«. Lassen Sie mich die »Vier Edlen Wahrheiten« aufzählen:

1. Die erste Wahrheit handelt von Dukha. Die menschliche Existenz wird vom Fehlen dauerhafter Befriedigung bestimmt. Dukha bedeutet, dass wir nicht das bekommen, was wir uns wünschen. Dukha bedeutet Alter, Krankheit und Tod, Trauer und die sich ständig verändernden Erscheinungen, die wir niemals festhalten können. Ganz egal wie reich, gesund, berühmt oder talentiert wir auch sein mögen, wir können Dukha doch niemals entkommen. Unsere **jetzige** Existenz **ist** Dukha. Oder umgekehrt ausgedrückt: Dukha **ist** unsere Existenz.

2. Die zweite Wahrheit besagt, dass es einen Grund für Dukha gibt, nämlich die Begierde – das Verlangen. Damit wir als Neugeborene überleben können, ist diese Begierde sogar notwendig. Ohne sie könnten wir nicht überleben. Doch sobald wir uns zu unabhängigen Menschen entwickelt haben, benötigen wir diese Begierde nicht mehr in demselben Maß wir früher. Sie wird nun zum Auslöser unseres Leidens – zum Grund für Dukha. Niemals sind wir zufrieden. Kein noch so großer Reichtum, keine noch so große Schönheit, keine Liebe ist uns genug. Wir sind so sehr damit beschäftigt, uns das zu wünschen, was wir nicht haben, dass wir gar nicht würdigen können, **was** wir haben. Oft wünschen wir uns sogar das, was wir **niemals** erreichen werden.

   Was für ein Jammer! Ist der Buddhismus nicht eine traurige Philosophie, genauso wie wir es doch schon immer gesagt haben. Doch halt! Das ist noch nicht alles!

3. Die dritte Wahrheit besagt, dass es einen Ausweg gibt aus all dieser Begierde und dem daraus folgenden Leiden. Es gibt die Möglichkeit, ein glücklicheres Leben zu führen und bei all unseren Unternehmungen mehr Erfolg zu haben.

4. Die vierte Wahrheit besagt, dass wir den Ausweg aus Dukha finden können, wenn wir die Anleitungen des »Achtfachen Pfads« befolgen.

Je nach dem philosophischen Verständnis der Schüler wurde der »Achtfache Pfad« auf unterschiedliche Weise unterrichtet, die einzelnen Schritte bleiben sich jedoch im Wesentlichen gleich. Sie lauten:

1. Rechte Ansichten, frei von Aberglauben;

2. rechte Gedanken, die einer intelligenten und ernsthaften Person würdig sind;

3. rechtes Reden, offen und wahrhaftig (Ist das Gesagte auch freundlich? Ist es wahr? Ist es notwendig? Ein Geständnis mag für unsere Seele gut sein, jedoch nicht für unser Gegenüber);

4. rechtes Handeln in allen Bereichen des Lebens;

5. rechte Lebensweise, die keinem empfindsamen Wesen Leid zufügt (Buddhisten weigern sich, mit Gift zu arbeiten sowie in Rüstungsbetrieben und Schlachtereien tätig zu sein);

6. rechtes Bemühen um alle anderen sieben Anleitungen;

7. rechte Achtsamkeit, ein stets wacher, aufmerksamer Geist, der sich nicht von Neuheiten und Zurschaustellung ablenken lässt;

8. rechtes Nachdenken über die wichtigen Dinge des Lebens.

Diese Anleitungen beinhalten mit Sicherheit keinerlei mysteriöse oder komplizierte Details. Aber wie harmonisch könnte unsere weltliche Existenz sein, wenn wir die Anleitungen nur so gut wie möglich befolgen würden. An ihnen ist ganz bestimmt nichts Bedrohliches, nichts, das einer anderen Religion auch nur irgendwie gefährlich werden könnte. Von den interessierten Zuhörern wird lediglich verlangt, den Dharma persönlich zu prüfen und nichts zu akzeptieren, bis es für sie selbst einen Sinn ergibt.

Zwei weitere wesentliche Aspekte der Lehren des Buddha Sakyamuni sind die Vergänglichkeit und das Fehlen eines unabhängigen Seins komplexer Erscheinungen, oft auch mit Leere bezeichnet. Gemeint ist die Tatsache, dass kein »Ding« aus sich selbst heraus existiert. Ich möchte diese beiden Bereiche getrennt besprechen, obwohl sie eng miteinander und auch mit den »Vier Edlen Wahrheiten« verknüpft sind.

Vergänglichkeit: In unserem täglichen Leben wird uns kaum bewusst, dass nichts – rein gar nichts – auch nur für den Bruchteil einer Sekunde so bleibt, wie es ist. Einfach nichts. Kein Samenkorn, kein Grashalm, keine züngelnde Flamme, nicht der schönste Gegenstand, nicht die größte Leidenschaft, nicht die schwersten Sorgen, weder unser Körper noch unsere Ideen und Meinungen. Ob es uns nun bewusst wird oder nicht: Alles ist einem ständigen Wandel unterworfen. Ein Großteil unseres Leidens, unserer Trauer lässt sich darauf zurückführen, dass wir uns der Vergänglichkeit nicht bewusst sind oder sie nicht wahrhaben wollen. Wenn es uns schlecht geht, sind wir oft ganz verzweifelt und glauben, dass es keinen Ausweg gibt, dass das Elend niemals aufhören, die Trauer, etwa über den Tod einer geliebten Person, niemals vergehen wird. Manches Mal glauben wir sogar, dass uns nicht einmal der Tod von unserem Leiden erlösen kann. Aber die Situation, welcher Art sie auch sein mag, verändert sich unaufhörlich – mitunter aber auch zum Besseren, was wir in unserer Niedergeschlagenheit jedoch gar nicht bemerken.

Auf der anderen Seite erwarten wir, dass die Dinge, an denen wir festhalten möchten, sich nie verändern. Wir bemerken nicht, dass unser wertvollster Besitz sich vor unseren Augen auflöst. Sobald wir jedoch anfangen, uns dieser Tatsache bewusst zu werden, wollen wir alles und jeden dafür verantwortlich machen, nur nicht das Gesetz der Vergänglichkeit. Wenn enge Freundschaften oder Liebesbeziehungen sich verändern, dann leiden wir. Unser Betrieb expandiert und nun erwarten wir, dass diese für uns vorteilhafte Entwicklung immerzu anhält. Könnten wir Vergänglichkeit als eine Tatsache akzeptieren, würden wir realisieren, dass sich die Dinge ständig ändern. Nur wenn wir uns dessen bewusst sind, können wir angemessen handeln, und vielleicht entwickelt sich dann so manches besser, als wir erwartet hätten.

Führen wir uns nun unseren Wunsch vor Augen, dass einige Dinge sich niemals ändern sollen, können wir erkennen, wie unmöglich dieser Wunsch ist. Alles, was wir haben, ist das **Hier und Jetzt**. Könnten wir diese Tatsache wirklich realisieren, würden wir das, was **jetzt gerade** geschieht, viel mehr schätzen. Wie viel würden uns dann unsere Familie, eine geliebte Person, unsere Freunde, unsere Mitmenschen und unser Planet bedeuten! Ein Lächeln, ein freundliches Wort, eine freundliche Tat, wie weise könnten wir damit umgehen! Die Erkenntnis der Vergänglichkeit könnte uns allen Erleuchtung bringen und das Leiden durch Dukha verringern. Unsere persönlichen Aversionen und Streitigkeiten würden uns mit einem Mal kindisch und überflüssig erscheinen.

Was hat es aber mit dem Begriff der Leere auf sich, mit der Tatsache, dass nichts aus sich selbst heraus existiert?

Als ich mich vor etwa vierzig Jahren für den Buddhismus zu interessieren begann, konnte ich mit dieser Lehre überhaupt nichts anfangen. Anstatt mir vorzustellen, was andere mit gedämpfter Stimme über die »Leere« gesagt hatten, beschloss ich, die Angelegenheit ruhen zu lassen und mich spä-

ter wieder damit zu beschäftigen. Ich habe es niemals mehr
bewusst getan, doch im Laufe meiner buddhistischen Ausbildung muss ich etwas gelernt haben. Eines Tages erkannte ich
ganz plötzlich, dass ich diese Lehre immer für eine Art mysteriöses Wissen gehalten hatte, das jenseits meiner intellektuellen Fähigkeiten lag. Heute weiß ich, dass ich aufgrund dieser
Annahme niemals richtig zugehört oder das Gehörte richtig
verarbeitet hatte. Denn mit einem Mal wurde es mir klar, und
ich hörte, wie ich mir selbst die Antwort auf meine diesbezügliche Frage gab. Ich hörte mich sagen: »Leere – denn
nichts existiert aus sich selbst heraus, alles ist voneinander
abhängig.« Alles, jedes Ereignis, jede Erscheinung ist von allen anderen Erscheinungen abhängig, für die dasselbe gilt –
ein wunderbares Gebilde von Dingen, die nur durch ihren
gegenseitigen Einfluss existieren.

Welchen Nutzen hat ein solches Wissen jedoch für das tägliche Leben empfindsamer Wesen – für dich und mich mit all
unseren Problemen? Zuerst einmal zeigt es uns, was Karma,
so wie der Buddha es verstand, wirklich bedeutet. Es handelt
sich nicht um eine übernatürliche Form von Strafe und Belohnung, die wir in zukünftigen Leben erfahren werden. Karma bedeutet, dass all unsere Handlungen durch alle anderen
Erscheinungen erst möglich werden und dass sie wiederum
auf alle anderen Erscheinungen Einfluss nehmen. Wir können das Tag für Tag in unserem eigenen Leben beobachten,
wenn ein Mitglied der Familie, eines Teams oder einer Gruppe von Freunden besonders gute oder schlechte Laune hat.
Für diese Stimmung gibt es viele Gründe, und sie beeinflusst
wiederum viele andere Dinge. Dies passiert jederzeit und
überall, und darum ist unsere Welt auch so, wie sie ist – oder
besser gesagt, wie sie jeden Moment neu »wird«. Wir alle haben an diesem unaufhörlichen Prozess Anteil, mit angemessenen und weniger angemessenen Taten. Wir alle tragen
einen Teil der Verantwortung. Oft werden die Auswirkungen

unserer Taten sofort sichtbar, doch andererseits können wir uns dieser Auswirkungen auch niemals bewusst werden. Oft helfen wir anderen Menschen, oder aber wir bereiten ihnen Probleme, ohne es selbst zu merken.

Dies sind die grundlegenden und wichtigsten Lehren des Buddha. Solange wir sie nicht völlig verstanden haben, können wir uns nicht mit weiteren tief gehenden Aspekten der Lehre beschäftigen. Viele Menschen machen den Fehler, überall auf der Welt nach Lehrern zu suchen, die sie in die esoterischen Geheimnisse der buddhistischen Religion einweihen sollen. Sie glauben, dieser Weg würde sie schneller zur Erleuchtung führen. Mir selbst ist dieser Weg bestens bekannt. Wir beschreiten ihn, lange bevor wir erkennen, dass der wahre Weg hier und jetzt beginnt, dass er aus uns selbst entspringt. Solange wir dies jedoch nicht realisieren, werden wir versuchen, das oberste Stockwerk unseres Gebäudes vor dem Fundament zu bauen. Gewiss bedeutet es harte Arbeit, erst einmal den Keller auszuschachten und ein solides Fundament zu legen – es bedeutet, einen geistigen Wandel zuzulassen. Wie viel einfacher ist es dagegen, andere Menschen einige geheimnisvolle Worte über uns sprechen zu lassen. Bei der Eintrittsweihe akzeptieren wir die Symbole und Mantras als magische Formeln, die uns viele mühevolle eigene Schritte ersparen und uns schneller zur Erleuchtung bringen. Doch niemand kann uns die Erleuchtung **überreichen**, sie auf einem Tablett servieren. Der Weg, den wir selbst beschreiten müssen, führt über die Konzentration und die Meditation. Es geht nicht darum, einfach nur an die Lehren des Buddha zu glauben, es geht darum, sie wirklich zu verstehen.

Wenn es von unserer jetzigen Existenz (Samsara, dem nicht erleuchteten Zustand) heißt, sie sei bloß eine Illusion, dann ist damit nur gemeint, dass sie nicht so ist, wie wir sie gewöhnlich betrachten. Wir betrachten die Welt, ohne uns der Vergänglichkeit und der gegenseitigen Abhängigkeit aller

Dinge bewusst zu sein. Aus diesem Grund halten wir die Illusion für die Realität. Und so gestalten wir auch unser Leben, indem wir uns an Illusionen klammern. Wir sehen die Dinge so, wie sie unserer Meinung nach **sind** oder **sein sollten**, und darum können wir nur falsch handeln. Wie Elefanten im Porzellanladen gehen wir mit unserer Existenz um. Wir glauben, weise zu handeln, wenn wir schnell reagieren. Doch weise (oder angemessen) sind unsere Handlungen nur, wenn wir uns der jeweiligen Umstände auch wirklich bewusst sind. In den täglichen Nachrichten können wir viele Beispiele dafür finden. Eilig versorgen wir eine Gruppe von Menschen mit Nahrungsmitteln und Waffen, damit sie sich gegen ihren »Feind« zur Wehr setzen können, aber es dauert nicht lange, und die ehemaligen »Opfer« sind die neuen Aggressoren geworden. Dies bedeutet jedoch nicht, dass wir unsere Augen vor Leid und Elend verschließen sollen. Stattdessen sollten wir unsere Handlungen sorgfältig überdenken, ehe wir vorschnell in eine Situation eingreifen und sie sogar noch verschlimmern, statt sie zu verbessern.

In unserer Unkenntnis glauben wir, alles zu wissen. Doch wir kennen nicht einmal die Gedanken und wahren Gefühle der Person, die direkt neben uns sitzt, noch können wir unsere eigenen Gefühle so richtig verstehen.

Meine pragmatische Auffassung und die Wiedergabe des Dharma mag den Eindruck erwecken, man könne im Buddhismus keine spirituellen Werte finden. Ein solches Urteil steht mir jedoch nicht zu und ist keinesfalls meine Absicht. Der Dharma ist höchst vielseitig, birgt viele Wunder und tiefe Geheimnisse in sich. Nach allgemeiner Auffassung hat Mystizismus zwar nichts mit theistischen Religionen zu tun, aber das Gegenteil ist der Fall. Wahre Mystiker gehen noch über die Religion hinaus. Sie stoßen weiter vor als gewöhnliche Suchende, doch was sie erfahren, kann nur in die Sprache der Religion übersetzt werden, um es anderen verständlich zu machen. Geschieht dies nicht, ist der Mystiker oder die Mystikerin schnell als Hexe oder Zauberer verschrien. Doch wie lässt sich das erklären, was man andere nicht einmal lehren kann? Vielleicht durch Musik, durch allegorische Bilder oder Skulpturen und manchmal auch durch ein Gedicht oder eine Erzählung? Die Wiedergabe wird in jedem Fall verzerrt sein. Es gibt viele mögliche Wege, doch im Grunde können sie nur Wegweiser sein. Die Reflexion des Mondes in einem stillen Gewässer ist wunderschön und sehr inspirierend, sie bleibt jedoch nur eine Reflexion. Ebenso verhält es sich mit einer Landkarte, die uns den Weg zum Schatz weist, aber nicht der Schatz selbst ist. Alle Worte, Bilder, Gesänge, Statuen, Mandalas, Glocken, Trommeln, Gongs, alle Kerzen und Lampen können unsere zielgerichtete Konzentration nur unterstützen – sie dienen lediglich als Wegweiser.

Die meisten von uns ziehen es vor, bei diesen Wegweisern zu verweilen, im Lotussitz, die Hände im Schoß und einen frommen Zug im Gesicht. Die Entscheidung liegt natürlich stets bei uns: Wir können es uns leicht machen, wir können aber auch wagen, unsere Reise fortzusetzen. Haben wir uns für die Reise entschieden, heißt der erste Schritt, dass wir uns selbst und die Motive für unsere Handlungen verstehen lernen. Solange wir nicht die Gründe für unsere Gedanken, Worte und Taten mit größter Ehrlichkeit untersucht haben, können wir auch alles andere nicht wirklich verstehen. Doch nach diesem ersten und schwierigsten Schritt wird alles andere leichter werden. Es wird so sein, als hätten wir einen dornigen Busch überwunden, der uns die ganze Zeit den Weg versperrt hat.

Haben wir unseren Geist erst einmal von unnötigem Ballast befreit, von alten Schuldfragen und Aversionen, und versuchen wir auch nicht mehr, allwissend zu sein, dann werden wir überrascht sein, wie viel wir nun wahrnehmen und erkennen. Was unseren Geist fortan erreicht, kommt nicht von »außen«, wir erfahren es nicht mit Hilfe »fremder« Kräfte. Es handelt sich um unsere eigene Intuition, unsere eigene innere Weisheit, die schon immer da war.

Der Buddhismus lehrt keine dogmatischen, absoluten Wahrheiten, die anderen aufgezwungen werden. Darum gibt es keine Streitpunkte zwischen Buddhisten und Nichtbuddhisten. Was andere glauben ist ihre Angelegenheit, nicht meine. Aus diesem Grund werden nur jene im Dharma unterwiesen, die darum gebeten haben.

Buddhisten können andere richtiggehend wütend machen, weil sie nichts über ihren Glauben erzählen, solange sie nicht gefragt werden. Der Grund dafür liegt in der Formulierung der Frage. Aus ihr ersieht der jeweilige Lehrer, welchen Grad der Erkenntnis man bereits »erreicht« hat. Hat der Lehrer dies herausgefunden, kann er der betreffenden Person so klar wie möglich antworten. Dies erklärt auch, warum der Buddha seine Lehren häufig mit leichten Abwandlungen formulierte: Man spricht nun einmal mit einem Ingenieur besser nicht in der Sprache der Mediziner.

Die Ethik des »Achtfachen Pfads« und die buddhistischen Regeln können für uns alle zur Grundlage eines ehrbaren und aufrichtigen Lebens werden und uns dadurch viel Zufriedenheit und Glück bescheren. Welcher Religion wir im Einzelfall angehören, spielt dabei keine Rolle. Selbst wenn wir soeben schmerzlichst die unabwendbaren Auswirkungen von Dukha erfahren, können wir auf diese Weise dennoch das erhoffte Glück erreichen.

Bevor ich nun zum Ende komme, möchte ich Sie noch um einen Gefallen bitten. Bitte schenken Sie keinem meiner Worte Glauben, sondern prüfen Sie das Gehörte für sich selbst.

Vielen Dank für Ihre Aufmerksamkeit. Ich wünsche Ihnen allen Segen.

April 1997

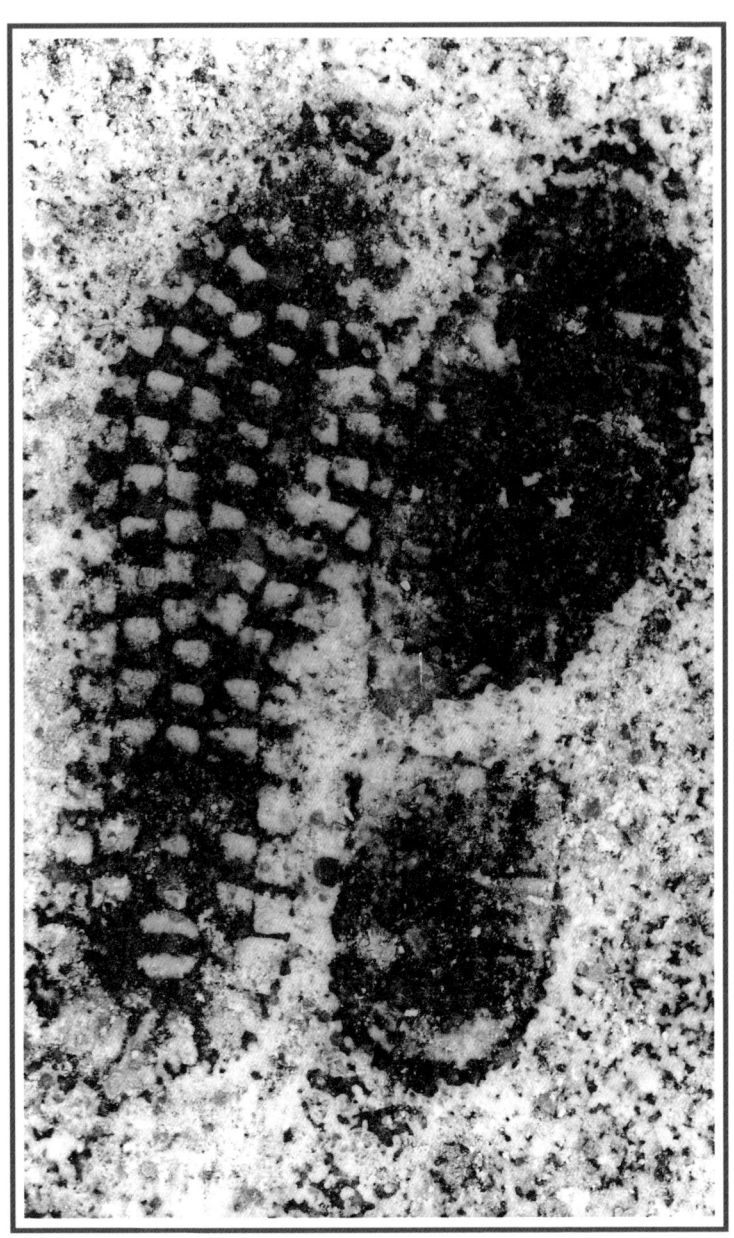

Ein Wort zum Schluss

Ich wünsche mit sehr, dass diese kurze Reise durch die Welt des religiösen und philosophischen Buddhismus dem Leser einen Eindruck von den ursprünglichen Lehren des Buddha vermittelt hat. Vielleicht lüftet sie den Schleier, den kulturell bedingtes Beiwerk darüber geworfen hat.

Außerdem hoffe ich, dass mein Buch zur Toleranz gegenüber einer Religion beiträgt, die für keine andere Religion, keinen anderen Glauben eine Bedrohung darstellt. Unterschiedliche Kulturen, unterschiedliche Religionen und Rassen – sie alle sorgen für den faszinierend vielfältigen Charakter unserer Welt. Möge es noch lange so bleiben.

Ich wäre keine wahre Buddhistin, wenn ich nicht darauf hoffen würde, dass einige meiner Leser und Leserinnen nach der Lektüre gern mehr erfahren wollen. Zum Glück müssen wir nach diesem Wissen nicht länger an entlegenen, allzu fernen Orten suchen oder auf steile Berge klettern. Wir benötigen nur noch eines, nämlich den aufrichtigen Wunsch zu lernen, und schon wird man uns einen Weg weisen.

Wissen vertreibt die Furcht und die Intoleranz, die das Unbekannte, das Nicht-Verstandene hervorruft. Besteht auf der einen Seite Intoleranz, wird diese auch auf der anderen Seite gefördert.

Nachfolgend finden Sie eine kleine Liste mit Lektürevorschlägen – einige Bücher, mit denen man das Studium über den Buddhismus beginnen kann. Wer weiß, was sich daraus ergibt? Es gibt so vieles, das wir in unserem derzeitigen Zustand der Unwissenheit noch nicht kennen können.

Ehe ich nun den Schlusspunkt setze, habe ich noch eine Bitte an meine Leser und Leserinnen. Glauben Sie kein einziges Wort, das ich gesagt habe. Ich bin keine Gelehrte und kein Guru. Prüfen Sie das Gesagte jetzt und auch in Zukunft für sich selbst.

Hinweise auf
weiterführende Lektüre

Gesamtdarstellungen

Beckh, Hermann: *Buddha und seine Lehre.* Stuttgart: Verlag
Urachhaus 1998
Brück, Michael von: *Buddhismus. Grundlagen, Geschichte,
Praxis.* Gütersloh: Gütersloher Verlagshaus/Chr. Kaiser 1998
Conze, Edward: *Der Buddhismus. Wesen und Entwicklung.*
Stuttgart: W. Kohlhammer 1995
Küng, Hans u. Bechert, Heinz: *Christentum und Weltreligio-
nen. Buddhismus.* München: Piper Verlag 1998
Lama Karta: *Buddhismus. Eine Einführung in die Lehre
Buddhas.* München: Otto-Wilhelm-Barth Verlag 1999
Schumann, Hans Wolfgang: *Buddhismus. Stifter, Schulen und
Systeme.* München: Eugen Diederichs Verlag 1997

Der historische Buddha

Gautama Buddha: *Der Pfad der Vervollkommnung. Worte des
Erwachten.* München: Scherz Verlag 1989
Gautama Buddha: *Das Hohe Lied der Wahrheit.* Freiburg
i.Br.: Verlag Herder 1992
Gautama Buddha: *Reden des Buddha.* Stuttgart: Philipp
Reclam Junior, o. J.
Scholz, Werner: *Der Weg des Buddha.* Düsseldorf: Patmos
Verlag 1998
Thich Nhat Hanh: *Wie Siddharta zum Buddha wurde.* Berlin:
Theseus-Verlag 1998
Uhlig, Helmut: *Buddha. Die Wege des Erleuchteten.* Bergisch-
Galbach: Gustav Lübbe Verlag 1995

Buddhistische und andere Schriften

Anagarika Govinda: *Der Weg der weissen Wolken.* Bern: Scherz Verlag 1991

Ayya Khema: *Wenn nicht ich, wer dann – wenn nicht jetzt, wann dann.* Uttenbühl: Jhana Verlag 2000

Daisetz Teitaro Suzuki: *Die grosse Befreiung: Einführung in den Zen-Buddhismus.* Bern: O. W. Barth Verlag, 1999

Dalai Lama: *Die Vier Edlen Wahrheiten. Die Grundlage buddhistischer Praxis.* Frankfurt am Main: Wolfgang Krüger Verlag 1999

Dalai Lama: *Das Buch der Freiheit.* Bergisch-Gladbach: Gustav Lübbe Verlag 1992

Freemantle, Francesca und Trungpa, Chogyam: *Das Totenbuch der Tibeter.* München: Eugen Diederichs Verlag 1998

Goldstein, Joseph: *Einsicht durch Meditation.* Bern: Scherz Verlag 1991

Kornfield, Jack: *Geh den Weg des Herzens.* München, Kösel Verlag 1997

Matthiessen, Peter: *Auf der Spur des Schneeleoparden.* München: Frederking und Thaler Verlag 2000

Nyanaponika: *Geistestraining durch Achtsamkeit.* Stammbach: Beyerlein und Steinschulte Verlag 2000

Rinpoche, Sogyal: *Das tibetische Buch vom Leben und Sterben.* München: Otto-Wilhelm-Barth Verlag 1993

Thich Nhat Hanh: *Das Diamant Sutra.* Berlin: Theseus Verlag 1996

Trungpa, Chogyam: *Das Buch vom meditativen Leben.* Reinbek bei Hamburg: Rowohlt Taschenbuch Verlag 1996

Weitere Informationen bei: Deutsche Buddhistische Union, Amalienstraße 71, 80799 München, Telefon 0 89 / 28 01 04

Register